ビギナーの疑問を解決！

ここが知りたい 果樹 Q&A

「これから果樹を育てたい！」
「おいしい実をたくさんつけたい！」
そんな初心者が気になる、
あんな疑問、こんな疑問に答えます！

1

Q いちばん簡単に育てられる果樹は？

A 1本で実がなるベリー類がおすすめ

育てやすいのは、なんといってもベリー類です。なかでも1本で実がつくラズベリー、ブラックベリー、カーラント、グーズベリーはビギナー向き。いずれも低木で大きくならず、剪定もカンタン。ベリー類以外では、ユスラウメも低木で1本で結実するため、初心者向きの果樹です。

▲ブラックベリーは実がたくさんつく。

2

Q 植えつけ後、実がすぐなるのは？

A ベリー類やモモ、クリが早い！

ベリー類は植えつけから1〜2年で実がつきはじめます。ブルーベリー、ラズベリー、ブラックベリー、カーラント、グーズベリーなどがおすすめです。「桃栗3年柿8年」というように、モモやクリは3〜4年が目安です。

果樹は植えつけ後、実がなりはじめるのは、庭植えで3〜5年、コンテナ栽培で2〜4年が一般的。それは若木を植えるため、実がなるまでに木が成長する必要があるからです。実がついた状態で売られている苗をコンテナ栽培すると、1〜2年後から実を楽しめます。

3

Q すぐはじめたい！まず何をすればいい？

A 種類選びがもっとも大切！

果樹栽培でとくに重要なのは、種類と品種選びです。まず、環境に合うものを選ぶこと。日当たりや栽培温度、栽培スペースによって、合う果樹は変わってきます。苗木を購入する際は、かならず品種名や性質を確認しておきましょう。苗は接ぎ木苗がおすすめ。実生だと実がつくまでに時間がかかるので要注意です。

◀花ユズはビギナー向き。

小林幹夫 監修

果樹の上手な育て方大事典

成美堂出版

4 Q 1本でも実がなるのは？

A ブドウやビワ、カンキツ類などがある！

1本でも実がなる果樹は決まっているので、覚えておきましょう。

また、オリーブやブルーベリーなど、もともと2品種必要な果樹でも「1本でもある程度実がなる」という品種があります。しかし、たくさん実をつけるには、2品種必要なケースが多いようです。

■1本で結実するおもな果樹

落葉果樹	イチジク、ザクロ、ナツメ、ビワ、ブドウ、モモ（白桃以外）
カンキツ類	温州ミカン、キンカン、ユズ、レモン、夏ミカンなど（ハッサク、ヒュウガナツ以外）
ベリー類	ラズベリー、ブラックベリー、ジューンベリー、カーラント、グーズベリー

5 Q せまい場所でも育てられるのは？

A 低木性やつる性の果樹を選ぼう！

もともと低木性で大きくならない果樹は、姫リンゴ、ユスラウメ、キンカン、ベリー類など。また、つる性果樹は好きな形の垣根仕立てにできるので、せまい場所でもOK。アケビやムベ、キウイフルーツ、ブドウなどがあります。

▶ブルーベリーは限られたスペースでも育てやすい。

6 Q コンテナ栽培に向くのは？

A ベリー類や香酸カンキツ類を！

ほとんどの果樹はコンテナ栽培できますが、たくさん実をつけるのは至難のワザ。コンテナ栽培におすすめなのは、ベリー類やユスラウメ、キンカンなど。また、香酸カンキツと呼ばれる花ユズ、カボス、スダチ、レモンなどは、少ない果実でも利用価値が高いので、コンテナ栽培にぴったりです。

▶果樹を草花と寄せ植えにしても楽しい。

7 Q 甘くておいしい果実にするには？

A おいしい果実のための7つのポイント

1. 日当たりがよい場所に植える ➡ 植えつけ（P204）
2. 相性がよい2品種を選ぶ ➡ 各項目を参照
3. 実をならせすぎず摘果する ➡ 摘果（P245）
4. 病害虫から守る ➡ 病害虫対策（P256〜263）
5. しっかり受粉させる ➡ 人工受粉（P244）
6. 剪定をする ➡ 剪定（P218〜236）
7. 肥料を適切に与える ➡ 肥料（P238〜241）

8 Q 剪定はしないとダメ？

A おいしい果実を毎年つけるために必要！

剪定はしなくても、そこそこ実をならせることはできます。しかし、剪定をしないで放任すると、樹がどんどん高くなり、やがて脚立やハシゴを使わないと、収穫もできないということに。

また、剪定しないと枝が混み合って、外側だけにしか実がならなかったり、1年おきに実が少なくなる、隔年結果も起こりやすくなります。

剪定は、毎年おいしい実をたくさんつけるために必要な作業なのです。

▶剪定はおいしい実をたくさんつけるために大切な作業。

9 Q いちばん大切な世話は？

A 果樹をじっと観察！

おいしい実をつけるために大切なのは、とにかく観察すること。花が咲いたら人工受粉をし、実が多いときは摘果する。枝が混み合ってきたら剪定し、虫がいたら早めにとる。これらはすべて、観察しているからできること。いま果樹が何をしてほしいのか？ 果樹の声がわかるようになったら、果樹ビギナーも卒業です！

コンテナ栽培では、観察に加えて、水やりと植え替えが重要になります。

▶袋かけは病害虫対策に有効。

10 Q なぜ2本植えないと実がつかない果樹があるの？

A 「自家受粉」と「他家受粉」がある

植物には、自分の花粉で受精して実がなる「自家受粉（受精）」する種類と、別の品種の花粉が必要な「他家受粉（受精）」する種類があります。これは、もともとの性質で決まっていること。2本必要といっても、同じ品種を2本植えてもダメで、ちがう品種を植える必要があります。さらに、2本の開花時期が合うなど、相性がよい品種を選ぶことも重要なポイントです。

11 Q 果樹栽培はどこが難しいの？

A 病害虫対策と剪定にはコツがある！

果樹栽培で難しいところは、ずばり、病害虫対策と剪定でしょう。病害虫の被害に合わないように、早め早めの対応が重要です。

また、バラ科（ウメ、サクランボ、モモ、ナシ、リンゴなど）の植物などは、剪定しないとよい実がつきません。おいしい実を収穫するためには、適切な剪定作業が欠かせません。

▶バラ科の果樹は、枝を切り戻す剪定が大切。

12 Q 人工受粉をしないとダメ?

A よい実をつけるためには必要

庭植えで昆虫がたくさんいるなら、人工受粉は必要ありません。しかし、昆虫が少なかったり、ベランダでコンテナ栽培をしているときは、人工受粉は不可欠。人工受粉はより確実によい実をつけるための大切な作業です。また、開花時に雨が降っている場合も昆虫が少ないため、人工受粉をしたほうがよいでしょう。

▶人工受粉をするとおいしい果実がたくさんなる。

13 Q 摘果しないとどうなる?

A 小さい実がたくさんなる

摘果はしなくてもよいですが、したほうがよりおいしく、大きな実を収穫できます。また、実をつけすぎていると、翌年実つきが悪くなる隔年結果が起こりやすくなったり、樹が疲れて弱ってしまうことも。
毎年、おいしい実をつけるためには、適切な数に摘果することが大切です。

◀大きくて、おいしい実にするために摘果が必要。

14 Q 果樹栽培って、ずばり何が楽しい?

A 四季を通じて長く楽しめる

市販の果実は早めに収穫したものが多いですが、家庭果樹は樹上で完熟させることが可能。とびっきりおいしい完熟フルーツを味わえて、しかも安心安全なのが最大の楽しみです。
また、果樹は、一度植えると長く楽しめて、四季の移り変わりを身近に感じさせてくれます。

▶ブルーベリーは秋の紅葉も美しい。

15 Q 10年以上実がならない木があるのですが…

A 新しい苗木を育ててみよう

庭に長い間、実がつかない果樹があって、品種もわからない、というケースがよくあります。どうにかして実をつけたい、という気持ちはわかりますが、残念ながら実をつけるようになる保証はなく、たとえ実がついても、おいしくないことも。また、放任してあった樹を脚立やハシゴに乗って剪定して、ケガをするケースも。
こんなときは、思いきって樹を切り、新しい果樹を植えるのがおすすめ。接ぎ木苗なら3〜4年でおいしい実がなりはじめます。
思い出があるならシンボルツリーとして残し、新しい苗木を別の場所に植えるとよいでしょう。

果樹の上手な育て方大事典 CONTENTS

- ここが知りたい果樹 Q&A ……… 2
- 本書の使い方 ……… 13

PART 1 人気果樹

- アーモンド ……… 16
- アケビ・ムベ ……… 18
- アンズ ……… 22
- ウメ ……… 26
- イチジク ……… 30
- オリーブ ……… 36
- カキ ……… 40
- カリン・マルメロ ……… 46
- キウイフルーツ ……… 50
- グミ ……… 56
- クリ ……… 58
- クルミ ……… 64
- サクランボ ……… 66
- ザクロ ……… 72
- サルナシ ……… 76
- スモモ・プルーン ……… 80
- ナシ・西洋ナシ ……… 84
- ナツメ ……… 88
- ビワ ……… 92
- フェイジョア ……… 98
- ブドウ ……… 102
- ポポー ……… 108
- モモ・ネクタリン ……… 112
- ヤマモモ ……… 116
- ユスラウメ ……… 120
- リンゴ・姫リンゴ ……… 124

果実酒・シロップ・ジャムづくり ……… 130

PART 2 カンキツ類

- カンキツ類の育て方 ……… 132
- ミカン類（温州ミカン・ポンカン） ……… 140
- オレンジ類（スイートオレンジ・ネーブル） ……… 142
- 雑柑類（夏ミカン・イヨカン・ハッサクなど） ……… 142
- ユズ類（ユズ・ハナユ・カボス・スダチ） ……… 144
- キンカン類 ……… 144
- レモン・ライム ……… 148

カンキツ類の特徴リスト ……… 150

PART 3 ベリー類

- ブルーベリー ……… 152
- ラズベリー ……… 160
- ブラックベリー ……… 164
- カーラント・グーズベリー ……… 168
- ジューンベリー ……… 172
- クランベリー ……… 176

PART 4 トロピカルフルーツ

- アセロラ　180
- アボカド　181
- グァバ・ストロベリーグァバ　182
- コーヒー　183
- ジャボチカバ　184
- スターフルーツ　185
- パイナップル　186
- パッションフルーツ　187
- バナナ　188
- パパイヤ　189
- ペピーノ　190
- マンゴー　191
- ライチ　192
- その他のトロピカルフルーツ　193
  - カニステル
  - シークヮサー
  - スリナム・チェリー
  - チェリモヤ
  - ドラゴンフルーツ
  - ホワイトサポテ
  - マカデミア
  - ミラクルフルーツ
  - リュウガン
  - レンブ

トロピカルフルーツの育て方　194

PART 5 果樹栽培の基礎知識

- 果樹栽培の基本と楽しみ方 A to Z　196
- 目的別・果樹の選び方　198
- 苗木の選び方のポイント　200
- 果樹に向く環境と土づくり　202
- 基本の植えつけ　①庭植えの手順　204
- コンテナ栽培の基礎知識　206
- コンテナ栽培の土の準備　208
- 基本の植えつけ　②コンテナ植えの手順　210
- 庭でコンパクトに育てる「根域制限栽培」　212
- よく実がつく！　樹形ガイド・庭植え編　214
- よく実がつく！　樹形ガイド・コンテナ編　217
- 剪定の基本・基礎知識編　218
- 剪定の基本・実践編　224
- 実例全12種　剪定ケーススタディ　226
- 誘引のポイント　237
- 肥料の種類と与え方　238
- 果樹栽培の管理作業　242
- コンテナ栽培の植え替え　246
- 果樹を増やすテクニック　247
  - 株分け／とり木　247
  - 挿し木　248
  - 接ぎ木　250
- 果樹の病気と対策　256
- 果樹の害虫と対策　258
- 農薬を減らすための病害虫対策　260
- 農薬を使うときのポイント　262
- 果樹栽培のグッズガイド　264

用語ガイド　266
苗の主な入手先ガイド　269
果樹のための栽培MAP　270
さくいん　271

目的にぴったりの果樹を選べる！
目的別 写真INDEX

初心者におすすめの果樹

1本でも実がつきやすい果樹

イチジク P.30
実がなるまでの目安▶
　庭植え➡2〜3年
　コンテナ➡2年
栽培適地▶関東以南
収穫時期▶6〜10月

ビワ P.92
実がなるまでの目安▶
　庭植え➡4〜5年
　コンテナ➡3〜4年
栽培適地▶房総半島以西
収穫時期▶6月

ブドウ P.102
実がなるまでの目安▶
　庭植え➡2〜3年
　コンテナ➡1〜2年
栽培適地▶全国
収穫時期▶8〜10月

ユスラウメ P.120
実がなるまでの目安▶
　庭植え➡2〜3年
　コンテナ➡2〜3年
栽培適地▶全国
収穫時期▶6月

ミカン類 P.140
実がなるまでの目安▶
　庭植え➡5〜6年
　コンテナ➡3〜4年
栽培適地▶関東以西
収穫時期▶10〜12月

ユズ類 P.144
実がなるまでの目安▶
　庭植え➡3〜4年
　コンテナ➡3〜4年
栽培適地▶東北南部以南
収穫時期▶8〜12月

キンカン類 P.144
実がなるまでの目安▶
　庭植え➡3〜4年
　コンテナ➡3〜4年
栽培適地▶関東以西
収穫時期▶12〜2月

レモン・ライム P.148
実がなるまでの目安▶
　庭植え➡3〜4年
　コンテナ➡2〜3年
栽培適地▶関東南部以西
収穫時期▶9〜5月

ラズベリー P.160

実がなるまでの目安▶
　庭植え➡2年
　コンテナ➡2年
栽培適地▶関東以北
収穫時期▶7〜10月

ブラックベリー P.164

実がなるまでの目安▶
　庭植え➡2年
　コンテナ➡2年
栽培適地▶関東以西
収穫時期▶7〜8月

カーラント P.168

実がなるまでの目安▶
　庭植え➡3〜4年
　コンテナ➡2〜3年
栽培適地▶東北以北
収穫時期▶6〜7月

グーズベリー P.168

実がなるまでの目安▶
　庭植え➡3〜4年
　コンテナ➡2〜3年
栽培適地▶東北以北
収穫時期▶6〜7月

ジューンベリー P.172

実がなるまでの目安▶
　庭植え➡3〜4年
　コンテナ➡2〜3年
栽培適地▶東北以南
収穫時期▶5〜6月

クランベリー P.176

実がなるまでの目安▶
　庭植え➡2〜3年
　コンテナ➡2〜3年
栽培適地▶東北以北
収穫時期▶9〜11月

庭のシンボルツリーになる果樹

アンズ P.22

実がなるまでの目安▶
　庭植え➡3〜4年
　コンテナ➡3年
栽培適地▶東北〜甲信越
収穫時期▶5〜7月

ウメ P.26

実がなるまでの目安▶
　庭植え➡3〜4年
　コンテナ➡3年
栽培適地▶北海道を除く全国
収穫時期▶5〜7月

オリーブ P.36

実がなるまでの目安▶
　庭植え➡2〜3年
　コンテナ➡2〜3年
栽培適地▶関東以西
収穫時期▶9〜10月

カキ P.40

実がなるまでの目安▶
　庭植え➡4〜5年
　コンテナ➡3〜4年
栽培適地▶関東以西
収穫時期▶10〜11月

カリン・マルメロ P.46

実がなるまでの目安▶
　庭植え➡4〜5年
　コンテナ➡3年
栽培適地▶北海道以南
収穫時期▶9〜11月

キウイフルーツ P.50

実がなるまでの目安▶
　庭植え➡4〜5年
　コンテナ➡3〜4年
栽培適地▶東北以南
収穫時期▶10〜11月

グミ　P.56
実がなるまでの目安▶
　庭植え➡3〜4年
　コンテナ➡3年
栽培適地▶九州以北
収穫時期▶5〜6月(7〜8月)

クリ　P.58
実がなるまでの目安▶
　庭植え➡3〜4年
　コンテナ➡3年
栽培適地▶全国
収穫時期▶8〜10月

クルミ　P.64
実がなるまでの目安▶
　庭植え➡5〜6年
　コンテナ➡4年
栽培適地▶東北以南
収穫時期▶8〜10月

ザクロ　P.72
実がなるまでの目安▶
　庭植え➡5〜6年
　コンテナ➡4〜5年
栽培適地▶北海道南部以南
収穫時期▶9〜10月

ナツメ　P.88
実がなるまでの目安▶
　庭植え➡3〜4年
　コンテナ➡3年
栽培適地▶全国
収穫時期▶9〜10月

オレンジ類　P.142
実がなるまでの目安▶
　庭植え➡4〜5年
　コンテナ➡3〜4年
栽培適地▶紀伊半島以西
収穫時期▶12〜1月

雑柑類　P.142
実がなるまでの目安▶
　庭植え➡4〜5年
　コンテナ➡3〜4年
栽培適地▶関東以西
収穫時期▶12〜6月

ブルーベリー　P.152
実がなるまでの目安▶
　庭植え➡2〜3年
　コンテナ➡2〜3年
栽培適地▶
関東以北(ハイブッシュ系)
関東以西(ラビットアイ系)
収穫時期▶6〜9月

かわった果樹を育てたい！

アケビ・ムベ　P.18
実がなるまでの目安▶
　庭植え➡3〜4年
　コンテナ➡2〜3年
栽培適地▶東北以南(アケビ)・関東以西(ムベ)
収穫時期▶8〜10月

サルナシ　P.76
実がなるまでの目安▶
　庭植え➡2〜3年
　コンテナ➡2〜3年
栽培適地▶全国
収穫時期▶9〜11月

フェイジョア　P.98
実がなるまでの目安▶
　庭植え➡4〜5年
　コンテナ➡3〜4年
栽培適地▶関東南部以西
収穫時期▶10〜12月

ポポー　P.108
実がなるまでの目安▶
　庭植え➡4〜5年
　コンテナ➡3〜4年
栽培適地▶北海道南部以南
収穫時期▶9〜10月

ヤマモモ　P.116
実がなるまでの目安▶
　庭植え➡4〜5年
　コンテナ➡4〜5年
栽培適地▶関東南部以西
収穫時期▶6〜7月

ペピーノ　P.190
実がなるまでの目安▶
　庭植え➡1年
　コンテナ➡1年
栽培適地▶関東以南
収穫時期▶7〜8月

栽培になれたら挑戦したい果樹

おなじみの定番果樹

アーモンド　P.16
実がなるまでの目安▶
　庭植え➡4年
　コンテナ➡3年
栽培適地▶東北以南
収穫時期▶7〜8月

サクランボ　P.66
実がなるまでの目安▶
　庭植え➡4〜5年
　コンテナ➡2〜3年
栽培適地▶信州・東北以北
収穫時期▶6〜7月

スモモ・プルーン　P.80
実がなるまでの目安▶
　庭植え➡3〜4年
　コンテナ➡3〜4年
栽培適地▶全国
収穫時期▶7〜9月

ナシ・西洋ナシ　P.84
実がなるまでの目安▶
　庭植え➡3〜4年
　コンテナ➡3年
栽培適地▶東北〜甲信越
収穫時期▶8〜10月

モモ・ネクタリン　P.112
実がなるまでの目安▶
　庭植え➡3年
　コンテナ➡3年
栽培適地▶東北中部以南
収穫時期▶6〜8月

リンゴ　P.124
実がなるまでの目安▶
　庭植え➡5〜7年
　コンテナ➡3年
栽培適地▶東北以北など
収穫時期▶9〜11月

南国気分たっぷりの熱帯果樹

アセロラ　P.180
実がなるまでの目安▶
　1〜2年
栽培適地▶九州南部以南
収穫時期▶5〜10月

アボカド　P.181
実がなるまでの目安▶
　2〜3年
栽培適地▶関東南部以南
収穫時期▶11〜12月

グァバ・ストロベリーグァバ　P.182
実がなるまでの目安▶ 2〜3年
栽培適地▶ 九州南部以南
収穫時期▶ 9〜10月

コーヒー　P.183
実がなるまでの目安▶ 3〜4年
栽培適地▶ 沖縄以南
収穫時期▶ 12月

ジャボチカバ　P.184
実がなるまでの目安▶ 5〜6年
栽培適地▶ 関東以南
収穫時期▶ 5〜11月

スターフルーツ　P.185
実がなるまでの目安▶ 2〜3年
栽培適地▶ 九州南部以南
収穫時期▶ 10〜11月

パイナップル　P.186
実がなるまでの目安▶ 3年
栽培適地▶ 沖縄以南
収穫時期▶ 8〜9月

パッションフルーツ　P.187
実がなるまでの目安▶ 1〜2年
栽培適地▶ 九州南部以南
収穫時期▶ 7〜9月

バナナ　P.188
実がなるまでの目安▶ 1〜2年
栽培適地▶ 沖縄以南
収穫時期▶ 7〜9月

パパイヤ　P.189
実がなるまでの目安▶ 1〜2年
栽培適地▶ 沖縄以南
収穫時期▶ 10〜11月

マンゴー　P.191
実がなるまでの目安▶ 3〜4年
栽培適地▶ 九州以南
収穫時期▶ 9〜10月

ライチ　P.192
実がなるまでの目安▶ 3〜5年
栽培適地▶ 九州以南
収穫時期▶ 7〜8月

その他のトロピカルフルーツ　P.193

- カニステル
- シークヮサー
- スリナム・チェリー
- チェリモヤ
- ドラゴンフルーツ
- ホワイトサポテ
- マカデミア
- ミラクルフルーツ
- リュウガン
- レンブ

本書の使い方

果樹名・科名
一般的な名前をカタカナで表記しています。下にはその果樹の植物分類学上の科名を紹介。

管理作業
植えつけ、剪定、開花・受粉・摘果・収穫など、基本的な管理作業を解説。管理作業についてはP242～245も参考にしてください。

施肥の方法
元肥、追肥、礼肥など、肥料の与え方を紹介。肥料についてはP238～241も参考にしてください。

樹形づくり
適した樹形やおすすめの樹形をイラストで紹介。樹形はP214～216も参考にしてください。

栽培のポイント
果樹を栽培するときにとくに気をつけたいポイントをまとめています。

難易度
栽培の難易度を「やや難しい」「ふつう」「やさしい」の3種類で表記。初心者は「ふつう」または「やさしい」ものからスタートするのがおすすめです。

病害虫対策
その果樹に発生しやすい病害や害虫について解説。対処法はP256～263も参考にしてください。

果実のつき方
花芽や葉芽、果実がどこにつくのか（結果習性）をイラストでわかりやすく解説。

グミ

落葉種、常緑種といろいろな種類があり、日本で昔から育てられてきた伝統果樹のひとつ。

グミ科　難易度　やさしい

栽培のポイント　日当たりと排水のよい場所を選べば、他の果樹が育ちにくいやせ地でも栽培できる。

DATA
- 英語表記 Gumis
- タイプ 落葉中低木、常緑中低木、常緑つる性
- 樹高 2～4m
- 自生地 日本、ヨーロッパ南部、北アメリカ
- 日照条件 日向（炎陽樹は半日陰でも可）
- 収穫期 7～5月（落葉種）、5～6月（常緑種）
- 栽培適地 北海道、本州、四国、九州
- 結実までの目安 地植え：3～4年／コンテナ植え：3年
- コンテナ栽培 容器（5号鉢以上）

栽培カレンダー
（11月～10月のカレンダー：植えつけ、整枝剪定、開花（人工授粉）、施肥、病害虫（なし）、収穫）

おすすめの品種

落葉種	アキグミ	1本で植えても、収穫量が多い。渋みがややあり、ほかのグミ類より実が楕円形だが、アキグミに球形に近い。晩生種
	ナツグミ	1本では実つきが悪いので2品種植えるとよい。果実の大きさは小～中くらい。早生種
	ダイオウグミ	苗として多く出回っている。1本だけで植えると実つきが悪いので、他のグミと組み合わせて栽培するとよい。食味がよく、別名ビックリグミ。中生種
常緑種	ナワシログミ	樹齢低木で葉は立ち上がるが、先端の枝が垂れ下がり、つる性植物のように見える。庭木としても人気。晩生種
	マルバグミ	花は筒状でクリーム色をしている。枝はつる状に伸びる。実には白い鱗状の毛が密生する。別名オオバグミ。早生種
	ツルグミ	名前のとおり、枝はつる状に伸びる。また葉の裏が赤く見える。海岸の近くに自生するので、海の近くでも栽培が容易。中生種

グミの特徴
乾燥や雨風に強く育てやすい

落葉種（ダイオウグミ、アキグミなど）と、常緑種（ナワシログミ、マルバグミ、ツルグミ）の2種類があります。果実が傷みやすいため実が市販されることがあまりないので、グミを食べられるのは家庭栽培ならではの醍醐味。実は甘いのですが、皮にタンニンを含む斑点があり、渋みが少しあります。病害虫の心配もあまりないため、無農薬でも育てやすいのが特徴です。

品種の選び方
1品種でOKだが、品種によっては別種を植える

グミは1品種だけで育てても、実をつけることが容易です。しかしダイオウグミやナツグミは、他の品種と植えると実がよくつきます。2品種植える場合は開花時期が同じ種類を選ぶことが大切です。
常緑種のグミは、生け垣にして庭木として楽しめ、関東以西の暖地なら常緑種も育てやすくておすすめ。落葉種は耐寒性があり、全国で栽培が可能です。

---

1. 植えつけ → 12～3月（落葉種） 3月（常緑種）
落葉種は日向に植えるが、常緑種は半日陰でもOK。水はけのよい場所であれば土質はあまり選ばない。

基本の植えつけ（P204）を参考に植え、特殊の場合は50～60cmで主幹を剪定し、支柱を立てるとよい。

施肥の方法
グミはやせた土地でもよく育つため、肥料はとくに必要ないが、3月に化成肥料(P239) 30gを目安に与えてもよい。

病害虫対策
病気　とくにない
害虫　アブラムシが春に新梢につくことがあるが、見つけたら捕殺する。

2. 剪定 → 12月
放っておいてもよく結実するが、ダイオウグミは大木になりやすいので仕立てやすい高さに剪定するとよい。

樹形づくり　主幹を1本にした主幹形仕立て
果実のつき方　短果枝に房がよくつく

下のほうから出ている主枝は切り、残す枝は先端を切り戻す。

冬の剪定
徒長枝はできるだけ間引き、横に広がるように仕立てよう。

グミの花芽

①樹形が強いので徒長枝を横に出ている枝の上でなる。　②残す枝の先端1/3を切り戻す。
先端のぷっくりしているのが花芽／すっと細いのが葉芽

3. 開花・受粉 → 5～6月（落葉種） 10～11月（常緑種）
通常は1本でも結実するが、1本だと結実しにくい品種ではジベレリン処理をする方法がある。

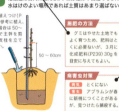

自家結実性が低い種類では、1本でもブドウのようにジベレリン処理（P105）をすると、よく結実する。花が満開になったときと、その2週間後に、ジベレリン1万倍水溶液を霧吹きなどで散布しよう。

4. 収穫 → 5～6月（落葉種） 7～8月（常緑種）
落葉種と常緑種では実がなる時期が異なる。

青い実が赤く熟した頃が収穫時。

グミのコンテナ栽培　毎年鉢上げする
主幹形仕立て

グミは乾燥や風雨に強いので、コンテナ栽培でもうまく育てられます。ただし成長が早いので、鉢のサイズを毎年1号ずつ上げていきましょう。5～6号のサイズからスタートしたら、4回くらいサイズを上げて、最終的に10号鉢にまで大きくしてください。
鉢が小さいと枝が伸びてしまい、花のつきが悪くなり、果実も少なくなります。

徒長枝の先端は切り返す
徒長枝やひこばえは根元から取る
3～4本の主幹を伸ばす

Point
- **鉢のサイズ**　5号鉢以上に植えつける。毎年1号ずつ鉢上げをして、最終的に10号鉢までにする。
- **使用する土**　赤玉土と腐葉土を1:1の割合で混ぜた土に元肥を入れる。2月に化成肥料(P239)を施すが、土を乾燥させないように注意。
- **水やり**　根が細いので、土を乾燥させないように注意。

DATA
英語表記、落葉か常緑か、樹高、栽培適地、結実までの年数の目安など、栽培に必要なデータをコンパクトにまとめています。栽培適地はP270の地図も参考にしてください。

栽培カレンダー
1年の管理作業を12か月のカレンダーで紹介。果樹の植えつけに最適な11月はじまりのカレンダーです。なお、本書では関東地方を基準にしています。

おすすめの品種
人気品種や育てやすい品種などを入手しやすい品種のなかから解説しています。

特徴と選び方
果樹の特徴や品種の選び方をわかりやすく紹介。

コンテナ栽培
鉢のサイズ、使用する土や肥料、水やりなど、コンテナで栽培する場合のポイントを紹介。

はじめての果樹栽培にあたって

　果樹のある生活を楽しむ人たちが増えています。

　四季折々にさまざまな表情を見せてくれる果樹は、家族とともに成長し、シンボルツリーとしても長く楽しめるのが最大のポイント。新緑の葉、美しい花、そしておいしい果実と、果樹は魅力がいっぱいです。落葉果樹は紅葉を楽しめる種類もあります。

　果樹栽培は、苗木の植えつけからスタートしますが、はじめの数年は果実を収穫するより、木をしっかり成長させることが大切です。「すぐに果実を収穫したい！」という気持ちはわかりますが、そこはじっとガマン。充実した木に育てることができれば、やがておいしい果実をたくさん収穫できるようになるからです。

　本書では、果樹栽培の初心者に向けて、品種選びから植えつけ、剪定や摘果、収穫などの管理作業をわかりやすく解説しました。

「品種は何を選べばよい？」
「実がつかないのはなぜ？」
「剪定のやり方を知りたい！」
「摘果はどうしても必要？」
「肥料はいつ与えればよい？」
「収穫のタイミングは？」

　など、よくある疑問が解決するように、イラストや写真でくわしく紹介しています。

　また、庭植えだけでなく、コンテナ栽培についても説明してありますので、ベランダやちょっとしたスペースでも、手軽に果樹栽培を楽しむことができます。

　これから果樹栽培を楽しみたいという人から、すでに果樹栽培を楽しんでいる人まで、この本を通して、たくさんの人が果樹との豊かな暮らしを送るお手伝いができれば幸いです。

小林幹夫

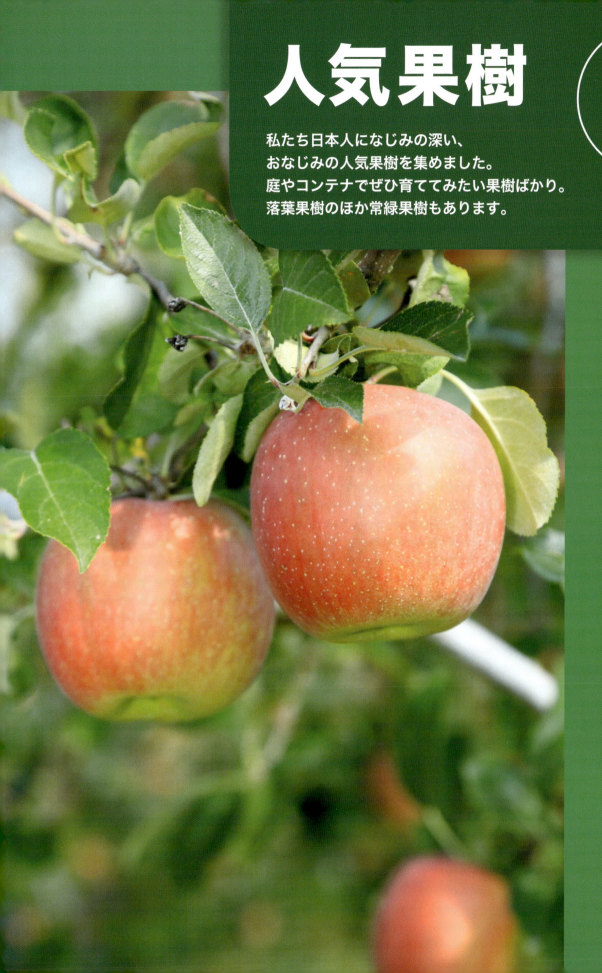

人気果樹

PART 1

私たち日本人になじみの深い、
おなじみの人気果樹を集めました。
庭やコンテナでぜひ育ててみたい果樹ばかり。
落葉果樹のほか常緑果樹もあります。

- アーモンド
- アケビ・ムベ
- アンズ
- ウメ
- イチジク
- オリーブ
- カキ
- カリン・マルメロ
- キウイフルーツ
- グミ
- クリ
- クルミ
- サクランボ
- ザクロ
- サルナシ
- スモモ・プルーン
- ナシ・西洋ナシ
- ナツメ
- フェイジョア
- ブドウ
- ビワ
- ポポー
- モモ・ネクタリン
- ヤマモモ
- ユスラウメ
- リンゴ・姫リンゴ

ピンクの花が可憐なバラ科の果樹。
果実の核の中身を食用にする。

アーモンド

バラ科

難易度 ▶ やや難しい

栽培のポイント
湿気に弱いので水はけがよい場所で育て、雨対策をするとよい。コンテナ栽培もおすすめ。

DATA
- 英語表記　Almond
- 樹高　3〜4m
- 日照条件　日向
- 栽培適地　東北以南
- タイプ　落葉高木
- 自生地　西アジア
- 収穫時期　7〜8月
- 結実までの目安　地植え：4年／コンテナ植え：3年
- コンテナ栽培　容易（7号鉢以上）

栽培カレンダー

(月)	11	12	1	2	3	4	5	6	7	8	9	10
植えつけ		●	●	●								
整枝剪定		冬季剪定							夏季剪定			
開花（人工受粉）						●						
施肥	●	元肥			元肥						礼肥	●
病害虫					●	●	●	●	●	●		
収穫									●	●		

アーモンドの特徴

種の核の子葉を食用にする西アジア原産の果樹

アーモンドはモモに近い植物で、原産は西アジア。アメリカやヨーロッパをはじめ世界各地で栽培されています。
初夏に淡紅色の花が咲き、果実はやや扁平で、果肉は発達せず、硬いので食用には向きません。秋に果実が熟すと果肉が裂けて核が出ますが、この核の中の子葉が食用のアーモンドです。

品種の選び方

1本では結実しにくい。受粉樹はモモでもOK

食用のアーモンドはスイートアーモンドで、たくさんの種類がありますが、日本では単にアーモンドとして苗が出回っていることが多いようです。主な品種には、ノンパレル、モントレー、カーメル、ミッション、カルフォルニアなどがあります。
アーモンドは1本では結実しにくいので2品種育てましょう。受粉樹はモモでもよく、モモの中でも花粉が多い大久保や倉方などがおすすめです。

1　植えつけ ➡ 12〜2月

基本の植えつけ（P204）を参考に、浅く植えつける。深植えすると花芽がつきにくくなったり根腐れを起こしやすい。

日当たりがよく水はけがよい場所を選び、植えつける場所に盛り土をするか、ブロックなどで仕切りをつくってから植えつけるとよい。

施肥の方法

元肥　有機質配合肥料（P239）は12〜1月に1kgを目安に、化成肥料（P239）は3月に100gを目安に与える。
礼肥　追肥は控えめにし、実の収穫後の9月上旬に礼肥として化成肥料50gを与えるとよい。

病害虫対策

病気　縮葉病や黒点病が見られるが、3月上旬に殺菌剤を散布することでかなり予防できる。
害虫　アブラムシやシンクイムシがつくので、見つけしだい取り除く。

2 剪定 → 12～2月（冬季剪定）・7～8月（夏季剪定）

冬季剪定は落葉期に、切り戻し剪定と間引き剪定を行なう。夏季剪定では混んでいる部分の間引き剪定を中心に作業しよう。

樹形は変則主幹形または開心自然形（P214）が仕立てやすい。剪定は木の内部が暗くならないように、不要枝は元から間引き、全体にまんべんなく日が当たるようにする。夏の整枝では、果実周辺に十分に日が当たるように枝を整理するとよい。

冬の剪定
左の混んでいる枝を整理し、全体の日当たりを確保する。

落葉期の剪定は50cm以上の枝は切り戻し、10cm以下の短果枝は細いものを間引く。

左の主枝から上に向かう徒長枝と混み合う枝を間引き、長い枝は切り戻し剪定を行なった。

果実のつき方
前年に伸びた枝の中間部に花芽がつく。ウメやアンズとちがい長果枝や中果枝によい花芽がつき大きな果実がなる。

3 開花・受粉・収穫 → 4月（開花）・7～8月（収穫）

摘果は必要ないが、大きな実を収穫するなら5月中下旬に葉20枚に1果、長果枝で2～3果、中果枝で1果が目安。

▲開花は4月上旬。受粉には他品種の花粉が必要。筆などで人工受粉をすると確実。

▲8月頃に果肉が裂けて中の核が見えてきたら収穫。実が若いうちに袋かけをすると病害虫予防になる。

アーモンドの利用法
果実の中の核を取り出し、日陰で1週間ほど乾燥させ、ジッパーつきビニール袋などに入れて冷蔵保存。適宜取り出し、ローストして食べる。

アーモンドのコンテナ栽培

乾かし気味に管理

コンテナ栽培も庭植えと基本は同じです。多湿を嫌うので、乾かし気味に管理するのがコツ。根腐れを起こしやすいので、鉢底皿を置かず、鉢はブロックなどにのせて通気よく管理を。

日当たりを好みますが、西日や夏の直射日光は葉焼けの原因になるので、鉢を移動するか日よけ対策を。コンテナ栽培ではコガネムシの幼虫が根を食害するので、見つけしだい取り除く。

Point

◆ **鉢のサイズ**
ポット苗をひと回り大きな鉢に植え、最低2年に1回は鉢上げ。果実をある程度収穫したい場合は10号鉢まで大きくする。

◆ **使用する土**
水はけのよい土を好むので、赤玉土中粒と腐葉土を1対1で配合し、黒土は多用しない。底には鉢底土を入れる。肥料は油かすなど有機質肥料（P239）を主体にするとよい。

◆ **水やり**
多湿を嫌うので乾かし気味に管理。夏は朝夕2回、それ以外は土の表面が白っぽくなったらたっぷり与える。

本州、四国、九州の野山に自生するつる性植物。
場所を選ばず育てやすく、仕立て方も自由自在。

アケビ・ムベ

アケビ科

難易度 ▶ ふつう

1本では結実しにくい品種が多いので、相性がよい別品種を一緒に植える。

DATA

- **英語表記** Akebia（アケビ）、Japanese Stauntonia vine（ムベ）
- **タイプ** 落葉つる性（アケビ）、常緑つる性（ムベ）
- **樹高** つる性なので仕立て方による
- **自生地** 日本、朝鮮半島、中国南部
- **日照条件** 日向～半日陰
- **収穫時期** 8月下旬～10月（アケビ）、10月中旬～下旬（ムベ）
- **栽培適地** 東北地方以南（アケビ）、関東地方以西（ムベ）
- **結実までの目安** 地植え：3～4年／コンテナ植え：2～3年
- **コンテナ栽培** 容易（5号鉢以上）

■おすすめの品種

品種	特徴
紫宝（しほう）	中果。ミツバアケビ。果皮は淡い青紫色。うどんこ病への耐性がやや強く、実がなりやすい。
蔵王紫峰（ざおうしほう）	中果。ミツバアケビ。果皮は濃い青紫色で、着色してから裂開するまでの期間が長い。うどんこ病にやや強い。
紫幸（しこう）	大果。ミツバアケビ。果皮は濃い紫色で厚く、調理して食べるとおいしい。
ジャンボアケビ	大果。ミツバアケビ。果皮は赤紫色をしている。摘果をすることで、より大きな実を収穫できる。
山形早生（やまがたわせ）	中果。ミツバアケビ。果皮は淡い青紫色で厚く、調理して食べるとおいしい。
ムベ	中果。トキワアケビとも呼ばれる。小葉が7枚にならないと、実がならない。関東地方以西の温暖な場所が栽培に適している。

ムベの実。熟しても実は割れない。

栽培カレンダー

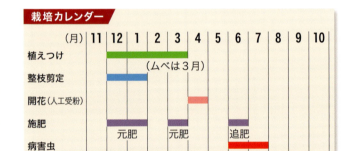

アケビ・ムベの特徴

つる性なのでガーデニングにも応用できる

　アケビとムベはともに、1本の木に雌花と雄花を咲かせます。ムベは自家結実性があるので、1本でも実がよくつくのが特徴。アケビは2品種以上を一緒に植えたほうが実つきがよくなります。両方とも栽培は比較的簡単。つる性なので、アーチ仕立てなどにしてガーデニングにも幅広く応用されています。全国で栽培可能ですが、ムベを地植えにする場合は、関東地方以西が適しています。

品種の選び方

アケビは2品種を一緒に植える

　日本には小葉が5枚のアケビと、3枚のミツバアケビ、この2種の雑種と思われるゴヨウアケビがあります。果樹として栽培されているのは、ほとんどがミツバアケビ。アケビやゴヨウアケビは受粉樹として一緒に植えられることが多いようです。アケビの野生種は果皮は薄茶色ですが、栽培品種は紫、ピンク、白などのものもあります。なお、ムベにはとくに品種はありません。

1 植えつけ → 12〜3月

アケビは12〜3月に植えますが、ムベは常緑樹なので寒さが落ち着く3月に植えつけを。

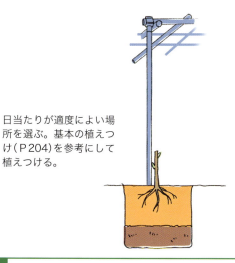

日当たりが適度によい場所を選ぶ。基本の植えつけ(P204)を参考にして植えつける。

ここが知りたい！ アケビ Q&A

Q アケビの花は咲くのですが、実がつきません。

A アケビは2種栽培しないと実つきが悪い

アケビは1本では実をつけにくいため、たとえ花が咲いても1品種だけで育てている場合は、実があまりつきません。栽培されている品種のほとんどはミツバアケビなので、受粉樹用のアケビを育てるようにしましょう。
確実に実をならせるためには、他品種の雄花で人工受粉をするのがおすすめです。

施肥の方法

元肥 アケビ・ムベともに12〜1月に有機質配合肥料(P239)を1kgを目安に与える。3月に化成肥料(P239)を50gを目安に与えるとよい。

追肥 実が成長する6月頃、1株につき化成肥料を30gを目安に与える。肥料が多すぎると、つるばかり伸びてしまうので注意。

2 剪定 → 12〜1月

春にたくさん花を咲かせ、結実をよくするには、樹形づくりと剪定作業が欠かせない。

樹形づくり
アーチ仕立てや棚仕立て、垣根仕立て(P216)にするとよい。

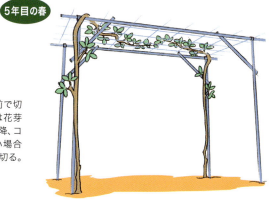

アーチ仕立て

2年目
植えつけの翌年、主枝の先はつるが巻く手前で切って誘引。株の地面に近い部分の側枝は切る。

3年目
側枝はつるが巻く手前で切り、花芽がついた枝は花芽の先で切る。4年め以降、コンパクトにまとめたい場合は、側枝の7〜8節で切る。

5年目の春
左右で2品種をアーチ型に仕立てた場合。

果実のつき方
前年に伸びた新梢の葉腋に混合花芽がつく。花芽は基部から数節先にできる。

冬 葉芽／先端の巻いているつるは切り戻す。先端には花芽はつかない。／混合花芽／混合花芽から果実がなる花芽と葉が出る。

夏 果実

Point スペースに合わせて剪定する

側枝は基本的に整理しますが、棚のスペースに余裕がある場合は、側枝を伸ばして広げて仕立ててもOKです。

その年に伸びた新梢に混合花芽がつく。写真はムベ。

冬の剪定
アケビは落葉した冬に混み合った部分を剪定する。

❶つるをほどいたところ。下に2本平行枝が出ているので、あとで重ならないように広げて誘引する。

平行枝

ココで切る

❷混んでいる部分や車枝を切って整理する。

❸残した枝は重ならないように広げて誘引する。

ムベの冬季剪定
常緑のムベは3月頃、混み合っている部分のみ間引き剪定するとよい。

❶巻きづるは切る。

❷伸びすぎたつるは切る。

3 開花・受粉 → 4月
アケビは別品種の花粉を人工受粉すると実がつきやすくなる。

アケビの花
房状に咲き、雌花は基部につく。

雌花
雄花

細い枝や成長が悪い枝は雌花がつきにくい。

人工受粉

ツンツン

アケビは別品種の雄花の花粉をハケなどで雌花につけてやるとよい。

4 実の管理 → 5月
アケビもムベも摘果は行なわなくてもOK。

実を大きくしたい場合は、開花の約1か月後に、大きくて形がよい1〜3果を残すとよい。

3果を残した場合。

5 収穫 ➡ 8月末〜10月

アケビは実が割れたら、ムベは実が熟して柔らかくなった頃が目安。

アケビは果実が色づき、割れる直前か、割れたら収穫。

ムベは割れないので、熟してやわらかくなったら収穫。

病害虫対策

病気 うどんこ病など。梅雨時に発生すると果皮の色が悪くなるので、混み合った枝は間引き、風通しをよくして予防。

害虫 春に発生するアブラムシ以外はとくにない。見つけしだい取り除く。

アケビ・ムベの利用法

生食の場合は、どちらも種ごと口に入れて、種を出すとよい。アケビの果皮は炒め物や漬け物、天ぷらなどに利用できる。また、アケビの葉は薬効があるといわれる。夏に葉を摘んでさっとゆで、干してお茶にするとよい。

アケビ・ムベのコンテナ栽培　あんどん仕立てにする

コンテナ栽培も、基本的には地植えと同じ管理方法でOKです。アケビ・ムベともにつる性なので、あんどん仕立てや垣根仕立てにするとよいでしょう。

アケビは受粉樹が必要なので、2品種以上で栽培するようにします。

夏は半日陰の場所に置き、土が乾燥しないように表面が乾いたらたっぷり水を与えましょう。

結実後は摘果して、実の数がコンテナ1鉢につき、5〜6個になるようにすると、大きな実を収穫できます。

3年目までは主枝を長く伸ばし、伸びたら主枝をあんどん型に仕立てる。4年目以降は、枝の先端を切り戻すとよい。脇芽は毎年、整理する。

Point

◆ **鉢のサイズ**
5〜8号鉢に植え、実がつくようになったら、2年に1回は1サイズ上の鉢に植え替えをする。

◆ **使用する土**
赤玉土と腐葉土を1:1の割合で混ぜた用土に植えつける。12〜1月、6月に有機質配合肥料（P239）を与える。

◆ **水やり**
土の表面が乾いたら、たっぷり水を与える。夏場は乾燥させすぎないように注意。

ピンクや白い花が愛らしい！
食べておいしく、観賞用にも適した果樹。

アンズ

バラ科

難易度　ふつう

栽培のポイント
1本でも結実するが、2品種以上か、ウメやスモモなどを一緒に栽培すると実がよくつく。

DATA
- 英語表記　Apricot
- 樹高　2.5～3m
- 日照条件　日向
- タイプ　落葉高木
- 自生地　中国・東北部
- 収穫時期　5～7月
- 栽培適地　東北～甲信越地方。関東地方より南でも栽培可能
- 結実までの目安　地植え：3～4年／コンテナ植え：3年
- コンテナ栽培　可能（7号鉢以上）

栽培カレンダー

■おすすめの品種

品種	特徴
平和（へいわ）	早生。大果。東亜系。花が大きく美しい。自家結実性はやや弱い。裂果しやすい。
山形3号（やまがたごう）	早生。中果。東亜系。花粉が多いので、受粉樹として使われる。裂果は少ない。
新潟大実（にいがたおおみ）	早生。大果。東亜系。隔年結果しやすい。裂果も少なく、コンパクトに仕立てられる。
信州大実（しんしゅうおおみ）	早生。大果。東亜系。実の香りがよく、甘いのが特徴。比較的、育てやすい。
ハーコット	晩生。中果。欧州系。酸味が少なく、甘みが強いので生食に向いている。裂果はやや少ない。
ゴールデンコット	晩生。中果。欧州系。酸味と甘みのバランスがよい。裂果はやや少ない。
チルトン	晩生。小果。欧州系。実が小さく、甘みが強い。生理落下は多いが、栽培はしやすい。

アンズの特徴

みずみずしい完熟果を楽しもう！

　アンズは開花期に雨が少なく、6～7月の果実が生育する時期に比較的涼しく、乾燥した場所が栽培に適しています。しかし関東地方以南でも栽培は可能です。

　市販の果実に比べて、もぎたての果実は香りがとてもよく、完熟すると果汁が多くみずみずしく美味。自家結実性はありますが、異なる品種、アンズやウメなどを近くに植えると実つきがよくなります。

品種の選び方

酸味が強い東亜系と生食にも向く欧州系がある

　アンズには大きく分けて、酸味が強く加工用に向く東亜系と、酸味が少なく甘くて生食・加工の両方に使われる欧州系の2種類があります。

　欧州系は病気に比較的弱く、雨で裂果しやすい品種が多いため、東亜系のほうが栽培は容易です。実つきをよくするには別の品種を一緒に栽培しましょう。「山形3号」は花粉が多いので、受粉樹に適しています。

1 植えつけ → 12～3月

関東より北の地域や寒冷地では3月、それ以外は12～2月が植えつけの適期。

日当たりと風通し、水はけがよく、湿度を適度に含む肥沃な場所に植える。基本の植えつけ(P204)を参考に、やや浅めに植えつけよう。

主幹を50～60cmのところで切る。

ここが知りたい！ アンズ Q&A

Q アンズは1品種だけの栽培でも実がつきますか？

A 1品種だけでも実はつくが、2品種植えたほうがよい

アンズは「平和」という品種以外は自家結実性があるので、実をつけることはできます。ただし、1品種だけだと実つきが不安定なので、異なる品種を近くに植えたほうが実つきがよくなります。

また早生と晩生の品種があるので、開花時期がほぼ同じになる品種を一緒に植えるのが、成功のポイントです。

施肥の方法

- **元肥** 12～1月に有機質配合肥料(P239)を1kgを目安に与える。3月に化成肥料(P239)を150gを目安に与えるとよい。
- **礼肥** 8月に化成肥料を100gを目安に与えるとよい。

2 剪定 → 11～12月（冬季剪定）

アンズは枝が上に伸びやすい。夏季剪定をする場合はウメ(P29)を参考にして枝を剪定する。

樹形づくり

開心自然形か変則主幹形(P214)を基本に、枝をバランスよく配置する。

開心自然形

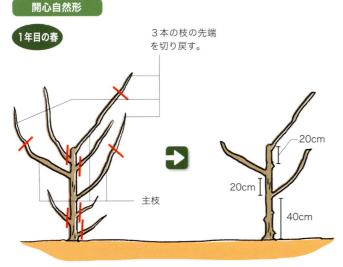

1年目の春
3本の枝の先端を切り戻す。
主枝
主枝3本を決めてバランスよく残す。

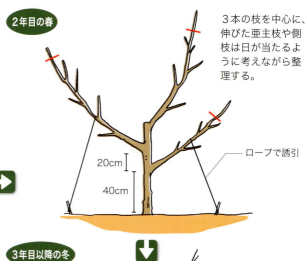

2年目の春
3本の枝を中心に、伸びた亜主枝や側枝は日が当たるように考えながら整理する。
ロープで誘引

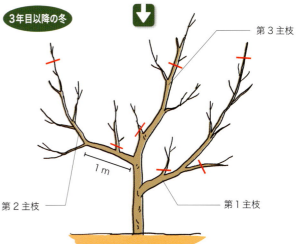

3年目以降の冬
第3主枝
第2主枝　第1主枝

Point

2年目の枝に果実がつく

アンズは2年目の枝に花芽が多くつくので、前の年に実をつけた古い枝は剪定して、新しい枝を伸ばすとよい。

3 開花・受粉 ➡ 3月下旬〜4月上旬

自家結実性があるが、人工受粉をしたほうが実がよくつく。

アンズの花
ウメに似ているが、ややピンクが濃いものが多い。人工受粉をする場合はウメ（P28）と同様にする。

病害虫対策

病気 黒星病など。余分な葉を剪定して、風通しと日当たりをよくして予防。

害虫 新梢につくアブラムシや、樹脂病の原因になるコスカシバなどに注意。見つけ次第取り除く。

黒点病の果実。

Point 摘果は葉20枚に1果が目安
アンズは摘果をしなくてもOKだが、する場合は葉20枚につき実1個を残すようにする。

4 収穫 ➡ 6月下旬〜7月下旬

収穫の目安は、開花後約90日頃。ジャム用には完熟して柔らかくなったものを使おう。

果実酒などには、やわらかくなる前の硬めの実を使う。

アンズの利用法
ジャム、ドライフルーツ、果実酒などに利用するのが一般的。ジャムや生食用には、完熟したものがおすすめ。ドライフルーツや果実酒には、完熟前に収穫したものを使うとよい。

アンズのコンテナ栽培

開花時期の寒さに注意

コンテナ栽培は、基本的には地植えと同じ管理方法で大丈夫です。開花時期には寒さに気をつけて、日当たりのよい場所にコンテナを移動するようにしましょう。また低温になる夜間は、室内にコンテナを入れると安心です。

樹形は開心自然形か変則主幹形仕立てにするとよいでしょう。できれば2品種を植えたいですが、自家結実性は強いので、1品種での栽培でもある程度なら実を収穫できます。葉20枚に1果を目安に摘果しましょう。

Point

◆ **鉢のサイズ**
7〜8号鉢に植えつけ、実がつくようになったら、2〜3年に1回は1サイズ上の鉢に植え替えをする。

◆ **使用する土**
赤玉土と腐葉土を1:1の割合で混ぜた用土に植えつける。12〜1月、8月に有機質配合肥料（P239）を与える。

◆ **水やり**
乾燥に比較的強いので、乾き気味に管理する。ただし夏は1日2回を目安にたっぷりと水を与える。

1500年以上前から日本で栽培されてきた果樹。
果実はさまざまに活用でき、花も美しい。

ウメ

バラ科

難易度 ▶ ふつう

1本では結実しにくい品種が多いので、相性がよい別品種を一緒に植える。

DATA
- 英語表記　Japanese apricot
- タイプ　落葉高木
- 樹高　2.5〜3m
- 自生地　中国・中南部
- 日照条件　日向
- 収穫時期　5〜7月
- 栽培適地　北海道を除く全国各地
- 結実までの目安　地植え：3〜4年／コンテナ植え：3年
- コンテナ栽培　容易（7号鉢以上）

■おすすめの品種

品種	特徴
甲州最小（こうしゅうさいしょう）	小果。花粉が多く、やや自家結実性がある。梅干しや梅酒に適している。
竜峡小梅（りゅうきょうこうめ）	小果。花粉が多めで、やや自家結実性が高い。梅干しやカリカリ漬けに。
月世界（げっせかい）	小中果。花粉が多めで、自家結実性が強い。薄いピンク色の花がきれい。
玉英（ぎょくえい）	大果。花粉が少なめなので、受粉樹が必要。収穫量は多い。
白加賀（しろかが）	大果。花粉が少ないので、受粉樹が必要。江戸時代から栽培されている。
鶯宿（おうしゅく）	大果。花粉が多く、やや自家結実性あり。果実の色が美しい。梅酒に向く。
南高（なんこう）	大果。花粉が多いが、受粉樹が必要。梅干しに最適で人気の品種。
豊後（ぶんご）	大果。花粉が多く、やや自家結実性あり。寒冷地での栽培に適している。

※受粉樹には、小梅品種のほか、梅郷（ばいごう）、稲積（いなづみ）などがおすすめ。

栽培カレンダー

ウメの特徴

果実の用途が広く、香りのよい花が美しい

　梅干し、梅ジャム、梅酒、梅シロップなど果実の用途が広く、比較的栽培も簡単なことから人気が高い果樹です。香りのよい紅白の花も美しく、サクラの花と並ぶ春の風物詩です。

　開花してから収穫するまでが約3か月と短く、春の開花から初夏の結実の時期に集中して作業します。冬の剪定を行なえば、世話も簡単な果樹です。

品種の選び方

花粉が多く、自家結実しやすい品種を選ぶとよい

　ウメは同一品種の花粉では受粉しにくいものが多いので、花粉が多く、比較的自家結実しやすい品種を選ぶのがおすすめです。自家受粉しにくいものでは、別品種を一緒に植える必要があります。

　甲州最小、竜峡小梅などの小梅は単一栽培でも結実しますが、その場合は、別品種と一緒に栽培したときの20％程度の収穫量が目安です。

1 植えつけ → 12〜3月

苗木は幹が太いものを選び、関東以南では12月、寒冷地では萌芽直前（3月頃）の植えつけがおすすめ。

日当たりがよく、通気性と水はけのよい、肥沃な土壌がベスト。基本の植えつけ（P204）を参考に、やや浅めに植えよう。

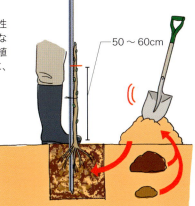

ここが知りたい！ ウメ Q&A

Q 1本だけ植えても、実がなりますか？

A 違う品種2種を育てるのが基本

ウメは品種によって違いはありますが、甲州最小などの小梅は、比較的自家結実性がやや強いので、1本だけの栽培にも向いています。とはいっても、他の種類と一緒に育てたときの約20％の結実が目安。南高梅などの中梅はさらに自家結実性が低くなります。違う品種2種を育てるほうが、実がなるでしょう。

施肥の方法

元肥 植えつけ時、12〜1月・3月に有機質配合肥料（P239）を1kgを目安に与える。3月に化成肥料（P239）を150gを目安に与えるとよい。

礼肥 収穫後、8月に化成肥料を100gを目安に与える。

2 剪定 → 11〜12月（冬季剪定）

春にたくさん花を咲かせ、結実をよくするには、樹形づくりと剪定作業が欠かせない。

樹形づくり
「開心自然形」か「Y字形」を基本に短果枝が多くなるように剪定する。

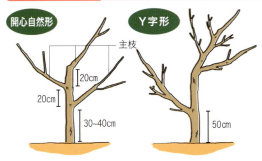

開心自然形 主枝3本をバランスよく配置するとよい。

Y字形 地面から50cmくらいのところから左右にバランスよく2本の主枝を育てる。

果実のつき方
前年に伸びた枝に花芽がつき、そこに実がつく。

長果枝 花芽はつくが結実しにくいので、先端1/3を切り戻す

短果枝 短果枝は花芽が多く、よく結実する

15cm前後の短果枝や中果枝に実がたくさんつく

花芽の見分け方

丸くふっくらしているのが花芽。

Point 固い枝はノコギリで切れ目を入れる
ウメは果樹の中でいちばん枝が堅いので、剪定バサミで切りにくい場合は、ノコギリで切れ目を入れてから切るとラク。

樹形づくりの冬の剪定

7〜8本ある主柱を3本残しにする。

before

after

❶ 主枝が7〜8本ある。全体のバランスを見て、3本残しにする。

❷ 切る主枝を決める。細い枝や枯れた枝は整枝の対象。

❸ 切る枝は根元から切るようにする。

❹ 残す主枝1本ごとに、三角形をイメージしながら剪定。先端を決めて切り戻す。

❺ 3本の主枝を残し、手入れしやすい高さに。

冬の剪定

実つきをよくする徒長枝の切り戻しは、落葉後、関東以南は12月まで、関東以北では遅くても1月までに！

車枝の剪定

同じところから何本も枝が出ている「車枝」は、整枝の対象。3本ある場合は1本残しに。

❶整枝する前の状態。　❷内側に伸びている1本を切る。　❸上に徒長している中央を切る。　❹よい方向の1本のみを残したところ。

長果枝の切り戻し

長果枝を切り戻して短果枝を出させて、収量アップをねらおう！

❶長果枝の先端1/3を切り戻す。　❷短果枝には花がつきやすく、結実しやすい。

3 開花・受粉 → 2〜3月

人工受粉はしなくてもよいが、開花期に人工受粉をすると結果率がアップする！

ウメの花／人工受粉

花粉が多い別品種の花を摘み、直接、実をつけさせたい花につけて受粉させる。

花色は白やピンクなど。

4 摘果 → 4月下旬〜5月

基本は摘果せず、自然落果にまかせてOK。実が多いときや実を大きくしたいときは摘果しよう。

❶摘果する前の状態。葉の数に対して実が多い。　❷近くに実がたくさんついている部分を摘果。葉が近くにあるものは残す。傷や病気があるものを優先して摘果。　❸適正な数の実に摘果したところ。

病害虫対策

病気　黒星病、かいよう病、黒点病など。風通しよく、日当たりがよくなるように剪定することで予防。

害虫　アブラムシ類のほか、カイガラムシ類、ゾウムシ類、スズメガ類など、見つけしだい取り除く。

▲黒点病のウメ。

5 収穫 → 5〜7月

青梅で使う場合は、カリカリの状態のうちに収穫。黄梅で使う場合は、樹上で完熟させてから収穫を。

❶ハサミを使わず、手でもげばOK。

❷青梅は実の成長がとまった頃に収穫。関東は6月上旬頃が目安。

ウメの利用法

梅酒、梅シロップ、ジャム、梅干しなど、いろいろな楽しみ方ができます。自家栽培なら黄色く完熟させてからの収穫が可能なので、フルーティ梅干しやジャムをつくることができます。

▲青梅ジャム(右)と黄梅ジャム(左)。

6 夏の整枝 ➡ 6月中旬〜7月中旬

収穫後の夏の整枝は、風通しや日当たりをアップさせる目的で、徒長枝を間引くとよい。

❶枝葉が込み合って、風通しや内部への日当たりが悪くなっているので、余分な枝を切り落とす。

❷切る枝はその基の部分から、剪定バサミで切り落とす。

Point 木の状態を見て整枝する

夏に切り戻すと翌年、冬に切り戻すと翌々年に短果枝が出る。

しかし、夏も冬も毎年切ればたくさん結実するというものでもない。たくさん実がついた年は木が疲れているので、夏は切らないで冬に切るなど、木や実の状態によっていつ切るかを判断するとよい。

▶整枝した枝から翌年、短果枝が出たところ。

ウメのコンテナ栽培

コンテナ栽培も、基本は地植えと同様に管理します。苗木の植えつけ時は、数年後の樹形をイメージして剪定を。2年生なら、5年後に主枝が3〜4本になるようにイメージするとよいでしょう。いきなり3〜4本にはせず、毎年、剪定し、最後に3〜4本になるように考えます。花芽がついていても、あとのことを考えてためらわずに切ることが大切です。

▲苗を上から見て、枝がバランスよく出るようにするとよい。

◀右上のコンテナ植えの白加賀についた若い実。

数年後の樹形をイメージして剪定する

苗木の植えつけと剪定

❶白加賀（2年生）のポット苗。半分から下の部分の側枝はすべて切る。

❷折れていたり、明らかに細いなどの弱い枝はすべて切る。太くて長くて、相互に段差があるものを選ぶ。

❸てっぺんに残す枝を考える。初年度は候補になる枝を2本選んで残してもよい。

❹植えつけ時の剪定が終わったところ。

Point

◆ 鉢のサイズ
7〜8号鉢に植えつける。実をつけるようになったら、2〜3年に1回は植え替えする。

◆ 使用する土
赤玉土と腐葉土を1:1の割合で混ぜた用土に植えつける。12〜1月、8月に有機質配合肥料（P 239）を与える。

◆ 水やり
比較的乾燥に強いが、乾きすぎに注意する。夏は1日2回を目安に水をたっぷり与えるとよい。

水分豊富で良質の酵素もたっぷり！
1本でも実をつけ、初心者でも育てやすい。

イチジク

クワ科

難易度 ▶ やさしい

栽培のポイント 葉が大きく葉からの蒸散が激しいため、水不足にならないように水をしっかり与える。

DATA

- 英語表記　Fig
- タイプ　落葉低木
- 樹高　2～3m
- 自生地　西アジア～アラビア半島南部
- 日照条件　日向
- 収穫時期　6月下旬～7月下旬（夏果専用種）、
　　　　　8月下旬～10月下旬（秋果専用種）
- 栽培適地　関東地方以南の太平洋側などの温暖な地方
　　　　　コンテナ植えでは東北地方が北限
- 結実までの目安　地植え：2～3年／コンテナ植え：2年
- コンテナ栽培　容易（7号鉢以上）

■おすすめの品種

品種	特徴
桝井ドーフィン（ますい）	夏秋兼用種。大果。実つきがよく、育てやすい。耐寒性がやや弱く、疫病に弱い。
蓬莱柿（ほうらいし）	秋果専用種。大果。耐寒性に優れている。日本で昔から栽培されている。
ホワイト・ゼノア	夏秋兼用種。中果。果皮は緑色。耐寒性が強く、実つきもよい。皮ごと食べることができる。
ブラウン・ターキー	夏秋兼用種。中果。樹形がコンパクトで、耐寒性が強いので家庭栽培でも育てやすい。
ビオレー・ドーフィン	夏果専用種。大果で味がよいが、炭そ病にやや弱い。実は雨よけをしてやるとよい。
ロングドゥート	夏秋兼用種。夏果は300gくらいまで育ち、イチジクの中で最大。糖度も高く、おいしい。

桝井ドーフィン種の果実。

栽培カレンダー

イチジクの特徴

受粉しなくても果実が育つ品種もあり、育てやすい

　イチジクは西アジアからアラビア半島南部が原産の亜熱帯植物ですが、日本でも昔から栽培されています。野生のイチジクはイチジクコバチが受粉を助けますが、日本にはこのハチはいません。そのため、受粉に関係なく結実する品種が育てられています。

　受粉に気をつかわずに栽培でき、しかも1本でも実をつけるので、初心者でも育てやすい果樹のひとつです。

品種の選び方

成熟期が梅雨と重ならない秋果種が育てやすい

　イチジクには6月下旬～7月下旬に成熟する夏果専用種、8月下旬～10月下旬に成熟する秋果専用種、栽培の方法によって夏と秋の両方に成熟する夏秋兼用種があります。

　夏果は成熟する時期が梅雨にあたり、果実が傷みやすくなります。家庭栽培では、秋果専用種や夏秋兼用種が育てやすいのでおすすめです。また秋果専用種や夏秋兼用種は、コンテナ栽培でコンパクトに仕立てるのにも適しています。

1 植えつけ → 12〜3月

関東以北や寒冷地では3月に植えつけるとよい。
風当たりが少なく日当たりがよい場所を選ぶ。

水はけがよい場所に、基本の植えつけ(P204)を参考に植える。イチジクは深植えにならないように注意し、浅めに植えるとよい。

50〜60cmで主幹を切る

施肥の方法

元肥 12〜1月に有機質配合肥料(P239)を1kgを目安に与える。3月に化成肥料(P239)を150gを目安に与える。

礼肥 10月に化成肥料を50gを目安に与えるとよい。

ロングドゥート種の2年生苗。主幹が短い場合は、植えつけ時に主幹を切らなくてOK。

2 剪定 → 12〜3月

若木のうちにどんな樹形に仕立てるか決めて剪定。
栽培するスペースに合わせて樹形を決める。

樹形づくり 家庭では杯状仕立てが一般的。横に広いスペースがとれるなら一文字仕立てもおすすめ。

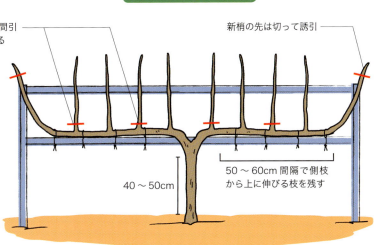

杯状仕立て
- 側枝を広げて誘引する。
- 混んでいる枝は間引くように剪定する
- 60〜70cm

枝を誘引して横に広げ、樹高を低く仕立てる樹形。中までよく日が当たる。

一文字仕立て
- 新梢の先は切って誘引
- 40〜50cm
- 50〜60cm間隔で側枝から上に伸びる枝を残す

プロの栽培家で多く見られる樹形。2本の側枝を横に広げて、支柱で誘引して仕立てる。

PART 1 イチジク

果実のつき方

イチジクは種類によって花芽のつき方が違う。夏果専用種は前年の新梢の先端に花芽がつくので切り戻さずに伸ばすとよい。

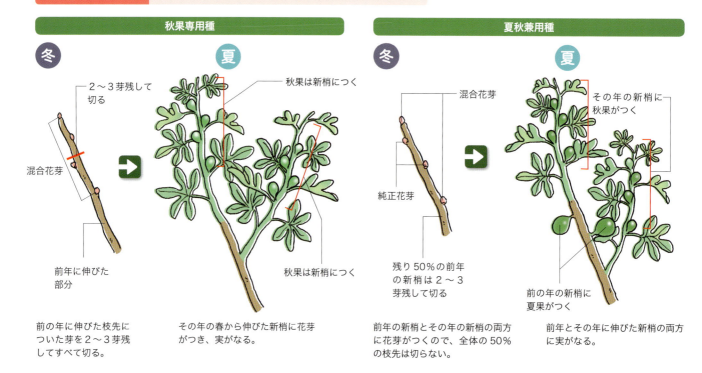

秋果専用種

冬 / **夏**

- 2～3芽残して切る
- 混合花芽
- 前年に伸びた部分
- 秋果は新梢につく

前の年に伸びた枝先についた芽を2～3芽残してすべて切る。

その年の春から伸びた新梢に花芽がつき、実がなる。

夏秋兼用種

冬 / **夏**

- 混合花芽
- 純正花芽
- 残り50%の前年の新梢は2～3芽残して切る
- その年の新梢に秋果がつく
- 前の年の新梢に夏果がつく

前年の新梢とその年の新梢の両方に花芽がつくので、全体の50%の枝先は切らない。

前年とその年に伸びた新梢の両方に実がなる。

冬の剪定

枝が柔らかいので枝を誘引して広げる前提で剪定する。
6年生の品種「桝井ドーフィン」の剪定例。

before

❶主幹は前年に切っている。イチジクは枝がよく出るので変則主幹形に仕立てる。最終的に側枝を7～8本残すとよい。

❷主幹の曲がっている部分をノコギリで切る。(側枝のすぐ上で切る)

❸てっぺんの車枝が下の枝と平行になっているので切る。(車枝かつ平行枝)

❹交差枝を切る(上の枝と交差している)

❺さらに車枝を整理する。(ここで切る)

❻奥の交差枝を切る。(手前の枝が伸びると重なってしまう)

PART 1 イチジク

向きと長さを見て残す枝を決める。この2本を切る。
車枝
❼4本の車枝は2本残しにする。

❽2本切ったところ。

ここで切る
外に向いて伸びる芽
❾交差枝は先端を外芽の上で切り戻す。

Cut!
❿このように中途半端な位置で切ってある枝は根元から整理する。

⓫切ったところ。

⓬剪定したあとに癒合剤を塗る。

Point
切断面に癒合剤を塗る
イチジクは剪定に弱いので、切ったあとは剪定用の癒合剤(P224)を塗っておくこと。

after
⓭剪定を終えたところ。

Point
芽キズで収量をアップさせよう！
花のつきが悪い場合は、芽のすぐ上に傷をつける「芽キズ」で、発芽率のアップに挑戦してみよう。芽が動き出す前の3月頃に傷をつけるのが効果的。傷をつけることで、枝の先にある成長抑制ホルモンが、傷で遮断されるため、芽がよく出るという仕組みだ。

❶ナイフなどで芽の上2〜5mmのあたりに0.5〜1mmの切り込みをつける。

❷芽キズをつけたところ。

Point

枝を誘引して葉によく日が当たるようにする

イチジクは枝が柔らかいので、好きな形に誘引しやすい。下がっている枝は上向きに、上がっている枝は横に広がるように支柱やヒモを使って誘引する。

❶上向きの枝を広げるために、支柱を立てる。

❷ヒモや針金で枝を支柱に結ぶ。

❸誘引したところ。

3 実の管理

摘果は必要ないが、小さい実や形が悪い実、病害虫の被害にあった実は摘果するとよい。

木が若いうちは、葉8～10枚につき1果を目安に摘果すると実が大きく育つ。

病害虫対策

病気 とくにない。品種によっては炭そ病が出るものもある。

害虫 枝や幹にカミキリムシが寄生する（➡対処法はQ&A参照）。コウモリガにも注意。

▲病気の被害にあった実。

4 収穫 ➡ 6月下旬～7月（夏果） 8月下旬～10月（秋果）

枝元に近いほうから熟していくので、やわらかくなったものから収穫する。

熟したものから順次、収穫。

イチジクの利用法

ジャム、ドライフルーツ、果実酒などを楽しめる。ジャムやコンポート、生食用には、完熟したものがおすすめ。ドライフルーツや果実酒には、完熟する少し前の固めの実を使うとよい。

ここが知りたい！ イチジク Q&A

Q 木の幹に穴があります。

A カミキリムシの幼虫が木の中に発生している

イチジクはカミキリムシがつきやすく、放っておくと木の内部を食い尽くされてしまうことがあります。幹に穴が空いて、木くずが出ていたら中には幼虫がいる可能性が高いので、すぐに対処を。

穴が見つかったら忌避剤をスポイトなどで入れて、脱脂綿を詰めてテーピングをします。また成虫を見つけたら捕殺しましょう。また木に腕章のように巻くタイプの忌避剤もあるので、幹に巻いておくと予防に役立ちます。

イチジクのコンテナ栽培

葉6～8枚に1果を目安に摘果

コンテナ栽培は、地植えと基本は同じ管理方法で大丈夫です。大きな葉は風の影響で傷つきやすく、病気になることがあるので、風が強い日は室内にコンテナを移動させましょう。

樹形は地植えと同様に変則主幹形か、一文字仕立てがよいでしょう。実がついたら、葉6～8枚に1果を目安に摘果すると、大きな実を収穫できます。イチジクは漢字で無花果と書くように、普通に見られるような花はなく、実の中に花がある構造です。

イチジクの冬芽。

苗木の植えつけと剪定

イチジクの3年生の苗。品種はホワイト・ゼノア。主幹は切ってあるので、下のほうの枝を整理する。

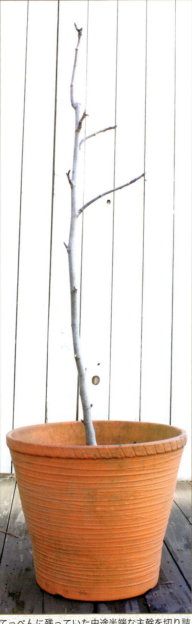

てっぺんに残っていた中途半端な主幹を切り詰め、下のほうの主枝は元から切り戻したところ。

色づいて柔らかく熟したら収穫。

Point

◆ **鉢のサイズ**
7～8号鉢に植えつけ、地上から40～60cmほどで切り返す。

◆ **使用する土**
赤玉土と腐葉土を1:1の割合で混ぜた用土に植えつける。12～1月、9月に有機質配合肥料（P239）を与える。

◆ **水やり**
水が足りないと実が割れてしまうので、夏はとくに土が乾燥しないようにたっぷりと水を与える。

古くから栽培されている果樹で、
美しい樹姿は観葉植物としても人気が高い。

オリーブ

モクセイ科

難易度 ▶ ふつう

 栽培のポイント

樹勢が強く高木になるので、
植える場所に注意。
1本では実をつけにくいので、
2品種を植える。

DATA

- 英語表記　Olive
- タイプ　常緑高木
- 樹高　3〜4m
- 自生地　中近東〜地中海沿岸
- 日照条件　日向
- 収穫時期　9月中旬〜10月
- 栽培適地　関東地方以西の温暖な地方。
- 結実までの目安　地植え：2〜3年／コンテナ植え：2〜3年
- コンテナ栽培　容易（5号鉢以上）

■ おすすめの品種

品種	特徴
マンザニロ	スペイン原産。粒が大きく果肉の質が高いので、ピクルス用に向いている。隔年結果が少ない。受粉樹に適している。
ネバディロ・ブランコ	スペイン原産。花粉が多いので、受粉樹に向く。1本では実をつけにくい。オリーブオイル用に適している。
ミッション	イタリア系品種でアメリカ原産。自家結実性がややある。実が緑から赤・紫・黒色に変化する。9月下旬〜10月に収穫したものはピクルスなどの加工用に、11月〜12月に収穫したものはオイル用に向く。
レッチーノ	イタリアのトスカーナ地方が原産。ピクルスにもオイルにも向くが、実はやや小粒。
ルッカ	イタリア原産。自家結実性はあるが受粉樹があったほうがよい。主にオイルに使うが、小さい実がよくつく。
フラントイオ	実つきがよく、風味が豊か。イタリアをはじめ、アメリカ、オーストラリアなど世界各地で栽培されていて、適応性が高い。別名「パラゴン」。
ピクアール	含油率が21〜25%もあり、オイル用品種では最も多く栽培されている品種。自家結実性が高く、1本だけでも実をつけやすい。

オリーブの特徴

やせた土地でも栽培しやすく、潮風にも強い

　古くは旧約聖書にも登場するオリーブは、昔から育てられている果樹です。日本では江戸時代末期に、フランスから入ってきたという記録があります。樹勢が強く、やせた土地や潮風の強い海沿いの場所でも栽培できるのが魅力。耐寒性が強く、−10度になっても樹木に影響が出ないので、関東地方北部以西なら地植えにできます。

品種の選び方

1本では結果しにくいため、2品種以上を栽培する

　オリーブの品種は世界に500以上ありますが、ほとんどの品種が自家結実性がありません。そのため異なる品種の受粉樹が必要になります。また品種の組み合わせによっては実つきが悪いことがあるので注意しましょう。"ネバディロ・ブランコ"という品種は花粉が多く、受粉樹に最適です。自家結実性がある品種でも、2本植えたほうが実つきがよくなります。また、オイルに向く品種とピクルスに向く品種があるので、目的に応じて選びましょう。

1 植えつけ → 3～4月（寒冷地）／9～10月（温暖地）

3～4月植えが適しているが、温暖地は秋植えでもOK。若木のうちは支柱を立てて支えるとよい。

日当たりと水はけがよい場所を選び、P204を参考に植える。浅根性なので、倒れないように深めに植え、60～70cmの高さで主幹を剪定。5年目くらいまでは支柱でしっかり支えるとよい。

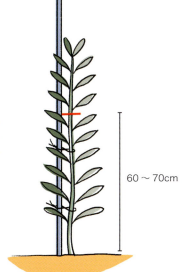

60～70cm

ここが知りたい！ オリーブ Q&A

Q 木は大きく育っているのですが、実がなりません。

A 別品種を近くに植える

1本しか育てていない場合、自家結実性が低い品種だとまったく実がならないことがあります。結実させたいなら、花粉が多い別品種のオリーブを一緒に植える必要があります。受粉樹はコンテナ植えでもかまいませんが、開花期がそろうものを選びましょう。実を期待せず、観葉植物として楽しむなら1本でもOKです。

施肥の方法

元肥 12～1月に有機質配合肥料（P239）を1kgを目安に与える。3月に化成肥料（P239）を400gを目安に与えるとよい。

2 剪定 → 3～4月

常緑樹なので春先に混んでいる部分を間引くように剪定するとよい。

樹形づくり 植えつけ時は主幹を剪定し、3本仕立ての「変形主幹形」や「開心自然形」（P214）が仕立てやすい。

変形主幹形／主枝／従長枝

徒長枝や内向枝、交差枝など混み合う部分を間引く。

果実のつき方

前の年に伸びた枝の中間に出る葉腋の芽が花芽になる。

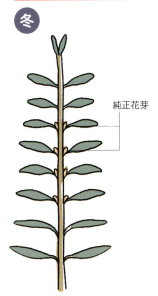

冬／純正花芽

冬に10度以下の低温にあたることで葉腋の芽が花芽になる。

初夏／花房

ひとつの花芽から20～40個の花をつけた花房が出る。

| 春の剪定 | 自然に樹形が広がるように、混んでいる部分を間引くように剪定する。

中間部の花芽を落とさないように先端部1/3程度を切り戻す。

先端部分のみを弱く切り返す。

上に徒長する枝が出やすいので、樹形を考えながら間引くように整理。

> **Point**
> **バランスを見ながら、ときには強く剪定を**
> 　樹形が大きく乱れたり、樹高が高くなってしまったら、太い枝を思い切って元から切る。オリーブは強く剪定しても全体の生育には影響が出ない。

3 開花・受粉 → 5月中旬～6月末

自家結実性がある品種でも多品種があったほうが圧倒的に実つきがよくなる。

オリーブのつぼみ。

5～6月頃、白い花が咲く。

> **Point**
> **摘果はしなくてもOK**
> 　オリーブは摘果しなくてもよいが、たくさん実がついた場合は、摘果しないと実が小さくなる。
>
>
>
> ▶葉10枚で実1個になるように摘果する。

> **病害虫対策**
> **病気** 水はけが悪いと炭そ病が出やすい。
> **害虫** 樹皮を食害するオリーブアナアキゾウムシが出ることがある。幹の周りを除草して予防。
>
>
>
> ▶写真はスズメガの幼虫。スズメガは葉を食害するので見つけたら捕殺する。

4 収穫 ➡ 9月中旬～10月末

ピクルス用は緑の実に黒い斑点が出はじめた頃の、熟して柔らかくなる前に収穫する。

ピクルスに使う場合は青いうちに収穫。

オイル用は黒く熟してから収穫。

オリーブの利用法

オリーブオイルやピクルス（塩漬け）に利用できる。ただし果実の加工には手がかかる。ピクルスをつくるには、渋みを取るために苛性ソーダが必要で、その作業に約2週間かかる。苛性ソーダは劇薬指定の薬物のため取り扱いは要注意。また、オイルを圧搾するには、たくさん果実が必要で搾油器も必要なため、一般家庭で加工するのは難易度が高い。

オリーブのコンテナ栽培

温度管理で花芽をつける

オリーブは乾燥に強いので、コンテナ向きで育てやすい果樹です。常緑で葉色や葉の形が特徴的なため、観葉植物としても人気があります。乾燥に強い反面、加湿に弱いので、水の与えすぎには注意してください。

12～1月の平均気温が10度以下にならないと花芽がつきません。開花を期待する場合は温度管理を。夜、室内に入れていると温度が高すぎて花芽がつかないことがあります。

樹形はスペースに合わせて作りましょう。屋外に置くなら開心自然形仕立て（P217）で、主枝を3本くらいに仕立てます。窓辺などの室内に置くことが多いなら、変則主幹形にすると樹高を抑えられます。

Point

◆ 鉢のサイズ
5～7号鉢に植えつける。

◆ 使用する土
赤玉土と腐葉土を1：1の割合で混ぜた用土に植えつける。12～1月に有機質配合肥料（P239）1kgを目安に与える。

◆ 水やり
乾燥には強いが、実が育つ6～7月は1日2～3回水やりをする。冬は土が乾いたら与える程度でよい。

▶オリーブは草花と寄せ植えにして楽しむのもよい。写真では、ビオラやアリッサムを根元に植えている。

庭木としてもおなじみの果樹。
たわわに実った秋の光景は日本の風物詩。

カキ

カキノキ科

難易度 ▶ ふつう

栽培のポイント
大きく分けて甘ガキと渋ガキがある。品種によって栽培環境が異なるので地域に合ったものを選ぶ。

DATA

- 英語表記　Japanese persimmon
- 樹高　2.5〜3m
- 日照条件　日向
- 栽培適地　関東地方以西（甘ガキ）、東北地方以南（渋ガキ）
- 結実までの目安　地植え：4〜5年／コンテナ植え：3〜4年
- コンテナ栽培　やや難しい（7号鉢以上）
- タイプ　落葉高木
- 自生地　東北〜九州
- 収穫時期　10〜11月

栽培カレンダー

■ おすすめの品種

◆甘ガキ（毎年、甘い）	
富有（ふゆう）	甘ガキの代表的な品種。甘みが強い果肉が美味。一品種だけ植えても実はつくが、受粉樹があったほうが実つきはよい。
次郎（じろう）	果肉の密度が高く、甘みが強い。扁平な形をしている。頂部からの裂果が多いので注意が必要。
太秋（たいしゅう）	実が大きく、日持ちがよい。枝が堅いため、折れやすい。青果時もほのかに甘く歯ごたえがよく、サラダなどに。
新秋（しんしゅう）	早生品種の中では最も甘みが強く、完熟させて食べると美味。大きな実は、生理落果が少ない。
◆不完全甘ガキ（受粉をしっかりすると渋が抜ける）	
西村早生（にしむらわせ）	早期結実性があり、9月下旬〜10月上旬に収穫できる。人工受粉すると渋みがとれる。受粉樹に向いている。
禅寺丸（ぜんじまる）	雄花がよくつくため、古くから受粉樹に使われてきた。甘みが強い中果の晩生品種。
◆渋ガキ	
蜂屋（はちや）	やや先がとがった形が特徴的。乾燥が早いので、質の高い干し柿ができる。
平核無（ひらたねなし）	受粉樹がなくても実をつけることができる。果実は扁平で、四角形に近い。干し柿に向く。
西条（さいじょう）	渋を抜くのが容易で、干し柿にも加工しやすい。受粉樹がなくてもよい。
市田柿（いちだがき）	生のままでは渋味が強いが、渋抜きして干し柿にすると甘みが強く美味。雌花がつきやすい。
四溝（よつみぞ）	干し柿にすると、とても甘く美味。日持ちもよい。

カキの特徴

日本に広く自生する果樹で、栽培できるエリアが広い

カキには甘ガキと渋ガキがありますが、甘ガキは国内で改良されたものです。東北から九州まで広く自生していますが、甘ガキは成熟する秋に、早くから寒くなったり、日照不足だと脱渋が不安定になります。そのため、関東地方以西での栽培に適します。渋ガキは東北地方以南なら、各地で栽培が可能。ただし鹿児島以南では常緑になるため、生育が安定しないこともあります。

品種の選び方

2品種植えると実つきがよく、おいしくなる

カキは雌雄異花で、多くの品種は雄花が少なく、品種によっては受粉しなくても多少は実をつけることはでき、これを単為結実性と呼びます。

甘ガキも渋ガキも受粉樹があるほうが実つきがよくなり、実が成熟しやすく渋抜けもよくなるため、2品種を植えるのが基本ですが、近所に受粉樹があればそれでもOK。甘ガキも渋ガキも人工受粉をするのがおすすめ。

1 植えつけ → 11月中旬～12月末（温暖地） 2月末～3月末（寒冷地）

植えつけは11～12月がベストだが、雪深い地域では3月に植えるとよい。カキは乾燥に弱く水分を好むので深植えする。

施肥の方法
- **元肥** 12～1月に有機質配合肥料（P239）を1kgを目安に与える。3月に化成肥料を150gを目安に与えるとよい。
- **追肥** 開花後の6月に化成肥料（P239）を50gを目安に与えるとよい。

❶富有の3年生の接ぎ木苗。日当たりがよく、やや粘土質の保水性が高い場所に植える。

❷ポットをはずして根を見る。黒いのがカキの根でそれ以外は雑草の根なので取る。

❸カキは根を傷めやすいので、根を傷つけないように、底を少しだけえぐる程度でよい。

❹掘った土と腐葉土、赤玉土を混ぜて植え穴に戻し（P205）、苗を置く。

❺元の苗の上面と地面の高さが同じくらいになるように深めに植える。

❻苗の周囲に溝をつけて水鉢をつくる。

❼たっぷり水をやる。

❽水鉢を崩して、軽く土を寄せる。

❾植えつけのできあがり。

Point
深植えするときは土をしっかりおさえる
苗を深植えにする場合は、土をしっかり手で押して、落ち着かせるとよい。

2 剪定 → 1〜2月

落葉期に行なう。日当たりのよい枝に花芽がつくので、混んでいるところを間引くように剪定する。

樹形づくり

若木のうちは成長が遅いので、切り戻し剪定を行ないながら「開心自然形」に仕立てる。

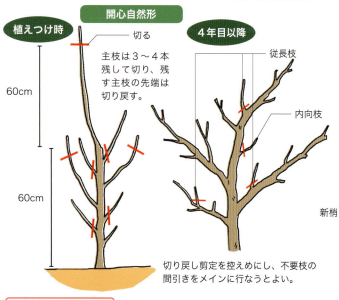

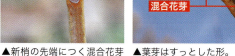

カキの花芽・葉芽

▲新梢の先端につく混合花芽は、ぷっくりおにぎり型。

▲葉芽はすっとした形。

果実のつき方

新梢の先端の近くに花芽がつくので切り戻さないようにする。

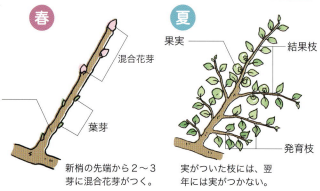

春：新梢の先端から2〜3芽に混合花芽がつく。

夏：実がついた枝には、翌年には実がつかない。

冬の剪定

カキは枝が柔らかいので、枝が自然に寝てしまいやすい。3本仕立ての変形主幹形（P214）に仕立てるケース。果実は20〜30cmの枝の先端部によくつく。

before

❶まず、残す主枝を決める。主枝は左右交互になるようにするとよい。

❷裏側から見たところ。いろいろな角度から見て、残す枝を決めていく。

❸右に出ている平行枝をノコギリで切る。

❹上の亜主枝のうち、内向枝を切る。

❺上に向かっている徒長枝を根元から切る。

❻徒長枝2本を整理したところ。

❼いちばん上の主枝の先端を決める。

PART **1** カキ

❽車枝になっているので、下向きの枝を切る。

❾上向きの平行枝を1本切る。

❿枝を整理したところ。

⓫実がなったあとの枝は先端を切り返しておくと、翌年、よい実がつく。

after

⓬同じように、ほかの主枝についても、車枝、徒長枝、内向枝を整理したところ。

病害虫対策

病気 落葉病は、葉に丸い斑点ができて、秋になると落葉してしまう。落ち葉はすぐに処分を。
炭そ病は、6月頃から葉や実に黒い斑点ができて、落果することも。発症した部分はすぐに取り除く。

害虫 カキノヘタムシは、幼虫が実を食害し、ヘタだけ残して実が落果。冬の落葉期にヘタムシの越冬場所である粗皮を削って予防する。

▲斑点落葉病にかかった葉。

▲ヘタムシの被害果。

▲イラガの幼虫。毒針があり、さわると危険。

Point 粗皮削りで病害虫を予防！

樹皮がはじけたり、コブができたり、ゴツゴツしていたり、ひび割れていると、落葉病などの菌や胞子がいたり、害虫（ヘタムシやイラガなど）が産卵する可能性が高い。とくに枝の表面や枝の股などは要注意。

粗皮削りでは、1～2月に樹皮がツルツルになるように剪定バサミなどでコルク質の部分や黒くなった部分を削る。中の柔らかい緑色の組織が出ないように削ろう。白い樹皮が少し出るくらいはOK。

はじめの年は手間がかかるが、毎年やれば、そんなに大変ではない。ツルツルにしておくと低農薬につながる。ただし、削った樹皮を下に落としたままにすると、土の中で菌や胞子が生存してしまうため、削った樹皮は片づけること。

3 開花・受粉 → 5月末～6月初旬

家庭果樹では人工受粉をしたほうが確実に結実する。花の形状から、ハケを使うとやりやすい。

雌花

雄花

Point 摘蕾をするなら5月頃に

1枝につぼみが2個ついている場合は1個に、3個なら1～2個に、4個なら2個を目安に摘みとるとよい。大きいつぼみを残すようにする。花の数を制限すると木の負担を軽減できる。

人工受粉

雄花の花粉を黒い紙の上などに落とし、ハケで集めて、雌花の雌しべにつけて人工受粉する。

4 夏の整枝 →6月

実がついている時期の整枝は最小限にとどめ、繰り返し行なわない。

ケース1

ここで切る

60cmを越えるような長い枝は切り返しの対象。先端1/3ほどで切ると、翌年、実がつく枝が増える。

ケース2

複数の新梢は、向きや太さを見てよいものを残し、ほかは整理するとよい。

Point

葉を利用する場合は初夏に摘む

カキの葉を使うときは、5〜8月頃の柔らかい葉を利用するとよい。葉をお茶にするときは、刻んでから蒸して乾燥させる方法と、刻んでそのまま乾燥させる方法がある。葉っぱは甘ガキでも渋ガキでも、どちらでもOK。

初夏の若い葉をつむ。　夏に整枝した葉を使うとよい。

5 摘果 →7月下旬〜8月上旬

生理落果が終わる7月下旬頃、葉15〜20枚につき果実1個を目安に摘果するとよい。

枝の長さ20〜40cmに1〜2果が目安。カキは枝先の実、下向きの実が大きくなるので、根元に近いものや上向きの実は摘果の対象。

ケース1 3果あるが1枝に1果残すようにして、1果摘果する。ヘタを残さないようにハサミで切る。

ケース2 1枝に3果並んでいるが、1果残しに。左から大小大という大きさなので、中央の1果と根元に近い左の1果を摘果。

ここが知りたい！ カキ Q&A

Q 実が小さいうちや、成熟する前に落果してしまいます。

A 受粉や病害虫などが原因

原因1 受粉がうまくいかないと落果しやすいため、受粉樹を近くに植えたり、人工受粉をすると落果率が下がります。

原因2 ヘタムシや落葉病など、病害虫が原因で実が落ちる場合もあります。秋に熟した実だけが枝に残り、葉はすっかり落ちてしまっているカキの木を見かけることがありますが、これは落葉病にかかっている樹木。葉が落ちるとタネも成熟しないので、落果が多くなります。

病害虫を予防するには、葉が出はじめる3月上旬に1週間おきに2回、殺菌剤を葉芽や樹皮にざっとかけると効果的。

原因3 実が多すぎたり、日照が足りない、肥料の過不足、受粉不足などがあると自然に落果し、これを生理落果と呼びます。実が多い場合は適正な数に摘果すること。日照が足りない場合は剪定をして樹幹の内部にも日が当たるようにしてあげます。肥料はチッ素の与えすぎに注意してください。

Q 昨年はたくさん実がなったのに、今年はなりません。

A 前年にならせすぎている

前の年にたくさん実をならせていると、木は栄養不足になり、花芽をつけることができず、実がならなくなります。これを隔年結果といいます。毎年安定して収穫するためには、実をつけすぎないように摘蕾(P245)や摘果をして、隔年結果を予防しましょう。適正な葉の枚数は15〜20枚ですが、西村早生では20枚に1果、富有では15枚に1果が目安です。

6 収穫 → 10〜11月
実がオレンジ色に熟したら収穫期。

▲実をつけておくと木に負担がかかり、翌年の実つきに影響するため、早めに収穫する。

◀ハサミで切って収穫。干し柿にする場合は枝をT字型に残すとよい。

カキの利用法
甘ガキはそのまま食べられるが、渋ガキは脱渋が必要。干し柿は甘ガキでも渋ガキでも作れるが、渋ガキのほうが糖度が高いのでおすすめ。

▶皮をむいてつるして干しガキにすると、渋が抜けて甘くなる。

渋抜きの方法 **Point**
果実は収穫して傷がつくとエチレンが増え、代謝が早まる。そのため収穫後すぐに渋抜きすると、カビが生えやすくなる。渋抜きの作業は、収穫後1日経ってから行なうとよい。

❶ 35度の焼酎(ホワイトリカーなど)にヘタ部分をさっと浸す。

❷ ビニール袋などに入れる。数が多い場合はダンボールにポリ袋を入れたものにヘタを下にして並べて積むとよい。焼酎が乾かないうちにすばやく作業する。
❸ ビニール袋の口をしっかりしばって密閉し、15〜20度前後の冷暗所に1〜2週間ほどおく。渋が抜けたら開封して袋から出す。

カキのコンテナ栽培

実がついたら摘果する
コンテナ栽培も、基本的には地植えと同じ管理方法で大丈夫です。鉢の高さと同じくらいの位置で主幹を切り返し、変則主幹形や開心自然形仕立て(P217)にしましょう。

カキは乾燥に弱いので、土の表面がいつもしっとりしているくらい、水をたっぷり与えましょう。また毎年同じように実を収穫するために、摘果は必ず行ないましょう。摘果しないと葉の数も少なくなり、木の寿命も短くなってしまいます。

苗木の植えつけ

❶ 主枝が3本のみなので、すべて残すが、先端を切り戻す。

❷ それぞれ先端から1/3〜1/4で、伸ばしたい方向に出ている芽の真上で切る。最大でも1/2以下の長さに切らないようにして芽を選ぶ。

❸ 外芽の上で切る。

❹ 2本目も、枝が開くようについている芽の上で切る。

❺ 下の主枝も先端を切り戻す。

❻ 植えつけ時の剪定後。

Point

◆ **鉢のサイズ**
7〜8号鉢に植えつける。若い樹は1年おき、成木になったら1〜2年おきにひと回り大きな鉢に鉢上げをする。水が好きなカキにはたっぷり水を与えたいが、細長い鉢だと蒸れるので、正方形に近い鉢のほうがおすすめ。

◆ **使用する土**
乾燥予防のために、赤玉土と腐葉土に加えて、黒土を配合する。比率は1:1:1。12〜1月、9月に有機質配合肥料(P239)を与える。

◆ **水やり**
いつも表面が湿っているくらいにしておく。表面がカラカラに乾いてから水をやることを繰り返すと、根が死んでしまう。生育が著しい5〜8月は朝夕1日2回、たっぷり水を与える。

あまり手をかけなくてもたくさん実をつけ、
果実酒などに加工できる利用価値の高い果樹。

カリン・マルメロ

バラ科　　　　　　　　　　難易度 ▶ ふつう

 栽培のポイント　比較的狭い場所での栽培にも向くが、剪定をしっかり樹形づくりを。

DATA

- 英語表記　Chinese quince（カリン）、Quince（マルメロ）
- タイプ　落葉高木　　●樹高　3～3.5m
- 自生地　中国（カリン）、中央アジア（マルメロ）
- 日照条件　日向　　●収穫時期　9月～11月上旬
- 栽培適地　北海道以南の雨が少なく、夏涼しい地域
  （暖地では成熟前に落果することがある）
- 結実までの目安　地植え：4～5年／コンテナ植え：3年
- コンテナ栽培　可能（7号鉢以上）

栽培カレンダー

（月）	11	12	1	2	3	4	5	6	7	8	9	10
植えつけ												
整枝剪定												
開花（人工受粉）												
施肥		元肥			元肥							
病害虫												
収穫												

■おすすめの品種

カリン在来種	カリンは本種のみ。葉は楕円形をしていて、果肉は堅く生食には向かない。果実の色は黄色から濃い黄色。樹形は直立性で、上に伸びる。
マルメロ在来種	マルメロ。枝が細く、裂けやすい。果肉は堅く生食には向かない。花粉が多く、1本でも実をつける。樹形は開張性で、横に広がる。受粉樹に向いている。
スミルナ	マルメロの外来種。洋ナシ型の実は大きく、熟すと果皮も果肉も黄色くなる。1本でも実をつけやすい。樹形は直立性。

濃いピンク色が愛らしいカリンのつぼみ。

カリン・マルメロの特徴

花も美しく、開花期にはよい香りが広がる

　カリンとマルメロは同じものだと思われがちですが、特徴が異なります。カリンは直立性ですが、在来種のマルメロは枝が横へ開き、カリンより樹高は低くなります。
　そして、カリンは紅色、マルメロは白やピンクの花をつけます。花は愛らしく、観賞用の果樹としても存在感があります。またマルメロの果皮には綿毛がありますが、カリンにはありません。しかし栽培の仕方はほぼ同じです。

品種の選び方

カリンは在来種のみ、マルメロは数種ある

　カリンにはとくに品種はありません。ただし樹形や実の大きさなどで、特徴が違ういくつかの系統があります。カリンは1本でも実をつけるので、受粉樹は必要ありません。
　一方、マルメロは在来種のほか、外来種が何種類かあります。マルメロも1本でも実をつけますが、あまり多くは結実しません。マルメロを育てるならスミルナと在来種といったように2種を育てたほうが、実つきがよくなります。

カリン・マルメロ

1 植えつけ → 12〜3月

涼しい環境を好むのでリンゴと栽培適地が重なる。冬に日当たりがよい場所に植える。

乾燥に弱く湿度を好むので、適度に湿気がある場所を選ぶとよい。接ぎ木部分がしっかりした苗を選び、基本の植えつけ（P204）を参考に植え、水をたっぷり与える。棒苗は主幹を50〜60cmで切る。

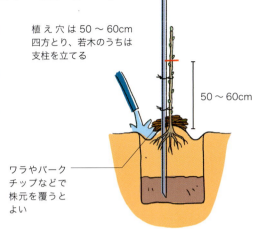

植え穴は50〜60cm四方とり、若木のうちは支柱を立てる

50〜60cm

ワラやバークチップなどで株元を覆うとよい

ここが知りたい！ カリン・マルメロ Q&A

Q マルメロを育てていますが、1本だけだと実がなりにくいのでしょうか？

A マルメロは2品種植える
マルメロはカリンと違って、1本だけでは実がなりにくいので、在来種と外来種を1本ずつ、合わせて2本を育てるのがおすすめです。開花期に人工受粉をすると、なおよいでしょう。

施肥の方法

元肥 12〜1月に有機質配合肥料（P239）を1kgを目安に与える。3月に化成肥料（P239）を150gを目安に与えるとよい。

2 剪定 → 12〜2月

主枝を3〜4本残してコンパクトに仕立てるとよい。樹冠に日が当たるように間引き剪定を。

樹形づくり
開心自然形または、U字形（P215）で仕立てるとよい。

開心自然形

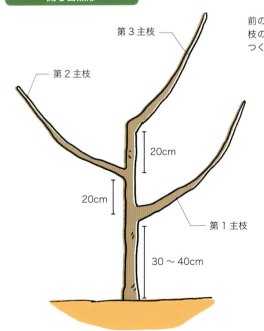

第3主枝／第2主枝／20cm／20cm／第1主枝／30〜40cm

バランスをみながら3本の主枝をつくる。各主枝の間は20cm間隔が理想的。

果実のつき方
カリンとマルメロで花芽のつき方に差があるので要チェック。

■カリン

冬／葉芽／前の年に出た長果枝の基部から中間部に花芽がつく／前の年に出た短果枝の先端に花芽がつく／混合花芽／夏／果実

■マルメロ

冬／葉芽／混合花芽／葉芽／夏／果実は先端に1個

前年の新梢の先端部の近くに混合花芽がついて、春にそこから伸びた新梢の先端に1個の花芽がつく。

| 冬の剪定 | 長果枝を切り戻して短果枝を出させるほか、混み合う部分があれば間引くように根元から切る。写真の例はカリン。

before

❶新梢の先端部はできるだけ残し、短果枝をたくさんつけるとよい。長果枝は切り戻す。

❷長果枝を軽く切り返す。

❸左の長果枝も同様に切る。

after

❹切り戻したところから短果枝が出て、翌年、実つきがよくなる。

3 開花・受粉 → 4月下旬〜5月上旬

実つきをよくするには人工受粉がおすすめ。

カリンの人工受粉はハケで花の中をくすぐるようにするとよい。

Point

人工受粉をするなら子房の大きさをチェック

家庭では人工受粉をしたほうが確実。人工受粉の際は、花の根元にある子房が大きいものを選ぼう。子房が小さい花は落果しやすいので、大きいものを選ぶのが成功のポイント。

カリンは自家受粉でよいが、マルメロは他の品種の花粉で行なう。ハケで花粉を雌しべにつけるようにするとよい。

▲子房が大きいものを選ぶ

4 摘果 → 5月下旬〜6月上旬

基本的に摘果は必要ないが、形が悪い実があれば摘果の対象。袋かけで害虫を予防するとよい。

摘果をする場合は、カリンは葉20〜25枚に1果、マルメロは小中果種は葉40枚、大果種は葉60枚に1果を目安に育ちのよい実を残す。6月下旬までに袋かけをするとシンクイムシなどの害虫を予防できる。

病害虫対策

病気 赤星病は、ビャクシン類やヒバの仲間が近くにあると菌が媒介されやすいので、近くにないかをチェック。

害虫 ゾウムシは、見つけたら捕殺する。シンクイムシ類(メイガ類の幼虫)が実の中に入り込み、食害することも。袋がけで予防する。

◀枝に寄生するタマカタカイガラムシが成虫になると固着する。見つけたら取り除く。

▶果実を食害するモモチョッキリゾウムシ。見つけ次第、捕殺する。

5 収穫 ➡ 9〜11月上旬

色が緑色から黄色くなり、香りがたってきたら収穫の適期。

カリンの果実。

マルメロの果実。

ここが知りたい！ カリン・マルメロ Q&A

Q カリンの実のつきが悪いです。

A 人工受粉をするのがおすすめ

都市部では花粉を運んでくれる訪花昆虫（アブやミツバチなど）が少ないエリアもあり、そうすると受粉ができず実つきが悪くなります。とくに高層階のマンションのベランダなどには、訪花昆虫はあまりやってきません。その場合は、人工受粉をしましょう。

カリン・マルメロの利用法

豊かな香りで知られるカリンやマルメロは、風邪やノドの痛みなどに薬効があるとされ、人気の果実。生食はできないが、いろいろな加工方法がある。
カリンは果実酒や砂糖漬け、はちみつ漬けなどに、マルメロはジャムやゼリーなどにも向く。

カリン・マルメロのコンテナ栽培

カリンやマルメロはナシに似て、水分が好きな果樹です。コンテナ栽培では、水やりをしっかりするようにしましょう。とくに夏は朝夕2回、たっぷりと水を与えるようにします。

樹形は地植えと同じ開心自然形でもよいですが、U字型仕立てがベランダ向きです。2本の主枝をU字形に仕立て、亜主枝を上に伸ばしていきましょう。

いずれの樹形でも、短果枝を多く出すため、長すぎる新梢は先端を3分の1くらいの長さに切り返します。

Point

◆ **鉢のサイズ**
7〜8号鉢に植える。

◆ **使用する土**
赤玉土と腐葉土を1：1の割合で混ぜた用土に植えつける。12〜1月に有機質配合肥料（P239）1kgを目安に与えるとよい。

◆ **水やり**
表土が乾いたら与える。真夏はとくにしっかり水やりをすること。ただし花芽がつきはじめる6〜7月には、花芽の成長を促すため、少し控えめに与えるとよい。

新梢を切り戻して短果枝を出す

樹形づくり

● U字形仕立て ●

2本の主枝を左右に開くように誘引し、上に枝を伸ばしていく。

つる性で仕立て方のバリエーションが豊富！
ガーデニングにも応用できる人気の果樹。

キウイフルーツ

マタタビ科

難易度　ふつう

雄品種と雌品種の2種類が必要。剪定や摘果はよい実をつけるために不可欠。

DATA

- 英語表記　Kiwi fruit
- 樹高　つる性なので仕立て方による
- 日照条件　日向
- 栽培適地　東北地方南部以西（冬にマイナス10度以下にならない）の地域。コンテナ植えなら全国で可能
- 結実までの目安　地植え：4〜5年／コンテナ植え：3〜4年
- コンテナ栽培　容易（7号鉢以上）
- タイプ　落葉つる性
- 自生地　中国
- 収穫時期　11月

■おすすめの品種

	品種	特徴
雌品種	ヘイワード	日本で最も多く栽培されていて、果実は大きめ。樹形はやや直立で、コンパクトに仕立てられるので栽培が容易。
	香緑（こうりょく）	大きな果実がつき、果肉の色が濃く甘みも強い。実がつきやすいので、家庭園芸に向く。果実は軟腐病にやや弱い。
	ゴールデンキング	糖度が高いので非常に甘く、酸味もほどよく濃厚な味。樹上で完熟させると追熟は不要。果肉が黄色い。
	フジゴールド	追熟させるととても甘くなる。貯蔵性が高い。旧名「イエローボンボン」。
	レインボーレッド	タネのまわりが赤く色づき、虹のように見える。切り口が美しい。酸味が少なく、甘い品種。
雄品種	トムリ	花粉が多く、"香緑"など開花期が遅い雌品種の受粉樹に適している。
	マツア	開花時期が長く、あらゆる雌品種の受粉樹として向いている。
	孫悟空（そんごくう）	開花時期が早く、開花時期の早い"ゴールデンキング"などの受粉樹に適している。
	ロッキー	"ゴールデンキング"や"東京ゴールド""アップル"など早生品種の受粉に適している。

栽培カレンダー

（月）	11	12	1	2	3	4	5	6	7	8	9	10
植えつけ	温暖地				寒冷地							
整枝剪定												
開花（人工受粉）										秋果		
施肥			元肥		追肥							
病害虫												
収穫												

キウイフルーツの特徴

家庭栽培では熟した果実から順に収穫できる

　キウイはビタミンCが豊富で、栄養価の高い人気の果実。病害虫にも強く、育てやすい果樹です。主産地はニュージーランドですが、原産地は中国。ニュージーランドで品種改良されたものが日本に1960年代に入ってきました。

　市販されているものは一斉に収穫されているため、熟度にむらがありますが、家庭栽培では熟した果実から順に収穫でき、追熟させることも容易です。

品種の選び方

雌雄異株なので、2品種以上を選んで栽培

　キウイは雌雄異株なので、結実させるには雌株と雄株を一緒に育てるか、人工受粉をする必要があります。雌品種と雄品種の開花時期が合うものを選ぶのが、うまく実をつけるコツ。ヘイワードとトムリ、ゴールデンキングと孫悟空など、相性がよい品種を組み合わせましょう。最低、雄1本、雌1本が必要ですが、スペースがあるなら雄1本、雌2本がおすすめ。果肉の色は雌品種で決まります。

1 植えつけ → 11月中旬～12月中旬（温暖地）/ 3月（寒冷地）

乾燥と過度な湿気に弱いので、日向で水はけと保水力の高い土壌に植えるとよい。

ここが知りたい！キウイフルーツ Q&A

Q 実が全然つきません。

A 開花期が合う雌木と雄木を植える

育てているキウイの品種はわかっていますか？ 2株以上育てていても、雌木だけ、雄木だけだと実はつきません。
また、雄雌両方を育てていても、開花期が合っていないと受粉しません。開花期が合う品種を選ぶようにしましょう。

雌木を先に植えてから、雄木を3～5m離して植える。場所がない場合は雄木はコンテナ栽培でもOK。強風に弱いので風が強く当たらない場所か、風よけをするとよい。基本の植えつけ（P204）を参考に2か所に植え、支柱や棚に誘引。棒苗の場合は40～60cmで主幹を剪定する。

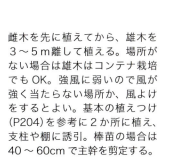
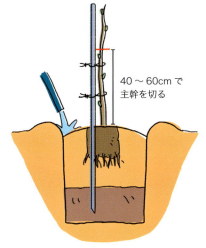

40～60cmで主幹を切る

施肥の方法

元肥 12～1月に有機質配合肥料（P239）を1kgを目安に与える。3月に化成肥料（P239）を150gを目安に与えるとよい。

2 剪定 → 12下旬～2月末

冬の剪定でしっかり枝を整理することが、実つきをよくするポイント。

樹形づくり

奥行がとれないスペースで育てるならTバー仕立て、5m四方以上が確保できるなら棚仕立てにするとよい。

Tバー仕立て

1年目の冬

2mくらいの高さのT字形の棚を左右に2本立てる。中央に雌木を植えて支柱に誘引し、片側に雄木を植える。棒苗は40～60cmで切り戻し、そうでない若木の場合は勢いのある新梢を誘引するとよい。

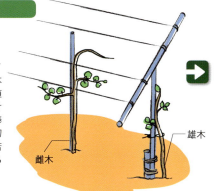

雌木／雄木

2年目の冬

雄木は主枝を1本だけ伸ばしていく。雌木は棚下から主枝を左右に1本ずつ伸ばして誘引。主枝から出る亜主枝は40～50cm間隔になるように根元から剪定。亜主枝の先端も1/3部分で切り戻す。

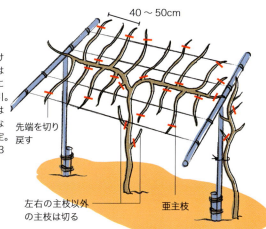

40～50cm／先端を切り戻す／左右の主枝以外の主枝は切る／亜主枝

3年目の冬

主枝から出る亜主枝が70～80cm間隔になるように根元から剪定。このとき、成長がよい枝を残すようにする。亜主枝から側枝が出るが、この側枝に実がつく。

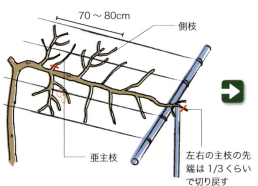

70～80cm／側枝／亜主枝／左右の主枝の先端は1/3くらいで切り戻す

4年目以降の冬

実をつけた枝は3～5芽残して先端を切り戻す。実がつかなかった枝は8～10芽残して切り戻すと翌年、実がつきやすくなる。

3～5芽残して先端を切る／実がつかなかった枝／8～10芽残して切り戻す／実をつけた部分

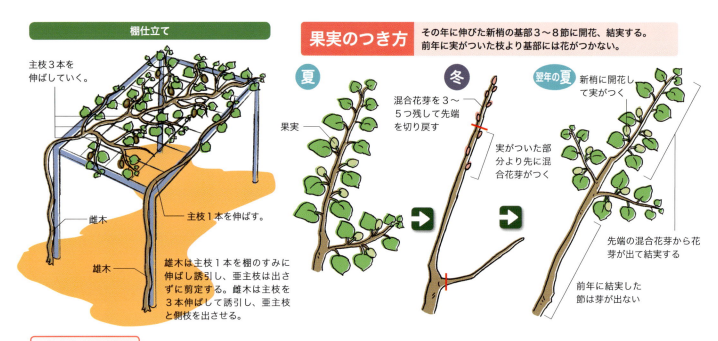

キウイフルーツ

❺上に向かって徒長している交差枝を切る。

❻混んでいる部分や長すぎる枝は整理する。

❼細い枝や枯れた枝、枝が巻きついている枝は切って整理する。

Point
キウイフルーツは芽と芽の間を剪定する

キウイフルーツは他の果樹のように芽のすぐ近くで切ると枯れやすいため、芽と芽の間を切る「中間剪定」をする。

❽剪定後は誘引する。主枝を棚にできるだけ近づけるようにする。枝が成長できるように8の字に結ぶとよい。

❾上から見たところ。新梢が上に伸びるように誘引する。新梢が主枝より下がると、よい実がつきにくい。

❿棚の下から見たところ。交差枝がなく空が見えるくらいがよい。そうでないと葉が出たときに茂りすぎて日が当たらなくなってしまう。

キウイフルーツの混合花芽

▲キウイはひとつの芽から葉と花の両方が出る混合花芽。

ここが知りたい！ キウイフルーツ Q&A

Q 花があまりつきません。

A 剪定がうまくいっていない

キウイフルーツは先端に混合花芽がつくので、先端を刈り込むように強く剪定してしまうと、花つきが悪くなります。剪定のときに花芽を切らないようにしましょう。

また、枝が混みすぎて太陽の光が葉に届いていない場合も、花が咲きにくくなります。枝が混みすぎないように剪定や誘引をして、葉にまんべんなく日が当たるようにすることが大切です。

3 開花・受粉 ➡ 5月末〜6月上旬

雌木か雄木かは開花したときにしか判別できないので、花をしっかり確認。人工受粉をすると実つきがよくなる。

キウイフルーツの花のつぼみ。

雌花は中央に雌しべが発達している。

雄花は雄しべのみが発達している。

人工受粉
雌花が3〜5部咲きの頃と、満開の頃の2回、行なうと効果的。

❶雄花をつみ、花粉を落とす。

❷花粉をハケにつける。

❸雌花の雌しべにつける。

❹雄花をつんで、直接、雌花につけてもOK。

ここが知りたい！ キウイフルーツ Q&A

Q 実が途中で落果してしまいます。

A 受粉がうまくいっていない

雨上がりに開花した場合などは、花粉が風に乗りにくく、自然には受粉しないことがあります。その場合は、人工受粉をしましょう。

4 摘果 ➡ 7〜9月

実をならせすぎると実が小さくなったり、翌年、あまりならないため、2〜3回に分けて摘果をするとよい。

❶枝40cmに2〜3果が目安。葉5枚につき1果くらいがよい。

❷小さいものから摘果。

Point
だ円形のものを残す

病害虫の被害に合った実や小さい実、丸や変形している実は摘果の対象。だ円形のものが大きく成長する。

▶だ円形の実を2つ残したところ。

❸3つ残して整理したところ。

ここが知りたい！ キウイフルーツ Q&A

Q 前年はたくさん実がついたのに、今年はつきません。

A 隔年結果しやすいので摘果する

キウイフルーツは生理落果が少ないので、たくさんの実をならせすぎると、翌年に実がつきにくくなります。適度な量に摘果することで隔年結果を予防しましょう。

病害虫対策

病気 灰星病は、収穫期に発生すると果実に斑点ができて落果する。雨が原因になるので、袋かけで予防。

害虫 コウモリガは、苗木に多く見られる。6〜7月に幹や枝の分岐部から穴をあけて入り、食害する。雑草を取り除き、幼虫を見つけたら針金などで刺殺。

5 収穫 → 10〜11月

キウイフルーツは収穫後、2週間ほど追熟させて糖度を上げる。自分の木の収穫適期を覚えておこう。

成木では雌木1本につき500果くらいが目安。

ヘイワード種は九州は10月上旬、関東は10月中旬、東北は10月下旬が目安。

Point

果汁の透明度で収穫期を見分ける

キウイフルーツの収穫期は見た目ではわかりにくいが、収穫期が近づくと果汁の色が透明に近くなる。果実の毛が抜けやすくなるのも収穫どきの合図。

▲収穫には早い実は、果汁が白く濁っている。

▲収穫期の実は、果汁が透明に近づく。

果実の利用法

キウイは生で食べるほか、ジャムにしてもよい。キウイフルーツはアクチニジンというたんぱく質分解酵素を含むので、果実を薄切りにして生肉にのせて時間をおくと肉を柔らかく、おいしくする効果もある。

キウイフルーツのコンテナ栽培

風よけして枝葉を守る

基本的な栽培方法は地植えと同じです。雄品種と雌品種は、別々のコンテナに植えるようにしましょう。

あんどん仕立てか垣根仕立てがおすすめです。コンテナが2個置ける場所さえあれば、栽培は容易。

風の強いベランダなどで栽培すると強風で葉がすれて傷ついたり、枝が折れることがあり、病気の原因になります。風よけネットで枝葉を守っておくと安心です。

ここが知りたい！キウイフルーツ Q&A

Q 花がつきません。

A 肥料を与えてりっぱな株に育てる

植えつけ後1〜2年は、施肥と水やりをしっかり行ない、株を充実させること。そうすると3〜4年目から実がつきやすくなります。

Point

◆ **鉢のサイズ**
7号鉢以上に植えつける。3〜4年経つと根詰まりを起こすので、鉢上げをする。

◆ **使用する土**
赤玉土と腐葉土を6：4、これに苦土石灰を少し混ぜた用土に植えつける。12〜1月に有機質配合肥料（P239）を与え、3月に化成肥料（P239）か鶏ふんを元肥として与えるとよい。

◆ **水やり**
乾燥に弱いので、水切れに注意。とくに夏はたっぷりと水を与える。

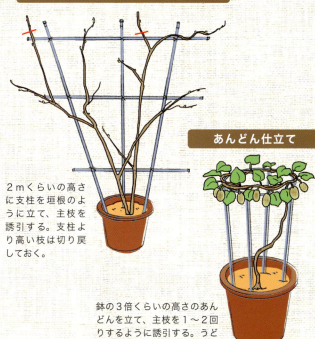

垣根仕立て
2mくらいの高さに支柱を垣根のように立て、主枝を誘引する。支柱より高い枝は切り戻しておく。

あんどん仕立て
鉢の3倍くらいの高さのあんどんを立て、主枝を1〜2回りするように誘引する。うどんこ病に注意。

落葉種、常緑種といろいろな種類があり、
日本で昔から育てられてきた伝統果樹のひとつ。

グミ

グミ科　　　　　　　難易度　▶ やさしい

栽培のポイント
日当たりと排水のよい場所を選べば、
他の果樹が育ちにくいやせ地でも栽培できる。

DATA

- 英語表記　Gumis
- タイプ　落葉中低木、常緑中低木、常緑つる性
- 樹高　2〜4m　● 自生地　日本、ヨーロッパ南部、北アメリカ
- 日照条件　日向（常緑種は半日陰でも可）
- 収穫時期　7〜8月（落葉種）、5〜6月（常緑種）
- 栽培適地　北海道、本州、四国、九州
- 結実までの目安　地植え：3〜4年／コンテナ植え：3年
- コンテナ栽培　容易（5号鉢以上）

栽培カレンダー

（月）	11	12	1	2	3	4	5	6	7	8	9	10
植えつけ		落葉種	落葉種		常緑種は3月							
整枝剪定		■										
開花（人工受粉）	常緑種						落葉種					常緑種
施肥					元肥							
病害虫（なし）												
収穫							落葉種		常緑種			

■おすすめの品種

	品種	特徴
落葉種	アキグミ	1本で植えても、収穫量が多い。渋みがやや強い。ほかのグミ類の果実は楕円形だが、アキグミは球形に近い。晩生種。
	ナツグミ	1本では実つきが悪いので2品種植えたほうがよい。果実の大きさは小から中くらい。早生種。
	ダイオウグミ	苗木として多く出回っている。1本だけで植えると実がつきにくいので、他のグミと組み合わせて栽培するとよい。食味がよく、別名ビックリグミ。中生種。
常緑種	ナワシログミ	常緑低木で茎は立ち上がるが、先端の枝が垂れ下がり、つる性植物のように見える。庭木としてもよく栽培されている。晩生種。
	マルバグミ	花は筒状でクリーム色をしている。枝はつる状に伸びる。実には白い鱗状の毛が密生する。別名オオバグミ。早生種。
	ツルグミ	名前のとおり、枝はつる状に伸びる。また葉の裏が赤く見える。海岸の近くに自生するので、海の近くでも栽培が容易。中生種。

グミの特徴

乾燥や雨風に強く育てやすい

　落葉種（ダイオウグミ、アキグミなど）と、常緑種（ナワシログミ、マルバグミ、ツルグミ）の2種類があります。果実が傷みやすいため実が市販されることがあまりないので、グミを食べられるのは家庭果樹ならではの醍醐味です。

　実は甘いのですが、皮にタンニンを含む白い斑点があり、渋みが少しあります。病害虫の心配もあまりないため、無農薬でも育てやすいのが特徴です。

品種の選び方

1品種でOKだが、品種によっては別種を植える

　グミは1品種だけで育てても、実をつけることが容易です。しかしダイオウグミやナツグミは、他の品種と植えると実がよくつきます。2品種植える場合は開花時期が同じ種類を選ぶことが大切です。

　常緑種のグミは、生け垣にして庭木として楽しめ、関東以西の暖地なら常緑種も育てやすいのでおすすめ。落葉種は耐寒性があり、全国で栽培が可能です。

1 植えつけ → 12〜3月（落葉種） 3月（常緑種）

落葉種は日向に植えるが、常緑種は半日陰でもOK。水はけのよい場所であれば土質はあまり選ばない。

基本の植えつけ（P204）を参考に植え、棒苗の場合は50〜60cmで主幹を剪定し、支柱を立てるとよい。

50〜60cm

施肥の方法
グミはやせた土地でもよく育つため、肥料はとくに必要ないが、3月に化成肥料（P239）30gを目安に与えてもよい。

病害虫対策
病気 とくにない
害虫 アブラムシが春に新梢につくことがあるが、見つけたら捕殺する。

2 剪定 → 12月

放っておいてもよく結実するが、ダイオウグミは大木になりやすいので仕立てやすい高さに剪定するとよい。

樹形づくり 主枝を3〜4本にした主幹形仕立てにするとよい。
果実のつき方 短果枝に花芽がよくつく

冬／葉芽／花芽／花芽／葉芽／夏／果実

下のほうから出ている主枝は切り、残す枝は先端を切り戻す。

冬の剪定 徒長枝はできるだけ間引き、横に広がるように仕立てよう。

❶樹形が強いので徒長枝を横に出ている枝の上で切る。
❷残す枝の先端1/3で切り戻す。

グミの花芽

先端のぷっくりしているのが花芽
すっと細いのが葉芽

3 開花・受粉 → 5〜6月（落葉種） 10〜11月（常緑種）

通常は1本でも結実するが、1本だと結実しにくい品種ではジベレリン処理をする方法がある。

自家結実性が低い種類では、1本でもブドウのようにジベレリン処理（P105）をするとよく結実する。花が満開になったときと、その2週間後に、ジベレリン1万倍水溶液を霧吹きなどで散布しよう。

4 収穫 → 5〜6月（落葉種） 7〜8月（常緑種）

落葉種と常緑種では実がなる時期が異なる。

青い実が赤く熟した頃が収穫どき。

グミのコンテナ栽培
毎年鉢上げする
主幹形仕立て

グミは乾燥や風雨に強いので、コンテナ栽培でもうまく育てられます。ただし成長が早いので、鉢のサイズを毎年1号ずつ上げていきましょう。5〜6号のサイズで最初スタートしたら、4回くらいサイズを上げて、最終的に10号鉢まで大きくしてください。

鉢が小さいと枝ばかり伸びてしまい、花のつきが悪くなり、果実も少なくなります。

残す枝の先端は切り返す
徒長枝やひこばえは切る
3〜4本の主幹を伸ばす。徒長枝やひこばえは根元から切る。

Point

◆ **鉢のサイズ**
5号鉢以上に植えつける。毎年1回ずつ鉢上げをして、最終的に10号までもっていく。

◆ **使用する土**
赤玉土と腐葉土を1:1で混ぜた用土に植えつける。2月に化成肥料（P239）を施すが、与えなくてもよく育つ。

◆ **水やり**
根が細いので、表土を乾燥させないように注意。

日本の秋の代名詞ともいえる果樹。
国内ならどこでも栽培でき、育てやすい。

クリ

ブナ科

難易度 ▶ ふつう

栽培のポイント

実つきをよくし、落果を減らすには、違う品種のクリを近くに植える。

DATA

- 英語表記　Japanese chestnut
- 樹高　3〜4m
- 自生地　日本
- 収穫時期　8月下旬〜10月中旬
- 結実までの目安　地植え：3〜4年／コンテナ植え：3年
- コンテナ栽培　やや難しい（7号鉢以上）
- タイプ　落葉高木
- 日照条件　日向
- 栽培適地　日本全国

■おすすめの品種

品種	特徴
丹沢（たんざわ）	早生種の中で最もポピュラー。甘みがあり、品質が高い。樹高を低くして育てる低樹栽培向き。収穫時期は9月上旬。
筑波（つくば）	甘みがあり、高品質。貯蔵性も高いので家庭果樹に向く。収穫時期は9月中旬〜下旬。
利平グリ（りへい）	日本グリと中国グリの交配種。果肉は黄色で甘みがあり、渋皮煮にすると美味。収穫時期は9月下旬〜10月上旬。
石鎚（いしづち）	品質がよく、加工原料向き。低樹高栽培だと実つきがよくなる。クリタマバチに強い。収穫時期は10月上旬〜中旬。
森早生（もりわせ）	品質がよく、クリタマバチへの耐性が強い。肥沃な土地向き。収穫時期は8月下旬〜9月上旬。
国見（くにみ）	粒が大きい。品質良好で結実性は高く、果色は濃い。クリタマバチ、胴枯病への耐性が強い。収穫時期は9月上旬〜中旬。
銀寄（ぎんよせ）	粒が大きく、風味があり品質がよい。形状が他の品種に比べて扁平。収穫時期は9月下旬〜10月上旬。
とげなしクリ	トゲがないため収穫がラクで、家庭果樹に向いている。収穫期は9月から収穫できる早生品種。クリタマバチへの耐性が強く、味や香りもよい。

栽培カレンダー

クリの特徴

縄文時代から育てられてきた、おなじみの果樹

　市販されているクリは、品種名なしで「クリ」として販売されていることが多いようです。しかし、クリにはいろいろな品種があり、甘みや食感なども異なります。

　日当たりがよく、肥沃な土を好むので、土づくりをしっかりすることが大切。また、果実を多く収穫するためには、樹冠の内部にも日が当たるように、整枝剪定をしっかりしましょう。

品種の選び方

クリタマバチに強く、味がよい品種を選ぶ

　クリにつきやすい害虫・クリタマバチへの耐性が強く、目的に応じて品質が高い品種を選ぶようにしましょう。ほとんどの品種が日本グリですが、利平グリのような中国グリとの交雑種もあります。

　クリは基本的に自家結実性が低いので、2品種以上を一緒に栽培します。同じ時期に開花する別品種を育てるのがコツ。10〜20m以内に別品種があれば風で受粉します。

1 植えつけ ➡ 12〜3月

日当たりが悪いと実つきが悪くなるので、
太陽の日射しがよく当たる場所に植えつけよう。

ここが知りたい！ クリ Q&A

Q 花はたくさん咲くのですが、実がなかなかつきません。

A 2品種以上植えるとよい
　クリは自家結実性が低いので1本だと実がなりにくいものです。近くに違う品種のクリを植えて育てましょう。また、開花期には人工受粉をするとさらに実のつきがよくなります。雌しべが確認できたら、異品種の雄花の花粉をハケなどでつけて受粉させましょう。

施肥の方法
元肥　12〜1月に有機質配合肥料（P239）を1kgを目安に与える。3月に化成肥料（P239）を100gを目安に与える。
礼肥　収穫後、10月中旬〜11月中旬に化成肥料を100gを目安に与える。

❶2年生の利平グリの接ぎ木ポット苗。

❷根を傷つけないようにポットをはずす。

❸底を見ると太い根が回っているので、そのまま植えるとよい。

❹横にも太い根が回っているので、根を崩さない。

❺基本の植えつけ（P204）を参考に、接ぎ木部分が地上に出るように浅植えにする。この苗は主幹がすでに切ってあり、主枝も2本だけなので、剪定しない。主枝の先端を1/3くらいで切り返しておく。

2 剪定 ➡ 12〜2月

日当たりが悪いと実つきが悪くなるので、
太陽の日射しがよく当たる場所に植えつけよう。

樹形づくり
主幹形または変則主幹形、開心自然形（P214）に仕立てるとよい。

変則主幹形

植えつけ時
棒苗は50〜60cmで主幹を切る。
50〜60cm

2年目の冬
3本ほど主枝を残し、先端を1/3〜1/4ほどのところで切り戻しておく。

3年目の冬
徒長枝
混んでいる枝や徒長枝は根元から間引き、残す枝は先端を切り戻す。

4年目以降
樹の高さが4mを越えたら、ここで切り、芯抜き（P61）する
樹幹の中に日が当たるように、徒長枝や内向枝を根元から間引く。残す枝は先端を切り戻すが、花芽は新梢の先端近くにつくので実をつけたい枝の先端は残しておく。

果実のつき方

雌花と雄花が咲くが、1本では実がつきにくい。新梢の先端部に混合花芽がつくので剪定時は注意する。

冬　　夏

クリの花芽・葉芽

冬の剪定

10年生くらいの成木。樹形はできているので、不要枝を剪定し、全体によく日が当たるようにするとよい。

before

❶いちばん上の主枝から剪定する。左の下から2本めの第3主枝を例に切っていく。まず、先端を決める。

❹先端を確認。車枝になっているので、不要な枝を整理する。

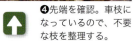

❺車枝は根元から切る。

❷一番高くする主枝の目安をつけ、それより長い枝は整理していく。

❸右の枝をノコギリで落とす。

❻残す枝は先端を切り返す。

PART 1 クリ

❼一番高い枝の車枝と先端を切ったところ。

ここを先端にする
❽上から2番目の亜主枝の先端を決める。

Cut!
❾先端を切り戻す。

Cut!
❿第2亜主枝も、不要な車枝、徒長枝、細い枝を切って整理する。

Cut!
⓫根元の細い枝を切って、第2亜主枝の剪定は終了。

⓬第3主枝も先端をまず決める。

⓭第3主枝の車枝、内向枝、下垂枝、徒長枝を整理したところ。

after
⓰不要枝を整理して、剪定、終了。

ここで切る
⓮同じところから2本出ているので、細い方を切る。

Cut!
⓯このように下垂している枝は切る。

Point
夏に整枝するなら不要な新梢を切る
　夏の整枝はしなくてもよいが、する場合は、6月頃、徒長枝や内向枝、交差枝など、不要な新梢を切って樹幹への日当たりをアップさせるとよい。

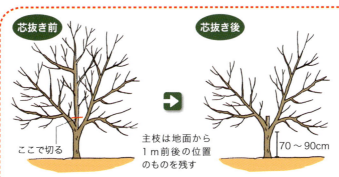
芯抜き前　　芯抜き後
ここで切る
主枝は地面から1m前後の位置のものを残す
70〜90cm

Point
高木は芯抜きで更新する
　植えつけ後、5年以上経過して4m以上の高木になってしまったら、下部の主枝2〜3本を残して、中央の主枝を切る「芯抜き」を行なうとよい。作業しやすい高さになり、日もよく当たり、実つきがよくなる。

61

3 開花・受粉 ➡ 6月

雄花が房のように咲き、その根元あたりに雌花がつく。雌花がつくのは枝の先端に近い部分。

雄花は長く伸びるように咲く。

雄花のつぼみ。

雌花は雄花の根元につく。人工受粉をする場合は別のクリの木の雄花の花粉をつける。

病害虫対策

病気 胴枯病や炭そ病。株元が日焼けすると胴枯病になりやすいので、株元が日陰になるようにする。

害虫 クリタマバチの発生部分は取り除き、焼却処分する。カミキリムシ、クスサンは見つけたら捕殺。また幹の中からおがくずが出ているときは、カミキリムシの幼虫がいる。薬剤を注入して駆除する。果実を食害するのはモモノゴマダラメイガなど。

◀赤い部分はクリタマバチに寄生されている。
▶クスサンに食害された葉の痕。

4 収獲 ➡ 8月下旬～10月中旬

緑色のイガが褐色になり、外皮が割れた頃が収穫どき。

緑色のイガが夏から秋にかけて褐色に色づく。

外皮が割れると中の果実も熟している。

自然に落果したものが一番おいしい。

クリの利用法

ゆでて食べる以外に、クリご飯にしたり、渋皮煮にしたりといろいろな食べ方が楽しめます。収穫後はすぐに食べず、冷蔵庫のチルドルームなどで0度で2週間ほど貯蔵すると、果実内のデンプンが糖分に変わり、さらにおいしくなります。

クリの渋皮煮。

クリのコンテナ栽培
2本を別のコンテナに植えるとよい

クリは1品種だけだと実がつきにくいため、2品種を別々のコンテナで栽培します。直立性が強く、徒長しやすいので、伸びた枝を切り返して、なるべく低木になるように育てましょう。樹高はコンテナの高さの2.5〜3倍が目安です。強風にあたると実が落果しやすいので、実がついたら風よけをしてやりましょう。

苗木の植えつけと剪定
● 2年生苗を変則主幹形に仕立てる例 ●

❶2年生の接ぎ木苗。主幹の中途半端な部分は切る。

❷同じところから2本出ている。
❸細いほうを切る。
❹下のほうに細い枝が2本ある。

❺下の細い枝を切る。
❻上の細い枝を切る。

❼残す主枝の先端を切り戻す。

❽右の主枝の先端も切り戻す。

❾植えつけと剪定が完了したところ。

Point

◆ **鉢のサイズ**
すぐに大きくなるので、8〜10号鉢に植えつける。

◆ **使用する土**
赤玉土と腐葉土を1:1で混ぜた用土に植えつける。肥料は12〜1月に有機質配合肥料（P239)を与える。

◆ **水やり**
乾きには強い。土の表面が乾いたら、たっぷり与えよう。与えすぎると、根腐れを起こすことがある。

たんぱく質をはじめ栄養価が豊富。
実から採れる油も幅広い用途に使われる果樹。

クルミ

クルミ科

難易度　ふつう

栽培のポイント　雄花と雌花の咲く時期が違う品種が多いので、別品種を一緒に育てると確実に実がなる。

DATA

- 英語表記　Walnut
- タイプ　落葉高木
- 樹高　3～4m
- 自生地　ヨーロッパ南西部からアジア西部
- 日照条件　日向
- 収穫時期　8月下旬～10月中旬
- 栽培適地　東北地方以南で、夏涼しく雨が少ない地域
- 結実までの目安　地植え：5～6年／コンテナ植え：4年
- コンテナ栽培　可能(8号鉢以上)

■おすすめの品種

オニグルミ	日本に自生する。国内の野生のクルミの大半がこの品種。殻が堅くゴツゴツしている。殻と内部の隔壁が厚いうえ、不規則に空胴があるため食べられる実は少ないが、味はよい。
ヒメグルミ	日本に自生する。オニグルミに比べて、殻がなめらかで薄く、割れやすい。核はお多福の面に似ていて、別名オタフクグルミと呼ばれることも。
シナノグルミ	長野県東信地方で作られた殻が柔らかいクルミ。日本で生産されているものはこれが多い。テウチグルミとペルシャグルミの自然交雑から育ったものといわれる。
ペカン	アメリカのミシシッピ川流域からメキシコ東部原産。日本には大正時代の初期に輸入された。脂肪分の多い実が採れることから"バターの木"とも呼ばれる。

棒苗を植えつけた年の春、頭頂部から新梢が伸びている。

栽培カレンダー

クルミの特徴

利用価値が高いので庭植えもおすすめ

　クルミを家庭で栽培している人は、あまり多くないかもしれません。しかし、栄養豊富な果実がなり、気候が合う場所では育てやすいので、チャレンジしてみるとおもしろい果樹。庭植えで放任していると、どんどん高くなってしまうので、剪定で作業しやすい高さに仕立てます。
　気温に応じて開花しますが、雄花と雌花の開花時期が異なる品種も多いので、違う品種を一緒に植えましょう。

品種の選び方

オニグルミやヒメグルミは受粉樹が必要

　クルミには日本に自生しているオニグルミ、ヒメグルミをはじめ、米国産のペカンなどいくつかの種類があります。イラン原産のペルシャグルミ(セイヨウグルミ)が食用の代表種ですが、育てるならば日本産のクルミがおすすめ。オニグルミやヒメグルミは雌花より雄花が先に咲きます。そのため、受粉樹として雌花が先に咲く「豊園(ほうえん)」「南安(なんあん)」などの品種を一緒に植えるとよいでしょう。

1 植えつけ → 12〜3月

水はけと日当たりのよい場所を選んで冬に植えつける。

❶棒苗。先端部に芽がついている。

❷ポットをはずし、根を崩さずにそのまま植える。

❸基本の植えつけ(P204)を参考に浅植えする。

2 剪定 → 12〜2月

クリと同様に高木になりやすい。主枝を2〜3本にして変則主幹形に仕立てる。高木になったらクリと同様に芯抜き(P61)するとよい。

変則主幹形

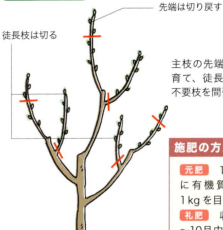

先端は切り戻す
徒長枝は切る
主枝の先端を切り戻しながら育て、徒長枝や内向枝などの不要枝を間引く。

施肥の方法
元肥 12〜1月・3月に有機質肥料(P239)を1kgを目安に与える。
礼肥 収穫後、9月中旬〜10月中旬に化成肥料を100gを目安に与える。

病害虫対策
病気 殻が堅いので、病害虫の影響を受けにくい。

クルミの利用法
クルミは殻を割ってそのまま実を食べるほか、ローストして料理に使うこともできます。殻を割らなければ、1〜2年の常温保存も可能。

3 開花・受粉 → 5月

自家結実性はあるが、雌花と雄花の開花期がずれることが多いので、開花期が合う別品種を植えると実つきがよくなる。

果実のつき方 前年に伸びた新梢の先端部に雌花と雄花が咲く花芽がつく。

冬：混合花芽／葉芽／雄花の花芽
初夏：雌花／雄花／新梢／クルミの若い実。

4 収穫 → 9月下旬〜10月中旬

収穫後は外皮を取り除き、洗って乾燥させてから保存するとよい。

オニグルミは外皮が裂けずに落果する。シナノグルミなどは青い外皮が裂けたら、木を揺らしたり、棒などでつついて落下させるとよい。

クルミのコンテナ栽培

最低10号鉢くらいまで鉢上げする

コンテナ栽培の場合も、1品種だけだと実がつきにくいので、2品種をコンテナは分けて栽培します。
直立性が強く樹勢が旺盛なので、主枝の枝先3分の1くらいを切り詰めて、なるべく低木になるように育てましょう。

苗の植えつけ

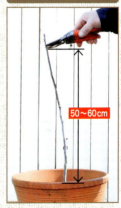

50〜60cm

棒苗は植えつけ時に50〜60cmくらいで先端を切り戻しておく。

Point

◆**鉢のサイズ**
すぐに大きくなるので、8〜10号鉢に植えつける。

◆**使用する土**
赤玉土と腐葉土を1:1で混ぜた用土に植える。肥料は12月に有機質配合肥料(P239)を与える。

◆**水やり**
乾きには強いが、土の表面が乾いたら、たっぷり与えよう。水を与えすぎると根腐れの原因になる。

愛らしい赤く小さい実で人気の果樹。
家庭栽培なら完熟した果実を楽しめる。

サクランボ

バラ科　　　　　　　　　難易度　やや難しい

栽培のポイント　自家結実性が低いので、相性のよい異なる品種と一緒に植えつけることが欠かせない。

■DATA
- 英語表記　Cherry
- タイプ　落葉高木
- 樹高　3〜4m
- 自生地　アジア南部、黒海沿岸地方
- 日照条件　日向
- 収穫時期　6月中旬〜7月
- 栽培適地　長野、山梨、山形、青森、北海道など東北地方以北。暖地では落果しやすい。
- 結実までの目安　地植え：4〜5年／コンテナ植え：2〜3年
- コンテナ栽培　可能（7号鉢以上）

■栽培カレンダー

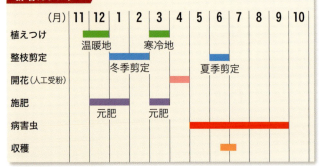

■おすすめの品種

品種	特徴
香夏錦（こうかにしき）	生理落果が少なく、暖地でもなりやすい。甘みが多く、肉質は柔らかくておいしい。受粉樹に"さおり"などが合う。
佐藤錦（さとうにしき）	高品質な人気品種。色が鮮やかで果肉、果汁が多くて味がよい。受粉樹には"高砂"や"ナポレオン"などが合う。
紅秀峰（べにしゅうほう）	品質の高さは佐藤錦と並ぶ。実つきがよく、収穫量も多い。"佐藤錦"や"ナポレオン"の受粉樹に適している。
高砂（たかさご）	暖かい地方での栽培に適している。品質が高く、佐藤錦よりも酸味があり、果肉と果汁がたっぷりしている。
ナポレオン	酸味が少し強めだが、風味豊かで果肉、果汁ともたっぷりしている。栽培が簡単で実がつきやすい。
暖地桜桃（だんちおうとう）	暖かい地方で栽培でき、毎年たくさん実をつけるので家庭果樹に適している。自家結実性があり、1本でも実がなる。
さおり	平均果重10gにもなる大きな実がつく。果皮は黄色赤斑になり、色もきれい。自家結実性があるので、1本で結実する。

サクランボの特徴

完熟果を楽しめるのは、家庭果樹ならでは

　サクランボは樹勢が強く、とくに暖地では巨木化しやすいため、コンパクトに仕立てるとよいでしょう。根が広がるのを抑える「根域制限（P212）」もおすすめです。
　基本的に自家結実性が低い品種がほとんどのため、受粉樹として相性がよい他品種を一緒に植えることが大切。市販されているサクランボは早採りされていますが、家庭栽培では完熟した果実を食べることができるのも魅力です。

品種の選び方

2品種を一緒に育てるが、相性を考えて選ぶ

　品種は豊富ですが、代表的な品種は「佐藤錦」。暖地でも育てやすい「香夏錦」や「暖地桜桃」などもおすすめです。自家結実性が弱く、他品種を一緒に植える必要があり、受粉の相性がそれぞれあるので、品種選びは大切です。

◆相性のよい組み合わせ
佐藤錦×高砂・ナポレオン、香夏錦×佐藤錦・ナポレオン、紅秀峰×佐藤錦・ナポレオンなど

1 植えつけ → 11月下旬〜12月（温暖地）／3月（寒冷地）

寒冷地を好むがリンゴより寒さが苦手。
関東でも庭植えが可能。

日当たりがよく、排水性、通気性がよい土壌を選び、基本の植えつけ（P204）を参考に植えつける。高さ60〜70cmで主幹を切り、支柱を立てて誘引しておくとよい。

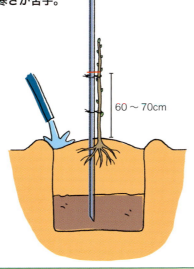

60〜70cm

施肥の方法

元肥 12〜1月に有機質配合肥料（P239）1kgを目安に与える。3月に化成肥料（P239）を150gを目安に与えるとよい。

礼肥 収穫後に化成肥料を1m²につき50gを目安に与える。春に追肥すると裂果しやすくなるので、しないほうがよい。

病害虫対策

病気 灰星病は、成熟直前の実が腐ってしまう。果実だけでなく葉や花にも被害が出る。袋かけなどで予防するとよい。炭そ病は、葉や実に雨が多い時期に発生しやすい。見つけたら発生部分を取り除く。

害虫 コスカシバ、アメリカシロヒトリ、ハダニ類など。見つけ次第、捕殺。ハダニ類は大量発生するのでついた部分は取り除く。

2 剪定 → 1〜2月（冬季剪定）

高木になりやすいので剪定でコンパクトに仕立てる。
短果枝に花芽がよくつく。

樹形づくり 主幹形（P214）や変則主幹形などの立ち木仕立てのほか、コンパクトにしたいなら杯状仕立て（P215）もよい。

変則主幹形

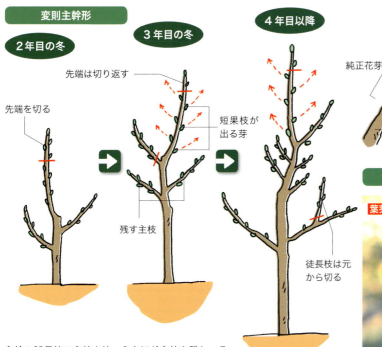

2年目の冬 — 先端を切る。主幹の延長枝の主枝を決めて、それ以外の主枝は切る。残す主枝は先端を切り戻す。

3年目の冬 — 先端は切り返す／短果枝が出る芽／残す主枝。3本ほど主枝を残し、それ以外は元から切る。主幹の先の主枝は先端を切り戻す。

4年目以降 — 徒長枝は元から切る。徒長枝などの不要枝を切り、樹形を整えていく。

果実のつき方

その年の新梢の基部に花芽がつき、その上の葉芽は、翌年、花芽がつく短果枝となり、翌々年に開花する。

1年目：葉芽／純正花芽／新梢（1年枝）
2年目：新梢／短果枝／果実
3年目：花芽／葉芽／果実

花芽・葉芽

短果枝の先端についた花芽。

before

冬の剪定

9年生の剪定例。高くなりすぎているので、全体に高さを下げるように剪定する。

❶大きく見て、左と中央、右の3本の主枝があるので、それぞれの主枝ごとに整理していく。左の主枝が一番背が高いので、ここから行なう。

❷❶の写真の左に90度回りこんだところ。先端を決めたら、そこから円錐の中に入るように、まんべんなく日が当たるように切っていく。

❸交差枝になっている亜主枝を切る。

❹切ったところ。

❺上の平行枝を切る。
❻切ったところ。
❼先端の車枝を整理する。
❽切ったところ。

❾先端を確認し、それより高い枝を元から切る。
❿切ったところ。
⓫徒長枝を切る。
⓬切ったところ。

⑬左の主枝の剪定を終えたところ。

ここを先端にする
⑭ほかの主枝も、同じように切っていく。まず先端を決める。

Cut!
⑮先端より高い枝を元から切る。

⑯切ったところ。

after
⑰すべての剪定を終えたところ。

ここが知りたい！ サクランボ Q&A

Q 葉ばかり伸びて、花や実のつき方が悪いのですが。

A 短果枝をたくさん発生させる

　勢いよく伸びた新梢を放置しておくと、春に先端付近の葉芽ばかりが成長し、短果枝が発生しにくくなります。花芽は短果枝に多くつきます。冬季剪定で新梢の4分の1くらいの長さを切り返しておくと、次の年には短果枝がよく発生し、花が多く咲き、実つきもよくなります。
　また、実つきが悪い場合は、受粉がきちんとできていない場合もあります。1本だけ育てている人は、相性がよい受粉樹を植えること。1本で結実するタイプの品種でも、人工受粉をするとより確実に実をつけるようになります。

3 開花・受粉 ➡ 4月

ピンク色の花が咲くのは4月頃。
開花したら人工受粉をすると実つきがよくなる。

5分咲きのときと満開のとき、2回、人工受粉をするとよい。別品種の花粉を雌しべにハケでつけるか、花ごと摘んで直接、受粉させてもよい（P244）。

4 摘果 ➡ 4〜5月

実がたくさんついている場合は摘果する。ならせすぎると翌年、花芽も葉芽も少なくなってしまう。

葉4〜5枚につき1果になるように若い実をつむ。小さい実から優先して取るとよい。

PART 1 サクランボ

5 収獲 ➡ 6月中旬～7月初旬

樹上で完熟させてから収穫するとよい。
赤く色づいたら収穫どき。

▲軸を持ち、上か横に引くとよい。下に引っぱると枝がちぎれやすい。

サクランボの利用法

生食のほか、パイや砂糖漬けなどに加工して楽しめる。加工用には酸味が多い品種が適している。

▲実が成熟する途中で雨が続くと裂果しやすい。地面の主幹の回りにビニールシートを敷くと予防になる。

▲サクランボはハサミを使わなくても収穫できる。

5 夏の整枝 ➡ 6月

収穫後、混んでいる新梢を切り、日当たりをよくすることで、翌年の実つきがよくなる。

30～40cm以上の長い新梢は先端を1/3～1/4ほど切り返すと、翌年、短果枝が出る。

▲切り戻したところから短果枝が出て花芽がついている。

▲剪定後に出た新梢。翌年には花芽がつく。

サクランボのコンテナ栽培
土壌の水分をコントロールするとよい

コンテナ栽培の場合も、基本は地植えの場合と同じです。2品種を別々のコンテナで栽培します。雨にあたると実が傷みやすいので、実が成熟する6月は雨にあたらないようにコンテナの場所を移動させること。

サクランボは過湿に弱いのですが、コンテナ栽培だと土壌水分をコントロールしやすいので、よい実をつけることができます。コンテナ栽培なら、関東以南でも栽培OK。

苗木の植えつけと剪定

❷主幹が中途半端な位置で切ってあるので、根元で切る。

❸高い主枝から切る。枯れている部分は切る。伸ばしたい方向に出ている外芽のすぐ上で切る。

❶2年生の接ぎ木苗。品種は佐藤錦。主枝は4本なので、すべて残し、先端を切り戻しておく。

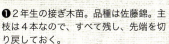

❹同じように、伸ばしたい方向についている外芽の上で切っていく。

❺短い枝は、先端だけを切るとよい。

❻植えつけと剪定が終わったところ。

Point

◆ **鉢のサイズ**
6〜8号鉢に植えつける。地上部は鉢の高さと同じ長さで切り返す。2年に一度を目安に、鉢上げする。

◆ **使用する土**
赤玉土と腐葉土を1:1で混ぜたものに、苦土石灰を少量加えた用土に植えつける。肥料は12〜1月に有機質配合肥料(P239)を与える。

◆ **水やり**
実が色づくまではたっぷり水を与える。色づいてきたら、収穫するまではやや乾燥気味にする。夏場は乾燥すると葉が枯れることがあるので注意。

樹上で完熟させると甘みが増して美味に！
庭木としても重宝される栽培しやすい果樹。

ザクロ

ザクロ科　　　　　　　難易度　やさしい

栽培のポイント

樹勢が強いので、適切な剪定で
コンパクトに育てるようにする。

DATA

- 英語表記　Pomegranate
- 樹高　3～4m
- 日照条件　日向
- 栽培適地　北海道南部以南
- 結実までの目安　地植え：5～6年／コンテナ植え：4～5年
- コンテナ栽培　容易（7号鉢以上）
- タイプ　落葉高木
- 自生地　西アジア
- 収穫時期　9月下旬～10月

栽培カレンダー

（月）	11	12	1	2	3	4	5	6	7	8	9	10
植えつけ		■	■	■	■							
整枝剪定		■	■	■	■							
開花（人工受粉）							■	■				
施肥		元肥			元肥			追肥				
病害虫						■	■					
収穫												■

■おすすめの品種

大実ザクロ（おおみ）	日本ザクロの代表品種。花も美しく、実は熟すと裂果して赤い果粒をのぞかせる。病害虫に強く、初心者でも育てやすい。生食でも美味だが、果実酒にも向いている。
水晶ザクロ（すいしょう）	日本で栽培されている中国ザクロの一種。実が他のザクロの2倍近くまで大きくなり、果重は230gくらいにも及ぶ。花も実も黄色で、成熟すると実は赤くなり甘い。
カリフォルニアザクロ	アメリカ産。病虫害に強く、育てやすい。果実が大きく、熟しても割れないタイプ。
ルビーレッド	欧米産。大きな実をつけ、果肉の色が赤紫色で鮮やか。実が熟すと先端の果頂部が割れる。

ザクロは熟すと割れる品種と割れない品種がある。

ザクロの特徴

美しい花を楽しめ、初心者でも育てやすい

ザクロは寒さ暑さ、乾燥に強く、北海道南部以南であれば地植えで育てられます。1本でも実をつけ病害虫にも強いので、果樹栽培の初心者でも容易に育てることが可能。

日本ザクロの食べ頃は、完熟して先端が割れ、ルビー色の果粒をのぞかせた頃。国産のザクロはほとんど出回らなくなっているうえ、自家栽培では最もおいしい時期に食べられるのが、栽培の醍醐味です。

品種の選び方

1本で実がつくので、好みの品種を選べばOK

ザクロには観賞用の花ザクロと、果実用に作られた実ザクロがあります。国産の実ザクロは品種が少なく、「大実ザクロ」が代表的な品種です。他に中国や欧米産のものは、いろいろな品種があります。

苗木で売られている場合、「日本ザクロ」「アメリカンザクロ」などの名前がつけられていることがありますが、購入の際は、品種名を確認しておくと安心です。

1 植えつけ → 12〜3月

日当たりさえよければ、土質はあまり選ばず、国内の広い地域で栽培できる。

よく日が当たる場所を選び、基本の植えつけ（P204）を参考に植えつける。若木のうちは支柱を立てて誘引しておくとよい。主幹は50〜60cmで切り、剪定する。根元から伸びるひこばえは切り、残す主枝も先端を切り戻しておく。

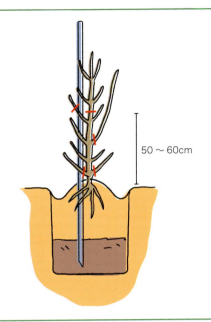

50〜60cm

施肥の方法

元肥 12〜1月に有機質配合肥料（P239）を1kgを目安に与える。3月に化成肥料（P239）を150gを目安に与えるとよい。

追肥 6月に化成肥料を50gを目安に与える。開花後すぐだと、養分が枝葉の伸長に使われてしまい、実つきが悪くなるので要注意。

2 剪定 → 12〜2月

主枝を3〜4本残して管理しやすい高さに仕立て、徒長枝や混み合う枝は間引く。

樹形づくり
変則主幹形などが仕立てやすい。高くなりすぎないように整えよう。

変則主幹形

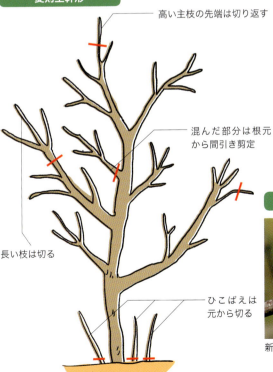

- 高い主枝の先端は切り返す
- 混んだ部分は根元から間引き剪定
- 長い枝は切る
- ひこばえは元から切る

果実のつき方
前の年に伸びた枝の先端部に花と葉が出る混合花芽がつく。

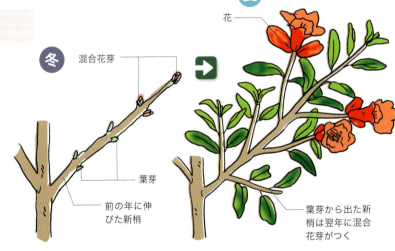

冬：混合花芽／葉芽／前の年に伸びた新梢

夏：花／葉芽から出た新梢は翌年に混合花芽がつく

花芽・葉芽

新梢の基部近くにつくのは葉芽。

▶新梢の先端部でややぷくっとしているのが混合花芽。

細長いのが葉芽。

| 冬の剪定 | 徒長枝や細い枝を中心に間引き剪定をする。混合花芽は先端につくので、切り返しは最小限にする。 |

長い枝は先端を切り戻す。

車枝や徒長枝は上向きになっている先端で切り戻す。

3 開花・受粉 ➡ 5月下旬～7月上旬

ザクロは花も美しく、観賞用の品種もある。
食用の品種は、1本で受粉する。

開花期は初夏。自家結実性がある。

Point 実が多い場合のみ摘果する

1か所から複数の実が育っている場合は、1果に摘果するとよい。

複数の花が同じ場所から咲いたときは、自然に落果することが多い。

ここが知りたい！ ザクロ Q&A

Q 実があまりつかないのですが、対処法はありますか？

A 人工受粉をすると確実

開花期に雨が続くと、実つきが悪くなりことがあります。花粉が重くなり、落下しやすくなり受粉しないためです。そんなときは晴れた日にハケや筆で花の中心を軽くこすり、人工受粉を。また都会のマンションのベランダなどで栽培していると、受粉を助ける訪花昆虫が少なく、受粉しにくいことも。その場合も人工受粉をしましょう。

病害虫対策

病気 そうか病は、実にかさぶたのような褐色の斑ができて見た目が悪くなる。味に影響はない。

害虫 カイガラムシ類は、見つけ次第捕殺する。

▶褐色の斑点が見られる病害果。

PART 1 ザクロ

4 収穫 ➡ 9月下旬～10月

果実が赤く色づいたら収穫期。
日本ザクロは熟すると裂果する。

熟すと赤くなる。皮が破裂しない品種もある。

▶日本ザクロは皮が割れてきたら収穫どき。裂果後に雨に濡れると傷みやすいので早めに収穫を。

ザクロの利用法

生食のほか、ジュースや果実酒にするのもおすすめ。日本産の「大実ザクロ」は果実酒に向いている。

ザクロシロップ
【作り方】
①鍋にザクロの実と、ザクロの実の重量の1/2の砂糖を合わせて15分ほどおく。
②鍋を中火にかけ、木べらで実をつぶすように混ぜながらエキスを煮出す。
③ザルなどで種をこしてできあがり。冷蔵で1か月保存できる。

ザクロ酢
【作り方】
①ザクロの実を保存容器に入れ、実の2～3倍量のリンゴ酢を注ぐ。
②常温で2週間ほどおいてエキスを酢に移す。濾して冷蔵保存。炭酸などで割って飲んだり、ドレッシングなどに。

ザクロのコンテナ栽培　株仕立てでコンパクトに育てるとよい

コンテナ栽培も基本は地植えの場合と同じです。大きく育ちすぎないように、開心自然形や株仕立てでコンパクトに育てるのがおすすめ。花芽の成長を促進するために、花芽ができる6月中旬～下旬頃は、肥料を与えるのを控えます。開花期と成熟期は雨が当たらない場所にコンテナを移動しましょう。

苗木の植えつけと剪定

長く伸びている枝は先端を切り返す。
混んでいる部分は間引くとよい。

Point

◆ **鉢のサイズ**
7～8号鉢に植えつける。成長に応じて鉢上げをする。太い根が多いので、根を傷つけないように気をつける。

◆ **使用する土**
赤玉土と腐葉土を1：1で混ぜた用土に植えつける。肥料は12～1月に有機質配合肥料（P239）を与える。

◆ **水やり**
乾燥に強いので、土が乾いたら与える程度で大丈夫。2～3日に1度でよい。冬は午前中に与える。

キウイフルーツに似た小型の果実は
甘味と酸味がほどよくあって美味。

サルナシ

マタタビ科　　難易度　やさしい

栽培のポイント　雌雄異株の場合は両方を植える。人工受粉で結実率もアップ！

DATA
- 英語表記　Tara vine
- タイプ　落葉つる性
- 樹高　つる性なので仕立て方による
- 自生地　日本、朝鮮半島、中国東北部、サハリン
- 日照条件　日向
- 収穫時期　9月下旬～11月上旬
- 栽培適地　日本各地
- 結実までの目安　地植え：2～3年／コンテナ植え：2～3年
- コンテナ栽培　容易（5号鉢以上）

栽培カレンダー

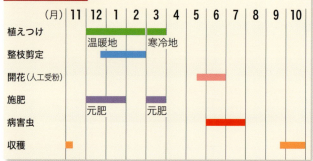

■おすすめの品種

品種	特徴
光香（みつこう）	雌雄同性なので、1本で結実する。甘みが強く、酸味は中程度。9月下旬に成熟し、追熟は簡単にできる。
峰香（ほうこう）	雌雄異株。果汁が多く、生食に向いている。10月上旬に成熟する。特有の香りが強い。
蛇喰（じゃばみ）	山形県西川町蛇喰に自生していた在来種。雌株。果実が小さく、糖度も高くないが、実つきがよい。
昭和系（しょうわけい）	香川県農業試験場の収集・保存系統。雌株。果実が緑色で、甘みが強い。追熟も簡単にできる。着果数も多い。
月山系（がっさんけい）	香川県農業試験場の収集・保存系統。雌株。甘みが強く、酸味もある。毛はあまりない。
淡路系（あわじけい）	香川県農業試験場の収集・保存系統。雄株。開花期は早い。

小型のキウイフルーツのような果実。

サルナシの特徴

小ぶりなキウイフルーツの仲間で栽培も簡単

　サルナシはマタタビ科の植物で、マタタビやキウイフルーツなどの仲間で、別名コクワ。ナシに似た実をサルが食べたというのが名前の由来です。皮にはあまり毛がないため、皮ごと食べられます。実はキウイフルーツよりかなり小ぶりで長さ3cmほど。ミニトマトを長くしたような形です。市場にはほとんど出回らないので家庭果樹向き。

　育て方の基本はキウイフルーツと同じですが、キウイ以上に手間がかからず、初心者でも育てやすい果実です。

品種の選び方

2品種を一緒に栽培。キウイと混植してもOK

　雌雄異株の品種が多いので、雌株と雄株か、雌雄同株が必要です。サルナシとキウイは交配が可能なので、サルナシの雌株品種に、キウイフルーツの雄株を一緒に育ててもいいでしょう。サルナシとマタタビの雑種品種として「信山」や「茂緑」もあります。苗木の購入時は、雌雄を確認してから入手すること。

PART 1 サルナシ

1 植えつけ → 12〜2月（温暖地） 3月（寒冷地）

雌株と雄株をセットで植えつけるのが基本。雄株はキウイフルーツでもよい。

日当たりがよく保水力のある土壌を選び、植えつけたら支柱や棚に誘引する。雌雄両性の場合は1株でもよい。

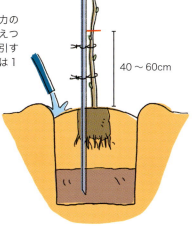

40〜60cm

施肥の方法

元肥 12〜1月に有機質配合肥料（P239）を1kgを目安に与える。3月に化成肥料（P239）を150gを目安に与える。サルナシは春先に芽が動きはじめるときに養分や水分を吸収しはじめるため、それまでに肥料を与えておくとよい。追肥はとくに必要ない。

2 剪定 → 12月〜2月

落葉している冬に剪定する。芽と芽の間で切る「中間剪定」で行なう。

樹形づくり
キウイフルーツ同様に棚仕立てにするとよい。

Tバー仕立て

高さ2mくらいの棚をつくり、主枝を2本左右に開くように誘引し、さらにそこから伸びる亜主枝を伸ばして誘引する。

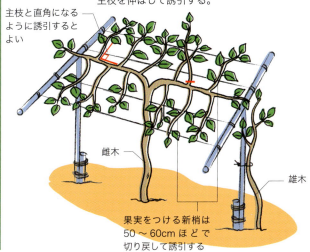

主枝と直角になるように誘引するとよい

雌木　雄木

果実をつける新梢は50〜60cmほどで切り戻して誘引する

混合花芽

冬の剪定
主枝の先端を決めたら、亜主枝が左右交互に出るようにしながら不要枝を整理していく。

❶古い内向枝を切る。（内向枝）

❷根元から切る。

❸切ったところ。

❹新梢は先端を切り戻して、実をつける側枝を出させる。

❺切ったところ。

Point 果実はその年の新梢につく
サルナシはキウイフルーツと同じように春から伸びた新梢の基部に開花（P52）。キウイフルーツは基部から4〜5節に開花するが、サルナシは基部から4〜11節の間に開花。10cm前後の新梢に実がつきやすい。

Point 中間剪定が基本
サルナシは芽のすぐ近くで切るのではなく、芽と芽の間を切る中間剪定を行ないます。芽のすぐ近くで切ると枯れ込むことがあるので注意。

77

3 開花・受粉 → 5月中旬～6月下旬

雌雄両性の株以外は、雄花の花粉を
雌花に人工受粉するとよい。

サルナシのツボミ。

サルナシの雌花。人工受粉をする場合は、ハケなどで雌しべに花粉をつけてやる。

4 摘果 ➡ 6〜7月下旬

よい果実を育てるために、実がつきすぎている場合は摘果するとよい。

病害虫対策
病気 ほとんどない。キウイフルーツより、病害虫には強い。
害虫 アブラムシやコウモリガは、見つけたら捕殺する。コウモリガは6〜7月に幹や枝を食害するので要注意。

サルナシの利用法
甘味と酸味が適度にあるので、生食する以外には、ジャムや果実酒にするのがおすすめです。ドライフルーツにしても美味。

結果枝の節ごとに3果ずつつくので、1果ずつ残して摘果するとよい。小さいものや形が悪いもの、傷があるもの、病害の被害にあっているものを優先して摘果する。

5 収穫 ➡ 9月下旬〜11月上旬

キウイ同様に収穫後に後熟させる必要がある品種が多いが、サルナシは樹上で完熟する品種もある。

後熟が必要な品種は、収穫後、2週間ほどおくとよい。

熟したサルナシを切ったところ。

サルナシのコンテナ栽培

キウイよりコンパクトで育てやすい

サルナシのコンテナ栽培のコツは、キウイフルーツとほぼ同じです（P50〜55）。雄株と雌株はコンテナを分けて、垣根仕立てやあんどん仕立てでコンパクトに育てましょう。

コンテナ植えでは、開花期に人工受粉を必ずしてください。雌雄同種の品種を育てる場合も、人工受粉をすると実つきがよくなります。

あんどん仕立て

▶あんどん仕立てなどで育てる。雌株と雄株は別々のコンテナに植えよう。

Point

◆**鉢のサイズ**
5号鉢以上に植えつける。植えつけるときは、根を乾燥させないように気をつける。

◆**使用する土**
赤玉土と腐葉土を6：4、これに苦土石灰を少し混ぜた用土に植えつける。肥料は12〜1月に有機質配合肥料（P239）を、3月に化成肥料（P239）を与える。

◆**水やり**
乾燥に弱いので、水切れしないように気をつける。とくに真夏の乾燥には注意。

甘さと酸味がありジューシー！
いろいろな種類から好みの品種を選ぼう。

スモモ・プルーン

バラ科

難易度 ふつう

栽培のポイント：水や肥料のやり過ぎに注意。乾燥気味に育てるとおいしくなる。

DATA

- 英語表記　Plum
- タイプ　落葉高木
- 樹高　2.5～3m
- 自生地　アジア西部～ヨーロッパ東南部、中国、日本
- 日照条件　日向
- 収穫時期　7月中旬～8月（日本スモモ）　9月（ヨーロッパスモモ）
- 栽培適地　日本各地で可能だが春先に遅霜がなく、夏場に雨の少ない地域が適している
- 結実までの目安　地植え：3～4年／コンテナ植え：3～4年
- コンテナ栽培　可能（7号鉢以上）

■おすすめの品種

	品種	特徴
日本スモモ	貴陽（きよう）	山梨県で「太陽」から生まれたスモモで、非常に大玉で味がよい。自家結実性はない。皮は赤紫で果肉は黄色。収穫期は8月頃。
	大石早生（おおいしわせ）	中果。果皮は淡い黄色、果肉は赤。収穫量が多く、病気に強い。暖地に向いている。受粉樹が必要。ソルダムとの組み合わせが一般的。
	ソルダム	大果。皮は黄緑色で、果肉は赤。甘みが強く、風味がよい。実の日持ちがよい。1本では実がつきにくく、受粉樹が必要。
	太陽（たいよう）	大果。果皮は赤紫色、果肉は乳白色。1本では実がつきにくく、受粉樹が必要。収穫後の日持ちがよい。
	ビューティー	中果。果皮は淡黄色、果肉は赤。自家結実性があるので、受粉樹に向いている。
	メスレー	小果。果皮は赤、果肉は濃赤色。1本でもよく実をつけるので、家庭栽培向き。受粉樹には向かない。
	サンタローザ	中果。果皮、果肉ともに黄色から赤。自家結実性が強く、1本でも実をつける。栽培が容易。甘くて香りもよい。
ヨーロッパスモモ	シュガープルーン	中果。果皮は赤紫。甘みが強く、風味もよい。1本でも実をつける。
	スタンレー	中果。果皮は青紫色。果肉は紫。1本でも実をつけるが、受粉樹があるとより多く実がつく。

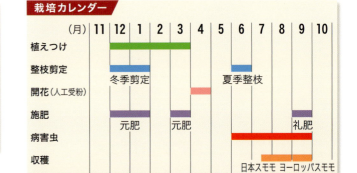

栽培カレンダー

スモモ・プルーンの特徴

日本各地で栽培でき、完熟させると甘くて美味

　スモモには日本スモモとヨーロッパスモモがあり、ヨーロッパスモモのことをプルーンと呼びます。日本スモモの多くの品種は受粉樹が必要ですが、ヨーロッパスモモは1本だけで栽培しても、比較的実をよくつけます。
　市販のものは早どりされているので酸っぱいものが多いのですが、家庭では完熟させてから収穫できるので、甘くてジューシーなスモモ本来のおいしさを堪能できます。

品種の選び方

相性のよい組み合わせで栽培することが重要

　日本スモモの中では、1本でも実をつけるビューティーやサンタローザ、メスレーなどは栽培が簡単です。ソルダム、大石早生は、それぞれを組み合わせるか、ビューティーやサンタローザのいずれかと組み合わせて栽培するとよいでしょう。また、受粉樹にはモモ、アンズ、ウメを使うこともできるので、庭で栽培するときはこれらの果樹を一緒に育てるのもおすすめです。

1 植えつけ ➡ 12〜3月

日本スモモは水はけのよい場所、ヨーロッパスモモはやや重い土壌の場所を選ぶ。基本の植えつけ（P204）を参考に植えつけよう。

ここが知りたい！ スモモ Q&A

Q 実があまりつきません。

A いくつか理由が考えられる

●**自家結実性の問題**
多くの品種は1本では実をつけません。1本でも実をつける品種でない場合は、受粉樹が必要です。

●**温度の問題**
スモモの開花は3月下旬から4月上旬と早いため、開花期に遅霜に合うと受粉が阻害されやすくなります。遅霜が心配な地域では、開花が遅い品種を選ぶとよいでしょう。

●**生理落果の問題**
スモモはもともと生理落果が50〜70％と高いですが、樹勢が元気でないとさらに落果率は高まったり、小果になります。葉が光合成できるように冬はしっかり剪定を行なって内部までよく日が当たるようにし、果実の収穫後の9月に礼肥を与えるとよいでしょう。

施肥の方法

元肥 12〜1月に有機質配合肥料（P239）を1kgを目安に与える。3月に化成肥料（P239）を150gを目安に与えるとよい。
礼肥 翌年生育する養分を蓄える目的で、9月頃に化成肥料を50gを目安に与える。

▲大石早生3年生苗。植えつけ時は、頭頂部の同じ場所から出ている左の2本のうち1本を剪定。下の細い枝は全部切り、残す主枝の先端は切り戻しておく。

▲サンタローザ3年生苗。主幹は一番上の主枝のところで剪定。伸ばしたい方向についている芽のすぐ上でカット。4本の主枝は先端を切り戻す。

2 剪定 ➡ 12〜1月（冬季剪定）

日当たりが悪いと実つきが悪くなるので、太陽の日射しがよく当たる場所に植えつけよう。

樹形づくり
開心自然形（P214）などの立ち木仕立てが適しているが、日本スモモは棚仕立てにするとコンパクトにまとまり管理しやすい。

果実のつき方
前年に伸びた短・中・長果枝に花芽と葉芽がつく。

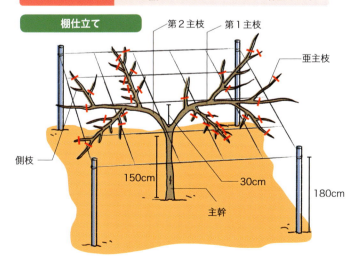

棚仕立て　第2主枝　第1主枝　亜主枝　側枝　150cm　30cm　180cm　主幹

棚下30cmから主枝を2本左右に伸ばして誘引し、亜主枝を伸ばす。側枝は長果枝、中果枝を5cmくらいに切り戻し、結果枝を多く出させるとよい。

花芽・葉芽

花束状短果枝（花芽＋葉芽）

短果枝

樹形づくりの冬の剪定

毎年剪定するの理想だが、何年か剪定しなかった場合は、樹形づくりをかねて冬に剪定するとよい。

❶ 10年ほどの成木だが、2～3年、剪定しないと、このように暴れてしまう。太い主枝はノコギリを使って切り、樹形を矯正する。主枝を3～4本残す、変則主幹形に。

❷ いらない主枝を落とす。

❸ 太い枝から整理していくとよい。

❹ 主枝を減らし、徒長枝、内向枝、車枝、交差枝などの不要枝を整理。残す枝は先端を切り返しておく。

3 開花・受粉 → 4月

1本で結実しない品種は受粉樹が必要。人工受粉をすると実つきがよくなる。

▲日本スモモの花。人工受粉をする場合は、別の木の花粉を雌しべにつける。ウメやアンズ、モモの花粉も利用できる。

◀ヨーロッパスモモの花。

4 摘果 → 5～6月上旬

スモモは幼果のうちに50～70％が生理落果する。摘果は生理落果が終わる開花後30～40日後に行なう。

果実が親指大になった頃、枝5～10cmに1果を残すように摘果する。

病害虫対策

病気 果実に黒い斑点が出る黒斑病や胴枯病のほか、幼果が奇形になるフクロミ病など。新芽が出る前の3月上旬に2回、2週間おきに殺菌剤を散布することで予防。

害虫 シンクイムシ類（メイガの幼虫）は、新芽や実を食害する。袋がけで予防する。

▲フクロミ病の被害果。

5 夏の整枝 → 6月

新梢の先端を切り戻すと、翌年の結果率がアップする

ここで切る

今年、長く伸びた新梢の先端1/3を切り返すと、短果枝が出て翌年の実つきがよくなる。

6 収穫 → 7月中旬〜8月（日本スモモ）／9月（ヨーロッパスモモ）

果実が色づき柔かく熟したら収穫。鳥害がある場合はネットをかけて予防する。

ヨーロッパスモモの実。

スモモ・プルーンの利用法

甘味と酸味が適度にあるので、ジャムにするのがおすすめです。プルーンはドライフルーツにも向いています。

スモモ・プルーンのコンテナ栽培

開花期は寒さから鉢を守る

基本的な育て方は地植えと同じです。コンテナは日当たりのよい場所に置くようにしましょう。2品種を育てる場合は、コンテナは分けること。

開花時期は4月頃ですが、低温にさらされると実のつき方が悪くなります。夜、気温が下がる日には屋内にコンテナを入れておくと安心です。

Point

◆ 鉢のサイズ
7〜10号鉢に植えつける。

◆ 使用する土
赤玉土と腐葉土を1：1の割合で混ぜた用土に植えつける。肥料は12〜1月に有機質配合肥料（P239）を、8月に化成肥料（P239）を与える。

◆ 水やり
土の表面が乾いたら与える。乾燥気味に育てるとよい。夏は朝夕1日2回、春秋は1日1回、冬は月に4〜5回程度与える。

苗木の植えつけと剪定

ソルダムの2年生苗。　剪定後。

主幹は芽の方向を見てちょうどよい位置で切る。

一番上の主枝は2本出ているので1本に。

車枝は1本に整理する。

残す主枝の先端は切り戻しておく。

シャキシャキした食感が楽しめる日本ナシ、
香り豊かな西洋ナシなど種類が豊富。

ナシ・西洋ナシ

バラ科

難易度 ▶ ふつう

栽培のポイント
2品種以上を一緒に栽培すること。摘果や袋がけなどの管理が欠かせない。

DATA
- 英語表記　Pear
- タイプ　落葉高木　●樹高　2.5～3m
- 自生地　日本中部以南、朝鮮半島、中国中部(日本ナシ)
　　　　　ヨーロッパ中部、地中海沿岸(西洋ナシ)
　　　　　中国北東部(中国ナシ)
- 日照条件　日向　●収穫時期　8～10月
- 栽培適地　東北地方南部以南(日本ナシ)、
　　　　　　東北地方以北(西洋ナシ・中国ナシ)
- 結実までの目安　地植え：3～4年(日本ナシ・中国ナシ)、
　　　　　　　　　5～7年(西洋ナシ)／コンテナ植え：3年
- コンテナ栽培　可能(7号鉢以上)

栽培カレンダー

■おすすめの品種

	品種	特徴
日本ナシ	幸水(こうすい)	赤ナシ。中果。代表的な早生品種。甘味がありジューシーで人気が高い。
	長十郎(ちょうじゅうろう)	赤ナシ。中果。中生種。栽培が容易。花粉が多く、受粉樹に向いている。
	豊水(ほうすい)	赤ナシ。中生種。ほどよく酸味があり実が柔らかい。実はやや大きい。
	新高(にいたか)	赤ナシ。晩生種。花粉が少ないので、受粉樹には向いていない。
	新興(しんこう)	赤ナシ。晩生種。花粉が多く、受粉樹に向く。果肉は柔らかく水分が豊富。
	二十世紀(にじゅっせいき)	青ナシ。中生種。黒斑病に弱いため、袋かけが必要。果実の色が美しい。
	ゴールド二十世紀(にじゅっせいき)	青ナシ。中生種。二十世紀を改良した品種で、黒斑病にやや強い。
西洋ナシ	バートレット	早生種。果汁が豊富で、生食のほか加工して食べるのにも向いている。
	ラ・フランス	晩生種。熟成させるとおいしくなる。とろけるような甘さで、ほかの西洋ナシに比べて酸味が少ない。
	ル・レクチェ	晩生種。豊産性で、よく実がなるが収穫前の風で落果することが多いので、防風対策が必要。

ナシ・西洋ナシの特徴

古くから栽培されてきた、おなじみの果樹

　ナシは『日本書記』にも登場しているほど、古くから日本で栽培されてきた歴史ある果樹。種類は大きく分けると、アジア系の日本ナシと中国ナシ、それに西洋ナシがあります。日本ナシはシャキシャキした食感が特徴です。西洋ナシは独特の香りと舌ざわりがあり、追熟が必要。

　日本ナシは高温多湿でも栽培しやすく、基本的に青ナシより赤ナシのほうが栽培は簡単です。

品種の選び方

品種の組み合わせによっては、実がつかないことも

　ナシは2品種以上を一緒に植えないと受粉しないため、かならず2品種以上が必要です。相性が悪い品種の組み合わせだと、受粉せずに実をつけないことがあります。

◆相性がよい組み合わせの例
- 豊水×幸水×長十郎から2品種
- ラ・フランス×バートレット(ラ・フランスは日本ナシとの交配も可能)

1 植えつけ → 12月（温暖地） / 3月（寒冷地）

日がよく当たる場所であれば、土壌はとくに選ばない。基本の植えつけ（P204）を参考に植える。

豊水の2年生。主幹を主枝のすぐ上で切りつめ、2本の主枝は先端を切り返す。そのとき、伸ばしたい方向の外芽のすぐ上で切ること。支柱を立てて誘引しておく。

施肥の方法

元肥 12～1月に有機質配合肥料（P239）を1kgを目安に与える。3月に化成肥料（P239）を400gを目安に与えるとよい。

追肥 翌年生育する養分を蓄える目的で、9月頃に化成肥料100gを目安に与える。

果実のつき方

前年に伸びた2年目の枝と、3年目の枝に結実する。30cm以内の枝はそのまま、50cm以上の枝は先端1/3を切り戻すと花芽がよくつく。

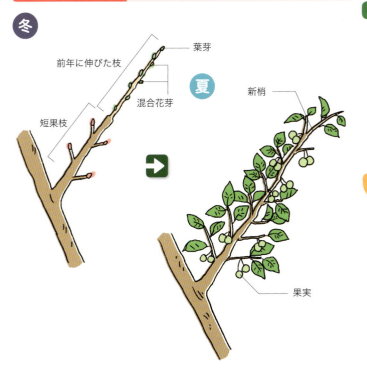

2 剪定 → 12～2月

剪定は落葉している冬に行なう。果実が多くつく短果枝を多く出させるように、残す枝の先端を切り返す。

樹形づくり 立ち木仕立て、トレリス仕立て、棚仕立て（P214～216）などがある。

トレリス仕立て

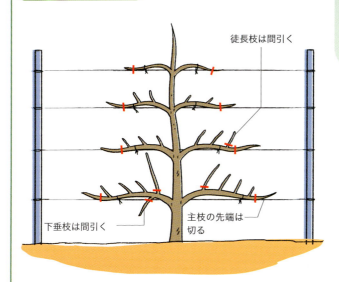

左右に支柱を立て、20cm間隔でワイヤーを張り、主枝を誘引していく。

棚仕立て

棚に主枝2本を左右に広げるように誘引し、亜主枝と側枝を伸ばして誘引する。

3 開花・受粉 → 4月

1本では結実しないので、2品種以上必要。相性がよい品種を選んで受粉させよう。

▲幸水の花。

Point 人工受粉は花粉の葯が開いてから

雄しべの葯が開いたのを確認したら、別品種の雌しべに人工受粉する。

開いた葯
開いてない葯

ハケで花粉を雌しべにつける。

花ごとつんで雌しべにつけてもよい。

病害虫対策

病気 赤星病、黒星病、凛門病など。感染した部分は取り除く。風通しをよくして予防。

害虫 アブラムシ、シンクイムシ類（メイガの幼虫）、スズメガなど。ガの被害は果実を袋かけすることで予防。

ここが知りたい！ ナシ Q&A

Q 実が熟す前に落ちてしまいます。

A 赤星病や黒星病の可能性がある

花が咲き、受粉して実がついたのに、熟す前に落ちてしまう。そんなときは、赤星病や黒星病などの病気にかかっているおそれがあります。ナシは赤星病、黒星病にかかりやすいので、予防をしっかりしましょう。3月上旬に殺菌剤を1週間おきに2回散布すると、予防になります。

4 摘果 → 5～6月

甘く大きなナシに育てるには、摘果が欠かせない。5月上旬と6月下旬の2回に分けて行なうとよい。

▲1回目の摘果では同じところについている実をひとつにする。成長が遅いもの、形がいびつなものが摘果の対象。

◀右の小さい実を摘果する。

◀2回目の摘果では、枝20cmに1果になるように摘果する。

5 袋かけ → 6月

2回目の摘果が終わったら袋をかけると病害や鳥害を予防できる。

❶2回目の摘果が終わった6月頃に袋をかける。

❷袋をかぶせる。

❸専用のものは針金がついているので根元をよじってとめる。

❹果梗のもとにとめるが、枝にとめてもよい。

6 収穫 → 8～10月

赤ナシは茶色に、青ナシは黄色く熟したら収穫どき。

袋は実が成長すると自然に破れる。

西洋ナシは実が黄緑色になったら収穫し、1～2週間追熟させる。写真はル・レクチェ。

ナシの利用法

コンポートやジャム、ケーキなどのスイーツの材料にと幅広く活用できる。また、肉料理との相性もよいので、西洋ナシを生ハムで巻いて食べたり、すりおろしてソースにして肉料理にかけて食べるのもおすすめ。

ナシのコンテナ栽培

基本的な育て方は地植えと同じで、2品種をコンテナを分けて栽培します。コンテナ栽培の場合は花の数が少ないので、人工受粉をしたほうが実つきがよくなります。別品種の大きく育った花を選び、花粉の出ている花を雌しべの先につけるようにしましょう。

Point

◆ **鉢のサイズ**
7～8号鉢に植えつける。30cmくらいの部分で切り返す。

◆ **使用する土**
赤玉土と腐葉土を6：4で混ぜ、苦土石灰を少し加えた用土に植えつける。12～1月と8月に有機質配合肥料(P239)を与える。

◆ **水やり**
果実が育つ6～7月には、1日2回を目安に水をたっぷり与える。収穫時期が近づいたら、土が乾いたら与える程度に水は少なめにする。そうすると果実が甘くなる。

2品種を栽培し、人工受粉もする

苗木の植えつけと剪定

幸水の3年生。主幹を主枝のすぐ上で切る。

主枝は先端を切り戻しておく。

庭先に植えられることが多い果樹。
美しい紅色の実は観賞用としても人気。

ナツメ

クロウメモドキ科　難易度　やさしい

栽培のポイント

高木になりやすいので樹高を低く維持し、新梢1枝に3〜4果になるよう摘果する。

DATA

- 英語表記　Jujube
- タイプ　落葉高木
- 樹高　3〜3.5m
- 自生地　ヨーロッパ南東部、アジア東部〜南部
- 日照条件　日向
- 収穫時期　9〜10月
- 栽培適地　全国で栽培可能
- 結実までの目安　地植え：3〜4年　コンテナ植え：3年
- コンテナ栽培　可能（7号鉢以上）

栽培カレンダー

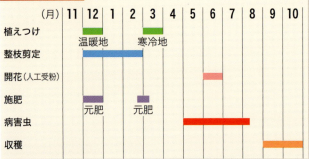

■おすすめの品種

ジャンボナツメ	中国産。日本ナツメの約5倍の大きさで、1果10〜25gで直径約5cmの濃褐色の実をつける。ナシとリンゴをあわせたような味。別名はオオナツメ。
日本ナツメ	日本で栽培されてきた品種。中国ナツメより実が小さいが、日本の気候によく合う。
インドナツメ	大果でスモモほどの大きさになる。熟すとリンゴのような味わい。

ナツメの花は小花で、葉の根元につく。

ナツメの特徴

栄養豊富な果実は健康食品としても人気

ナツメは中国やヨーロッパで古くから栽培されていた果樹で、日本には万葉時代に中国から渡来しました。中国では「毎日3つナツメを食べると年をとらない」といわれていて、軽く湯通しして乾燥させたナツメは、「大棗（たいそう）」と呼ばれ、漢方薬の原料として使われています。

日本では生食されることが多く、家庭果樹としてよく庭先に植えられています。

品種の選び方

ナツメは1本だけで実がなる

ナツメにはいくつかの品種があり、家庭果樹用としては大果の品種のものが「ジャンボナツメ」などの名前で流通しています。日本で栽培されてきたものは「日本ナツメ」と称され、とくに品種名がついたものはありません。

ナツメは1本で実をつけるので、1品種だけを植えれば大丈夫です。食用にするなら、実が大きいタイプを選ぶとよいでしょう。

1 植えつけ → 12月・3月

日当たりがよく、水はけのよい場所を選んで植えつける。温暖地は12月、寒冷地では3月頃がよい。

乾燥を好むので水はけがよい土壌に、基本の植えつけ（P204）を参考に植える。植えつけ後、主幹を40cmくらいで切る。

40cm

施肥の方法

元肥 12月に有機質配合肥料（P239）を1kgを目安に与える。2月下旬に化成肥料（P239）を400gを目安に与えるとよい。生育が旺盛なため、普通の土壌であれば肥料はほとんど与えなくてもよい。むしろ、与えすぎに注意する。

2 剪定 → 12〜2月

主幹形や変則主幹形などの立ち木仕立てが基本。主枝を4〜5本にして高さ2mくらいに仕立てるとよく結実する。

樹形づくり

庭木には立ち木仕立てが一般的。高木にならないように剪定し、樹冠内によく日が当たるようにする。

主幹形

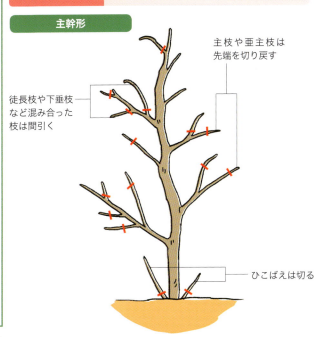

- 主枝や亜主枝は先端を切り戻す
- 徒長枝や下垂枝など混み合った枝は間引く
- ひこばえは切る

果実のつき方

春から伸びた新梢の基部の葉腋に花が3〜4花咲き、そのうちの1〜2果が結実する。

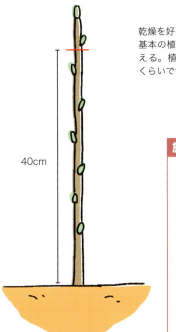

冬／夏
混合花芽／新梢／果実／葉芽／副梢

混合花芽

丸っこくごつごつしているのが混合花芽で、ここから新梢が伸びる。

トゲがある品種は、管理作業のとき注意する。

before

冬の剪定

前の年に伸びた充実した枝の先端部から混合花芽が出る。徒長枝や下垂枝を整理し、全体によく日が当たるようにしてやる。

❶長く伸びた枝は管理しやすい高さに先端を決める。

❷外に伸びる新梢の上で切る。

❸切ったところ。残す新梢は先端を切り戻しておくとよい。

❹上から2番目の亜主枝は先端1/4を切り戻す。

❺切ったところ。

❻ほかの残す枝も先端を切り戻す。

❼切ったところ。

❽下垂枝は元から切り、樹冠の日当たりをよくする。

❾切ったところ。

❿細い枝や車枝は整理する。

⓫細い枝を整理したところ。

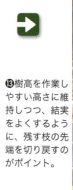

⓬半端な長さの枝があれば切っておく。

⓭樹高を作業しやすい高さに維持しつつ、結実をよくするように、残す枝の先端を切り戻すのがポイント。

after

ここが知りたい！ Q&A
ナツメ

Q 去年はよく実がついたのに、今年は実つきがよくありません。

A 実のならせすぎに注意

ナツメは実をつけすぎてしまうと、翌年に実がつきにくくなる「隔年結果」をすることがあります。実がつきすぎないように、摘果することで隔年結果を予防しましょう。

病害虫対策

病気 とくになし。

害虫 ナツメコガの幼虫。5月下旬〜8月上旬に発生する。5月下旬〜6月はじめにつきはじめるので、見つけたら取り除くか、薬剤で防除する。

3 開花・受粉 ➡ 6月

ナツメは自家結実性があるので1本で実がなる。人工受粉は必要ないが、人工受粉をすると結果率が上がる。

▲ナツメのつぼみ。新梢の葉の葉腋につく。

◀ナツメの花。開花時に雨天だったり、ベランダ栽培では、花をハケでなでるように人工受粉するのがおすすめ。

4 摘果 ➡ 7月下旬

実をならせすぎると翌年、実つきが悪くなるため、適正な数に摘果しよう。

▲7月下旬頃、新梢1本あたり3〜4粒、粒のそろった果実を残す程度に摘果する。

▶庭植えではよく結実するので摘果するとよい。

5 収穫 ➡ 9〜10月

果実は直径1.5〜2.5cmほどで、ビタミンCが豊富。赤く熟したら収穫どき。

果実が緑から暗赤色になったら収穫する。

果実は結実している枝の基部から先端方向にしごくようにもぐとよい。

ナツメの利用法

生食するほか、コンポート、はちみつ漬け、果実酒などに利用できる。ドライフルーツにする場合は、さっとゆでてから天日干しする。

ナツメのコンテナ栽培

基本的な育て方は地植えと同じです。1本で実をつけるので1品種だけ栽培すればよく、暑さや寒さにも強いので、初心者でも育てやすいでしょう。なお開花期が梅雨時と重なるので、実がよくなるように雨が当たらない場所に移動させるようにしましょう。

6月頃、小枝がたくさん発生するので、余分な枝は初夏に間引きます。水はけが悪いと根腐れを起こすので、1〜2年に一度はひと回り大きな鉢に植え替えてください。

苗木の植えつけ

主枝は40cmくらいで切り戻す。枯れた枝は切っておく。

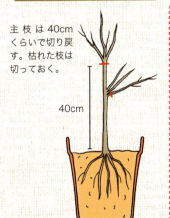

40cm

Point

◆ 鉢のサイズ
7〜8号鉢に植え、最終的に10号鉢にするとよい。

◆ 使用する土
赤玉土と腐葉土を1:1で混ぜた用土に植えつける。12月または3月に有機質配合肥料(P239)を与える。

◆ 水やり
水はけが悪い土を嫌うので、与えすぎに注意。表面が乾いたらたっぷり与える。

長楕円形の葉が茂る樹は庭木にも最適。
生育が旺盛で、どんどん大きくなる。

ビワ

バラ科

難易度　ふつう

栽培の
ポイント

冬に花が咲くので、
剪定の時期に注意。
実をつけすぎないように
摘蕾・摘果を。

DATA

- 英語表記　Loquat, Japanese medlar
- 樹高　2.5〜3m
- 日照条件　日向
- 栽培適地　房総半島以西の太平洋岸の暖かい地域
- 結実までの目安　地植え：4〜5年　コンテナ植え：3〜4年
- コンテナ栽培　可能（7号鉢以上）
- タイプ　常緑高木
- 自生地　日本、中国
- 収穫時期　6月

■おすすめの品種

品種	特徴
長崎早生（ながさきわせ）	早生種。中果。樹勢が強く、木が大きくなりがち。収穫期は5月下旬。暖地栽培向き。
茂木（もぎ）	早生種。中果。甘みが多く、酸味は少ない。果皮がむきやすい。収穫期は5月下旬〜6月上旬。暖地栽培向き。
田中（たなか）	晩生種。やや大果。酸味が多い。収穫期は6月中旬〜下旬。耐寒性が比較的強いので、中部から東日本での栽培向き。
湯川（ゆかわ）	中生種。やや大果。コンパクトに仕立てやすい。収穫期は6月上旬〜中旬。長崎早生や茂木よりやや寒い地域での栽培向き。
房光（ふさみつ）	中生種。やや大果。コンパクトに仕立てやすい。収穫期は6月上旬。比較的寒い地域でも育てやすい。

栽培カレンダー

(月)	11	12	1	2	3	4	5	6	7	8	9	10
植えつけ					■	■						
整枝剪定										■		
開花（人工受粉）	■	■	■	■								
施肥		元肥			元肥				礼肥			
病害虫				■	■	■	■	■	■	■	■	■
収穫								■				

ビワの特徴

江戸時代に中国から来た、庭木としても育てやすい果樹

　ビワは中国原産の果樹で、江戸時代に日本に渡来。現在は、九州から東北南部まで広く栽培されています。常緑樹で花が11〜12月頃咲きますが、つぼみや花、幼果は低温に弱いため、寒冷地での栽培には向きません。

　新葉が育つ春からは、楕円形の葉が育ち、美しい樹姿で目を楽しませてくれます。放っておくとどんどん木が高くなり、収穫しにくくなるので剪定をしっかりしましょう。

品種の選び方

栽培する場所に応じて品種を選ぶ

　ビワは1本で実をつけるので、1品種だけを育てても果実を収穫できます。暖地ではどの品種も育てやすいですが、冬季に気温が低くなる寒冷地では中生種や晩生種の「田中」などが向いています。育てる場所、気候に応じて、品種を選ぶようにしましょう。

　コンテナ植えにして気温が低いときは室内にとりこむのであれば、寒冷地でも早生種を育てることが可能です。

ビワの開花は冬。白い花を房状につける。

1 植えつけ → 3〜4月

一般に3〜4月が適期だが、常緑なので6月と9〜10月も植えつけOK。冬期もよく日が当たる場所を選ぶとよい。

施肥の方法

元肥 12〜1月に有機質配合肥料（P239）を1kgを目安に与える。3月に化成肥料（P239）を500gを目安に与えるとよい。

礼肥 実がつくようになったら、収穫後の7月下旬〜8月頃、化成肥料を40gを目安に与えるとよい。

❶長崎早生の1年生。基本の植えつけ（P204）を参考に植える。

❷ポットから苗を静かに抜く。

❸白い根が回っている。新芽が動く時期なので、根を崩さず、そのまま植える。

❹接ぎ木部分が出るように浅植えに。

❺水はけがよく弱酸性の土壌を好む。

PART 1　ビワ

2 剪定 ➡ 8月下旬～9月

剪定はつぼみが見える9月頃に行なう。混み合う枝を整理して樹形を整え、花芽を整理するとよい。

▶ロープなどで枝を引っ張って誘引する。

樹形づくり
放置すると高木になり管理しにくいため、4～5年かけて半円形に仕立てる。

半円形仕立て

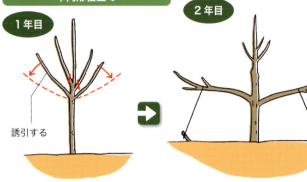

1年目　誘引する
枝は車枝状に出るので計3本を残して間引く。

2年目
中心枝はそのまま、主枝2本を左右に開くように誘引する。他の枝は切る。

3～4年目
中心枝が2m以上になったら切り返す。左右の主枝からの徒長枝は間引く。

果実のつき方
ビワは主に中心枝の先に花芽がつく。脇から伸びた副枝につくケースもある。

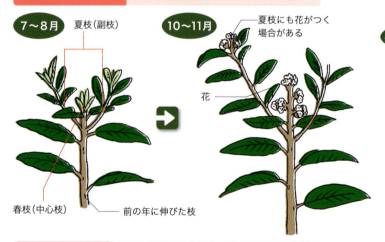

7～8月　夏枝(副枝)／春枝(中心枝)／前の年に伸びた枝

10～11月　夏枝にも花がつく場合がある／花

4～5年目以降
数年ほど実をつけた側枝は、その後、充実させたい枝まで切り返す。左右に誘引している主枝は、数年ごとに更新するため、主幹近くの主枝は次の予備として伸ばしておくとよい。

花芽の整枝
9月になる花芽と葉芽が出ているので、花芽と葉芽1本ずつを残して整枝する。

❶花芽1本、葉芽2本あるので、葉芽を1本にする。
ここを切る

❷葉芽は成長がよいものを残して切る。

❸切ったところ。

3 摘房 ➡ 10月

新梢の先端に多くの花房がつき、1つに100くらいの花がつく。花房が多い場合は摘房する。

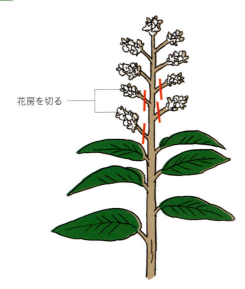

花房を切る

花房は先端を残して1/2から1/3にする。

4 摘蕾 ➡ 10月下旬

摘房後、さらにつぼみを摘蕾する。つぼみの数を制限することで大きな実を育てる。

大果系（田中など）　　中果系（茂木など）

下の2段を残して、それぞれの先端を摘蕾する。

中央部の3〜4段を残して、それぞれの先端を摘蕾する。

5 開花・受粉 ➡ 11〜2月

10〜翌2月にかけて、つぼみは次々に開花。受粉したあと春から果実が大きくなりはじめる。

ビワのつぼみ。

ビワの花。

ここが知りたい！ ビワ Q&A

Q 隔年で、果実の収穫量が増えたり減ったりしています。

A 摘房・摘蕾・摘果で果実の数を管理

ビワは、実を多くつけた翌年は実がつきにくくなる「隔年結果」をしやすい果樹です。11〜2月には新梢の先端に多くの果房がつきますが、半分くらいにし、残した果房も先端の蕾を切り落としましょう。また実がついてきたら、摘果して実の数を制限します。

病害虫対策

病気 がんしゅ病は、芽や枝葉、果実などに発生。幹にこぶができ、実には黒い斑点が出る。苗木に感染していることが多いので、入手時に要チェック。

害虫 ミドリオオアブラムシ、ゾウムシ類など。アブラムシは見つけたら捕殺。ゾウムシは袋をかけて予防。

▲ゾウムシの被害果。

▲病害の被害果。

PART 1 ビワ

6 摘果 → 3月・5月

寒さの被害がなくなる春を待って摘果。最終的に1つの軸に1個ずつにする。

1回目の摘果　3月下旬

ひとつの軸に3～4個になるように摘果、病害虫の被害果や小さいもの、形が悪いものは摘果の対象。

2回目の摘果　5月上旬

ひとつの軸に1個になるように摘果。形がよく大きいものを残す。

7 収穫 → 6月

オレンジ色に柔かく熟したものから順次、収穫する。樹上につけておくと味が落ちるので早めに収穫を。

引っぱったりせず、ハサミで切って収穫。

Point 袋かけで病害を予防

摘果が終わった3～4月頃、袋かけをすると害虫の被害や葉キズを予防できる。

▶大果系は1個ずつ、それ以外は房ごとに袋をかけるとよい。

ビワの利用法

生食するほか、ジャムやコンポートなどに。果実酒にも向く。ビワの種ははちみつ漬けとして人気がある。

ビワのコンテナ栽培

日当たりのよい場所で、強風に注意して栽培

基本的な育て方は地植えと同じです。1本で実をつけるので1品種だけ栽培すればよく、肥料をあまりあげなくても育ちがよいので手入れはラク。日当たりのよい場所にコンテナを置き、寒い時期には軒下や室内に移動しましょう。

強風に弱く、コンテナ栽培では葉が風ですれると傷がつき、病気を引き起こすことも。常緑樹で落葉せず、葉も大きいので、風除けをするのがおすすめです。マンションの高層階などで栽培する場合は、とくに注意が必要。

Point

◆ **鉢のサイズ**
6〜7号鉢に植えつける。実がつくようになったら、1年おきに鉢上げをする。

◆ **使用する土**
赤玉土と腐葉土を1:1で混ぜた用土に植えつける。12〜1月と6月下旬に有機質配合肥料(P239)を与える。

◆ **水やり**
土が乾いたらたっぷり与えるようにする。夏は1日2回、それ以外の季節は1日1回を目安に与える。

苗木の植えつけ

長崎早生。実がついているのでこのまま植える。

長崎早生。開花しているため、切らずに植える。

開心自然形

枝が上に立つと花芽がつきにくいため、下の枝は誘引して水平方向に伸ばすとよい。

下の2本の主枝を開くように誘引する。

コンテナにヒモを巻き、枝を誘引する。主幹は支柱を立てて誘引する。

美しい花が咲き、甘く濃厚な果実が美味。
ガーデニングにも人気のエキゾチックな常緑果樹。

フェイジョア

フトモモ科

難易度 ふつう

1本で実をつけない品種が多いので2品種を一緒に植えるようにする。

DATA
- 英語表記　Feijoa, Pineapple guava
- タイプ　常緑低木　●樹高　2.5〜3m
- 自生地　南米ウルグアイ、パラグアイ、ブラジル南部
- 日照条件　日向　●収穫時期　10月中旬〜12月上旬
- 栽培適地　関東地方南部以西の太平洋岸の地域
- 結実までの目安　地植え：4〜5年　コンテナ植え：3〜4年
- コンテナ栽培　容易（7号鉢以上）

おすすめの品種

品種	特徴
ジェミニ	早生種。中果。1本でも実をつけるが、受粉樹を一緒に植えるとさらに大きな実ができる。
ピポット・デンズチョイス	中生種。大果。甘くてジューシーで香りもよい。自家結実性が高いので1本でも実をつける。
アポロ	中生種。やや大果。自家結実性が高く、1本でも実をつける。香り高く、果肉も美しく、風味豊か。
マンモス	中生種。大果。受粉樹が必要。果汁が豊富でおいしいが、保存性は低い。
トライアンフ	晩生種。中果。受粉樹が必要。香りがよく大きな実をつける。貯蔵性が高い。
クーリッジ	晩生種。中果。自家結実性があり、1本でも実をつける。花粉が多いので、受粉樹にも向いている。

白い花弁に真紅の雌しべと雄しべのコントラストが美しい。

栽培カレンダー

（月）	11	12	1	2	3	4	5	6	7	8	9	10
植えつけ					■							
整枝剪定					春季剪定							
開花(人工受粉)								■	■			
施肥		元肥			元肥							
病害虫							■	■	■	■		
収穫	■											■

フェイジョアの特徴

甘く濃厚でまったりした味の果実が個性的

南米原産で主産地はニュージーランドですが、寒さに比較的強く、国内での栽培にも向いています。カンキツが栽培できる地域なら大丈夫。グアバと同じフトモモ科の果樹で、果実は市場に出回ることが少ないため、家庭果樹に向いています。樹上で完熟させた果実の味わいは格別。

西洋ナシとモモを合わせたような風味豊かな果実で、エキゾチックで美しい花も楽しめます。また、常緑樹で葉裏が銀色のため、ガーデニングにも人気の果樹です。

品種の選び方

花粉量の多い品種を受粉樹として選ぶとよい

1本では実をつけない品種が多いので、基本的には2品種を一緒に植えるようにしましょう。受粉樹には「クーリッジ」などの花粉の多い品種がおすすめです。
「アポロ」や「ピポット・デンズチョイス」などは1本でも実をつけます。ただし、よい実を多くつけるには、受粉樹があったほうがよいでしょう。

PART 1 フェイジョア

1 植えつけ → 3〜4月上旬

適応性が広いのでとくに土壌は選ばない。
暖地では10月上旬から11月上旬でも植えつけられる。

施肥の方法

元肥　12〜1月に有機質配合肥料（P239）を1kgを目安に与える。3月に化成肥料（P239）を400gを目安に与える。

❶マンモスの苗木。日当たりがよい場所を選び、基本の植えつけ（P204）を参考に植える。
❷苗木のポットをはずす。
❸根はP204を参考に底と周囲を崩す。
❹浅植えにして、水をたっぷり与える。
❺主幹を剪定する。先端から1/3くらいのところで切る。

2 剪定 → 3〜4月（春季剪定）

放任すると高木になるが、開張性で分枝が多いので2.5〜3mの樹高を維持するように剪定するとよい。

樹形づくり　変則主幹形などの立ち木仕立てや垣根仕立て、株仕立てなど（P215）にできるが、主枝を広げるように誘引する半円形仕立てを紹介する。

Point　先端の切りすぎに注意
フェイジョアは枝の先端近くに花芽をつけるので、春に枝を切りすぎると花芽がなくなってしまう。剪定では、混み合う部分や不要枝の間引きを中心に、花芽がついた枝は切り戻しは控えめに。

半円形仕立て

1年目

主幹50cm以下の主枝は切る
50cm

2〜3年目

混み合った枝を間引く
主枝2本を左右に広げるように誘引する
亜主枝は交互になるように間引く

| 春の剪定 | 3～4月頃、混んでいる部分を間引くように剪定する。長すぎる枝は切り戻して翌年以降に花芽をつけさせるとよい。 |

| 果実のつき方 | 前の年に伸びた枝の先端付近から2～3本の新梢が出て、その基部の葉腋には花芽がつく。 |

❶長い枝は整理する。

❷上向きの枝のところで切る。

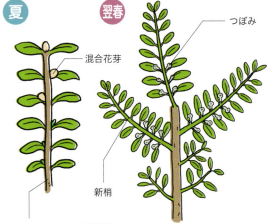

❸1本すっと伸びている長い枝は、このままだと車枝になりやすい。

❹先端を切り戻しておく。

❺先端が車枝になっているので、整理する。

❻上向きの枝のところで切る。

❼切ったところ。

病害虫対策

病気 とくになし。

害虫 コウモリガは、6～7月に発生し、幼虫が樹の内部を食害。株元の雑草を除去し、見つけたら捕殺するか殺虫剤を注入。葉につくハマキガや枝につくカイガラムシ類は、見つけたら捕殺する。

3 開花・受粉 → 6～7月

基本的に2品種植えないと結実しにくい。自家結実性がある品種でも人工受粉をするとよい。

▲フェイジョアのつぼみ。

▶開花は6月から7月頃。花はエディブルフラワーとしても使うことができる。

ここが知りたい！フェイジョア Q&A

Q 1本だけで実がなる品種のはずなのに、実がなりません。

A 人工受粉をしよう

自家結実性がある品種の場合でも、他の品種を一緒に育てたほうが大きくておいしい実をつけることができます。またフェイジョアの開花時期は6～7月でちょうど梅雨時に重なるため、花粉が雨で流されて受粉しにくいことも。

1本で実がなる品種でも、人工受粉をしたほうが実つきがよくなります。

▶咲いて間もない若い花の雌しべの先端に、花粉がよく出ている花をつみとり、直接つける。

4 摘蕾・摘花・摘果 → 5月・8月

着果が多くなってきたら、摘蕾や摘花または摘果をする。先端の果実は小さいので摘果対象。

▲▶実が少ないうちは摘蕾・摘花・摘果はしなくてOK。実がたくさんつくようになったら、新梢の基部についたつぼみや花を2つ残し、それより先端部のものを摘蕾また摘花。実がついてから摘果してもよい。その場合は大きい実を残す。

フェイジョアの利用法

生食するほか、ジャムやゼリーなどに適している。ペクチンが豊富に含まれているので、味わい豊かなジャムやゼリーになる。また、花弁が肉厚で甘いので、エディブルフラワーとして花を食用にすることもできる。

5 収穫 → 10月中旬〜12月上旬

熟しても果皮は緑色なので収穫期を見極めにくい。開花後5〜6か月が目安。

▲自然落果したものや、手で持つとポロッととれるものを収穫。

▶収穫後、12〜15度で1週間ほど追熟させると甘みが増す。

PART 1 フェイジョア

フェイジョアのコンテナ栽培

寒さにあまり強くないので温度管理に注意

基本的な育て方は地植えと同じです。コンテナを2つ用意して、別品種を一緒に育てるようにしましょう。また寒さにあまり強くないので、0度を下回る日が続くようなときは、樹が弱りがちです。日当たりのよい場所にコンテナを移動し、夜は室内に入れるなどして、寒さから守りましょう。

Point

◆ 鉢のサイズ
7号鉢に植えつけ、1〜2年ごとに鉢上げする。

◆ 使用する土
赤玉土と腐葉土を1:1で混ぜた用土に植えつける。12〜1月に有機質配合肥料(P239)を与える。

◆ 水やり
過湿を嫌うので、表面が乾いたら与える。ただし夏の高温乾燥で幼果の発育が止まることがあるので、夏は1日2回を目安にたっぷり与える。

苗木の植えつけと剪定

切り返しはあまりしなくてよい。向こう側が見える程度に、混んでいる部分を間引く。

品種数がとても多く、全国で栽培できる。
1本で果実がなり、育てやすいおなじみの果樹。

ブドウ

ブドウ科　　　　　　　　難易度　ふつう

栽培のポイント　新梢の伸び方を注意深く見ながら、剪定や摘房、摘粒を行なう。

DATA

- 英語表記　Grape
- タイプ　落葉つる性
- 樹高　つる性なので仕立て方による
- 自生地　西アジア（欧州種）、北アメリカ（米国種）
- 日照条件　日向
- 収穫時期　8～10月上旬
- 栽培適地　全国で可能。とくに収穫期に雨が少なく、日照時間の長い地域が適している
- 結実までの目安　地植え：2～3年　コンテナ植え：1～2年
- コンテナ栽培　容易（5号鉢以上）

栽培カレンダー

(月)	11	12	1	2	3	4	5	6	7	8	9	10
植え付け		温暖地			寒冷地							
整枝剪定		冬季剪定				夏季剪定						
開花（人工受粉）												
施肥		元肥			元肥		追肥			礼肥		
病害虫												
収穫												

■おすすめの品種

品種	特徴
巨峰（きょほう）	大粒。果皮は紫黒色。甘みが強く、酸味が少なく美味。耐病性があり、栽培は比較的容易。欧米雑種。
ピオーネ	大粒。果皮は紫黒色。酸味や渋みが少なく、甘みが強く美味。栽培は比較的容易。欧米雑種。
デラウェア	小粒。果皮は濃い赤色。丈夫で栽培が容易。ジベレリン処理で種なしブドウにするとよい。欧米雑種。
キャンベルアーリー	中粒。果皮は紫黒色。独特の香りと適度な酸味がある。耐病性が強く、栽培しやすい。欧米雑種。
スチューベン	中粒。果皮は紫黒色。糖度が高く、酸味が少ないため甘い。貯蔵性に優れている。欧米雑種。
マスカットベリーA	中粒。果皮は紫黒色。果汁が多く、濃厚な味。栽培は容易だが、房の数が多くなりがちなので摘房が必要。欧米雑種。
ナイヤガラ	中粒。果皮は黄緑色。皮が薄くて剥きやすい。栽培は容易。独特の香りがあり、甘味が強い。米国種。
ネオマスカット	大粒。果皮は黄緑色。暖地向きの品種で、病気に強い。果皮は厚めで、酸味が少ない。欧州種。
甲斐路（かいじ）	大粒。果皮は明るい鮮紅色。果房に雨よけ、日よけが必要でやや栽培が難しい。欧州種。

ブドウの特徴

つる性なのでいろいろな仕立て方ができる

　小さな果実が房状になったブドウは、その愛らしい形と甘ずっぱいおいしさで根強い人気の果実のひとつです。粒の大きさ、果皮の色などバリエーションが豊富で、気候や土に適応力があるので、日本全国で栽培が可能。

　柔軟なつる性なので、仕立て方は自在です。庭で栽培するなら支柱やワイヤーを使った垣根仕立て、コンテナ栽培もコンパクトに仕立てられる垣根仕立てがおすすめです。

品種の選び方

欧州雑種と米国種が日本の気候には合う

　ブドウには欧州種、米国種、そしてこれらを交雑させた欧米雑種があります。日本の高温多湿な気候には、欧米雑種、米国種が適しています。巨峰、ピオーネ、デラウェアなどの品種は家庭栽培向きの代表種です。

　欧州種も家庭栽培はできますが、雨に弱いため、雨の少ない地域以外では雨よけをする必要があります。なお、ブドウは1本で実がつくので、1品種だけで栽培できます。

PART 1 ブドウ

1 植えつけ → 12〜1月（温暖地） 3月下旬〜4月（寒冷地）

基本の植えつけ（P204）を参考に、地域によって冬か初春に植えつけ、支柱を立てて誘引する。

施肥の方法
- 元肥　12〜1月に有機質配合肥料（P239）を1kgを目安に与える。3月に化成肥料（P239）を400gを目安に与えるとよい。
- 追肥　6月に化成肥料を40gを目安に与える。
- 礼肥　10月上旬に翌年の成長のための養分を蓄積するため、化成肥料を50gを目安に与える。

❶巨峰の3年生苗。

❷ポットから苗を出し、底の中央をハサミなどで削る。ここに新しい土を入れて成長を促すため。ブドウは根が細いので側面の土は削らなくてOK。

❸植え穴の中央に幹がくるように植える。

❹ブドウは乾燥を好むのでポット苗の上面が地面より5cmくらい出る浅植えに。土を踏み固める。

❺支柱を立てる。

❻主枝は地面から50cmほどで剪定する。

❼支柱に枝を誘引。きつくないようにゆったり結ぶ。

❽植えつけ完了。たっぷり水やりする。

2 剪定 → 12〜2月

垣根仕立てにすると管理しやすい。3年ほどかけて樹形をつくる。

樹形づくり　垣根仕立てのように平面に仕立てるほか、棚仕立て（P104）などがある。

垣根仕立て

1年目の冬
支柱とワイヤーを使って垣根を作り、主枝を誘引する。右に長い主枝を誘引し、他の枝は切る。

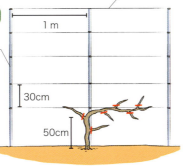

2年目の夏
左右に1本ずつ主枝を誘引し、主枝から伸びる亜主枝を上に向かうように誘引。

2年目の冬
真ん中に伸びた主枝2本を残して、他の枝を切る。残した主枝は誘引する。

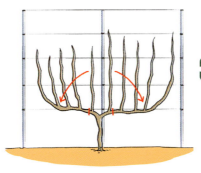

3年目の冬
2年目と同様に中央の主枝2本を残し、他の枝は切り、残した枝を誘引。4年目以降も同様に剪定。

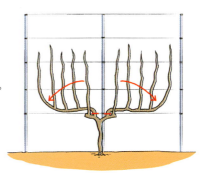

棚仕立て

1年目の夏

植えつけてすぐの春から伸びた新梢の中から、一番勢いがある主枝1本を選び、真上に誘引して伸ばす。棚から50cm下くらいから棚に誘引。ほかの主枝は、下にねじ曲げて10節で切り戻し、主幹がよく充実するようにする。

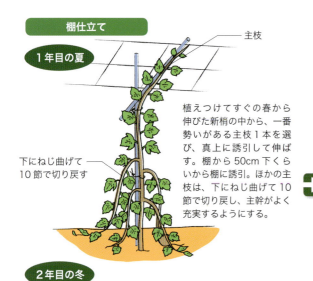

1年目の冬

棚に誘引した主枝以外の主枝や側枝はすべて切る。第一主枝は先端を1/5ほど切り戻す。

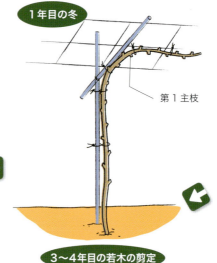

デラウェアの棚仕立て。

2年目の冬

第1主枝と反対方向に出た主枝を、第2主枝として伸ばして誘引。主枝の分岐部分から1m以内の枝は切る。第1・第2主枝から出た亜主枝は30～50cm間隔で間引き、左右交互に伸ばして誘引。

3～4年目の若木の剪定

亜主枝は主幹に近い部分は1m間隔で、先端に近いほうは50cm間隔で間引く。亜主枝から出る側枝が結果母枝となる。側枝は50cm間隔で間引き、6～10芽で先端を切り戻す。

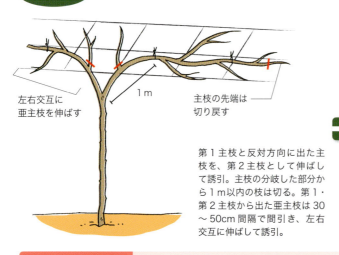

果実のつき方

前の年に伸びた枝から新梢が出て、花芽がつく。

冬 → 5月

新梢の基部から4～6節の葉腋に花が房状に咲く。先端を切り戻す。

病害虫対策

病気 黒とう病、うどんこ病、晩腐病、べと病など。落ち葉の処分、粗皮削り、袋かけ、巻きひげや果梗の除去、剪定枝の処分などで予防。

害虫 ブドウトラカミキリ、ブドウスカシバ、コガネムシなど。ブドウトラカミキリは幼虫が樹の中を食害する。粗皮削りで予防。

▲マメコガネの食害痕。

▶黒とう病のデラウェア。

冬の剪定

何年か実をつけたような古い枝や不要枝を間引き、残す枝は先端を切り戻しておく。

Point 節と節の中間を切る

ブドウは節や芽のすぐ近くで切ると枯れ込みやすい。剪定するときは、節や芽のすぐそばを切らず、中間を切るようにしよう。

❶亜主枝と側枝が交差しているので、側枝を切る。

❷切ったところ。切らずに誘引できる場合は切らなくてもよい。

Point 品種によって残す芽の数をかえる

枝の切り戻しをする際、品種によって残す芽の数をかえると実つきがよくなる。

デラウェア（写真）やマスカットベリーAなど小粒から中粒種は、4〜5芽ほど残すとよい。巨峰など大粒種では、樹勢が強く10芽残して切り戻そう。

❸新梢を切り戻す。写真はデラウェアなので5芽ほど残して切る。

❹切ったところ。大粒種は10芽ほど残して切り戻す。

❺剪定後、枝が交差しないように、棚に誘引する。

3 摘穂・房の整形 → 5月

ブドウの開花は5月頃。つぼみのときに花穂を整理すると房の形を整えることができる。

❶枝の基部から3節目以上についている花穂を1つ残しにする。基本は1枝に1房。15節以上ある場合は2房残してもよい。

❷根元から出ている花穂を切る。

ここが知りたい！ ブドウ Q&A

Q 果実が黒く変色してしまい、収穫できません。

A 晩腐病（おそぐされびょう）の可能性あり

梅雨の時期の中頃から終わりにかけて、果実が干からびて変色したり、落果するのは晩腐病にかかった可能性があります。発生部分は除去するようにしましょう。晩腐病の予防には、袋かけが効果的。また冬に粗皮削りをすることで、病害虫の発生が防げます。

▲落葉期に皮を削る粗皮削りで病害虫対策を。

▲軍手などでゴリゴリこすって皮を取る。

▲黒とう病や灰色カビ病や害虫予防に。

❸先端は栄養を持っていきやすいので切り、下の粒を充実させるとよい。

❹摘穂と整形が終わった房。

Point ジベレリン処理で種なしブドウに！

巨峰やピオーネ、デラウェアなどは、ジベレリン処理をすると種なしになり、粒も大きくなる。

開花の約10日前のつぼみのときに1回目、開花の10日後に2回目の処理を。ジベレリン薬を規定量の水で溶き、房ごと浸すようにする。

4 摘房・摘粒・袋かけ → 6月

摘穂をせずに開花後に房を整理する摘房をしてもOK。
さらに摘粒や袋かけで充実した果実を育てよう。

before / 摘房 / after / ここで切る

❶デラウェアの摘房。根元の不要な実を取り除く。
❷つると根元の2本を切ったところ。
❸先端を切る。
❹摘房が終わったところ。

摘粒

❶ナイアガラの摘粒。成長が遅い先端の実を取る。

❷根元の実も同様に摘粒。残す実にはできるだけ触れないこと。

袋かけ

❶スチューベンの袋かけ。実よりひと回り大きい袋を下からかける。

❷房のつけ根（果梗）の部分でねじってとめる。病害虫や風雨から実を守るのが目的。

5 収穫 → 8〜10月上旬

先端の実が熟していれば収穫適期。
ブドウは根元の実から熟していく。

▲根元の軸（果梗）をハサミで切って収穫（スチューベン）。

▲ピオーネは緑の実が濃い紫に変わっていく。

ブドウの利用法

生食するほか、ジャムやジュースなどに加工するのに適している。品種がもつ色や香りの違いを楽しもう。

小粒の代表種、デラウェア。

中粒で栽培しやすいキャンベルアーリー。

ブドウのコンテナ栽培
コンパクトに仕立てられる品種を選ぶ

1本で実がなるブドウは、コンテナ栽培でも実を収穫することが比較的、簡単です。コンテナ栽培には、デラウェアなどの小粒〜中粒の品種がよいでしょう。

つる性でどんどん伸びるため、左右に誘因する垣根仕立てがコンパクトに仕立てられておすすめです。おいしい果実を収穫するには、実のならせすぎは禁物。摘房や摘粒をして、コンテナ1鉢あたりで5〜6房を目安に実をならせるようにしましょう。

Point

◆ **鉢のサイズ**
最終的に8〜10号鉢の大きな鉢に植える。成長に応じて1〜2年ごとにひとまわり大きな鉢に植え替えする。

◆ **使用する土**
赤玉土と腐葉土を1:1で混ぜた用土に植えつけ。12〜1月、9月に有機質肥料(P239)を与える。5〜6月中旬に新梢の成長を促すために、即効性の液肥を追肥する。

◆ **水やり**
乾燥には強いが、夏は表面が乾いたらたっぷり与える。水の与えすぎで根腐れを起こすことがあるので要注意。

垣根仕立て

3年目の苗。植え替えをして、枝が左右に広がるように誘引する。

垣根仕立て。枝を誘引し、各主枝の先端は切り戻しておく。

苗木の剪定

❶ 巨峰の2年生苗。
❷ 主幹の先端を切り戻す。
❸ 主枝の先端を切り戻す。
❹ 植えつけ時の剪定が終わったところ。主枝が伸びてきたら垣根仕立てにして誘引する。

秋には葉が黄葉し、庭木としても魅力的！
クリーム色の実は独特の香りがある。

ポポー

バンレイシ科

難易度 ▶ ふつう

若木のうちは乾燥に弱いので、水切れしないようにしっかり水やりを。

DATA

- 英語表記　Papaw, Pawpaw
- タイプ　落葉高木
- 樹高　3〜4m
- 自生地　北アメリカ東部
- 日照条件　日向
- 収穫時期　9〜10月
- 栽培適地　温暖な地域が適しているが、北海道南部以南なら栽培可能
- 結実までの目安　地植え：4〜5年　コンテナ植え：3〜4年
- コンテナ栽培　可能（7号鉢以上）

■おすすめの品種

ウェールズ	豊産性で実がたくさんつき、果実も大きい。耐寒性が強いので、全国で栽培可能。1果300〜400g。
サンフラワー	実をたくさんつける早生種。果肉は黄金色をしている。1果200g前後。
NC1 (エヌシーワン)	カナダで作出された早生種。1果400g前後と大きな実をつける。濃厚な甘さ。寒さに強く、北海道でも栽培可能。
ウィルソン	甘味があり、大きな果実をつける早生種。栽培が比較的容易。
スイートアリス	豊産性で甘みの強い良品質種。比較的コンパクトな樹形で、小さなスペースでも育てやすい。1果約200g。
ミッチェル	バナナのような甘い香りでクリーミーな味わいの実をたくさんつける早生種。1果200〜300g。

栽培カレンダー

（月）	11	12	1	2	3	4	5	6	7	8	9	10
植えつけ		温暖地			寒冷地							
整枝剪定		████										
開花（人工受粉）						████						
施肥	██ 元肥			██ 元肥					██ 礼肥			
病害虫 とくになし												
収穫										████		

ポポーの特徴

クリーム状の果肉が美味な育てやすい果樹

　トロピカルフルーツのような独特な風味があり、果肉はバナナとマンゴーを足したような味です。新しい果樹のように思われがちですが、明治時代には日本に持ち込まれ、国内のいろいろな場所でポポーの木を見かけます。

　どちらかといえば温暖な地域での栽培が適していますが、耐寒性が強い品種もあるので全国で栽培できます。病害虫にも強いので、育てやすい果樹だといえるでしょう。

品種の選び方

2品種以上を植えると実つきが確実！

　ポポーは1本でも実をつけますが、2品種以上を一緒に植えたほうが実つきがよくなります。品種によって開花時期や収穫時期が違うので、開花時期が近い2品種を選ぶのが確実に受粉させるポイントです。

　また、品種ごとに耐寒性にも違いがあるので、育てる場所や環境に応じて適した品種を選ぶようにしましょう。寒さに強いウェールズなどは、家庭栽培向きです。

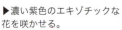
▶濃い紫色のエキゾチックな花を咲かせる。

1 植えつけ → 12月(温暖地) 3月(寒冷地)

基本の植えつけ(P204)を参考に12月に植える。寒冷地は3月がよい。

保水性がよい肥沃な場所を好む。細根が多くついた苗を選び、根を崩さないように植えつけ、たっぷり水を与え支柱を立てて誘引する。

施肥の方法

元肥 12〜1月に有機質配合肥料(P239)を1kgを目安に与える。3月に化成肥料(P239)を100gを目安に与える。
礼肥 9月上旬に化成肥料を50gを目安に与える。

2 剪定 → 12〜1月

直立性で放っておくと3〜5mと高木になりやすいので、主幹を切り、コンパクトに仕立てるとよい。

樹形づくり

変則主幹形のほか、数本の主枝を伸ばす株仕立て(P215)もおすすめ。

変則主幹形

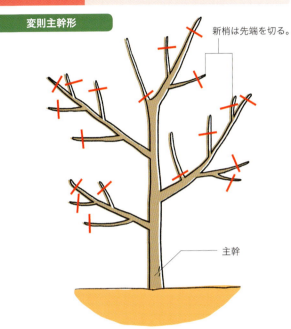

主幹を低く切りつめ、3〜4本主枝を伸ばしていく。主枝から出る新梢の先端は1〜2節ほど軽く切り返すとよい。

果実のつき方
前の年に伸びた新梢の基部から中間部に花芽がつく。

冬　　　夏

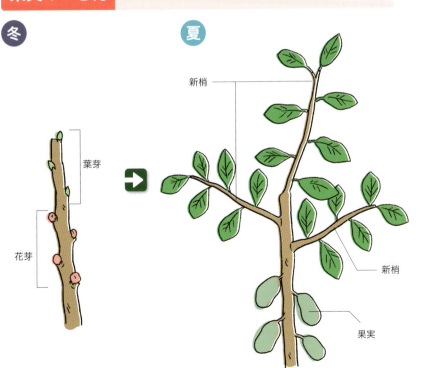

花芽・葉芽

ふっくらしているのが花芽。

PART 1 ポポー

before

冬の剪定

変則主幹形の剪定例。
車枝や平行枝など不要な枝の間引きを中心に行なう。

❶ポポーの6年生。背が高くなりすぎているので、管理しやすい高さに仕立てる。

❷てっぺんを決める。てっぺんを決めたら、そこから円錐形になるようにほかの枝を整理していく。

❸てっぺんに決めた枝より高い枝を切る。

❹切ったところ。

❺てっぺんにする枝の先端を切り戻す。

❻てっぺんより高い枝は整理する。

❼切ったところ。

❽車枝や混んでいる枝を整理する。

❾切ったところ。同様にして他の枝も整理していく。

after

❿徒長枝や細い枝を間引く。

⓫内向枝を間引く。

⓬残す枝は芽の位置を確認しながら、花芽より上で切り返す。

⓭剪定が終わったところ。高さがコンパクトになり、管理しやすくなった。

3 開花・人工受粉 ➡ 4～5月

雌しべより雄しべが早く成熟するため、2品種植えて人工受粉をするのが確実。

❶ポポーのつぼみ。　❷開花しはじめ。

人工受粉

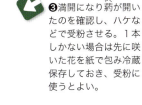

❸満開になり葯が開いたのを確認し、ハケなどで受粉させる。1本しかない場合は先に咲いた花を紙で包み冷蔵保存しておき、受粉に使うとよい。

❹着果しはじめたところ。

Point

果実が多い場合は摘果する

多くの実をつけた場合は、葉10枚につき1果、1枝につき1～2果を目安に摘果するとよいでしょう。

4 収穫 ➡ 9～10月

緑色が薄くなり、茶色い部分が出てきたくらいが収穫の目安。

▲実にネットをかけておくと鳥害や落果を予防できる。

▲熟すと自然に落果するので、その少し前に収穫する。

ポポーの利用法

生食するほか、ヨーグルトといっしょにミキサーにかけてスムージーにして飲んだり、ムースなどにするのがおすすめ。ポポー独特のなめらかな食感を楽しめます。

ポポーのコンテナ栽培

2品種を育てると、実つきが確実になる

1本で実をつけますが、2品種2鉢を育てるか、人工受粉をすると実が確実につきます。

直立性が強いので、伸びた枝を切り返し変則主幹形でコンパクトに仕立てましょう。鉢の高さの2.5倍～3倍くらいを目安に剪定します。

Point

◆**鉢のサイズ**
7～8号鉢に植えつける。成長とともに鉢上げをする。

◆**使用する土**
赤玉土と腐葉土を1:1で混ぜた用土に植えつける。12～1月、8月上旬に有機質配合肥料（P239）を与える。

◆**水やり**
冬は土が乾いたら日中に少量与える。夏は1日2回を目安に十分に与える。若木のうちは乾燥に弱いので、とくに水やりをしっかりする。

ここが知りたい！ ポポー Q&A

Q 何日か旅行に出ているうちに、枯れてしまいました。

A 水切れには要注意

ポポーは乾燥に弱いため、コンテナ栽培の場合は、水やりを欠かさないように気をつけましょう。8、9月は朝夕2回、たっぷり与えること。1週間以内の外出なら大きなプラケースなどに水を入れ、鉢を水につけておくとよいでしょう。また、根づまりを起こすと根が水を吸い上げなくなるので、6月頃、ひと回り大きな鉢に植え替えましょう。

愛らしい花に、甘くてみずみずしい果実
家庭栽培なら極上の完熟果を味わえる。

モモ・ネクタリン

バラ科

難易度 ▶ ふつう

水はけのよい土が好きなので、
過湿に注意し
日当たりのよい場所で育てる。

DATA

- 英語表記　Peach（モモ）、Nectarine（ネクタリン）
- タイプ　落葉高木
- 樹高　2.5～3m
- 自生地　中国南西部の高原地帯
- 日照条件　日向
- 収穫時期　6～8月
- 栽培適地　東北地方中部以南の地域で、雨が少なく風の弱い場所
- 結実までの目安　地植え：3年　コンテナ植え：3年
- コンテナ栽培　可能（7号鉢以上）

■おすすめの品種

	品種	特徴
モモ	白鳳（はくほう）	中果。早生種。実が柔らかく、酸味も少ないが、保存性は低い。栽培は比較的容易。
	武井白鳳（たけいはくほう）	中果。早生種。酸味が少なく甘くておいしい優良種。早生なので病害虫のリスクが少なく、初心者の栽培もおすすめ。
	あかつき	中果。中生種。果汁が多く糖度も高く、食味・品質とも良好。実をたくさんつける。日もちもよい。
	白桃（はくとう）	大果。晩生種。大きな実をつけ、食味もとてもよい。花粉がほとんどないので、受粉樹が必要。
	サンゴールド	大果。晩生種。糖度がとても高く食味もよい。耐病性もあるため育てやすい豊産種。果肉が黄色い。
	大久保	中果。中生種。栽培が容易。花粉が多く、受粉樹にも向く。
ネクタリン	ヒラツカ・レッド	小中果。中生種。酸味が少なく、食べやすい。花粉が多く1本でなるので、栽培が容易。黒星病に強い。
	ファンタジア	中果。晩生種。袋がけをしなくても裂果が少なく、果汁が多く甘みも強くて美味。
	秀峰（しゅうほう）	大果。晩生種。ネクタリンとモモを交配させてできた品種。甘さと酸味のバランスがよく、果汁が多い。
	フレーバートップ	中果。中生種。酸味が少なく、果肉が柔らかくて果汁が多い。袋かけなしでも裂果しにくい。

栽培カレンダー

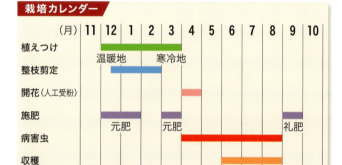

モモ・ネクタリンの特徴

花と実両方楽しめる、日本人に親しみ深い果樹

モモとネクタリンは同じモモの仲間で、果皮に毛があるのがモモ、ないのがネクタリンで、栽培方法は同じです。みずみずしい甘さの果実は、摘果や袋かけなどの手入れをすることで、より質が高まりおいしくなります。

夏の高温期に熟すため、市販の果実は傷まないように早どりされています。しかし家庭栽培すれば、完熟させてから収穫することができます。

品種の選び方

モモの中には花粉が少ない品種もあるので注意

モモは品種が多く、果肉が白い系統と黄色の系統に大別されます。1本でも実をつけますが、品種によっては花粉がほとんどないものもあります。こういった品種は、「あかつき」「大久保」などの花粉の多い品種を受粉樹にしましょう。

ネクタリンはほとんどの品種に花粉があります。晩生種は病害虫の被害が増えるので、中生種の「ファンタジア」などが育てやすくおすすめです。

1 植えつけ → 12〜3月

温暖地は12月、寒冷地は3月に植えるとよい。
水はけがよい場所を選ぼう。

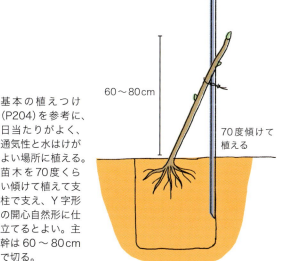

基本の植えつけ（P204）を参考に、日当たりがよく、通気性と水はけがよい場所に植える。苗木を70度くらい傾けて植えて支柱で支え、Y字形の開心自然形に仕立てるとよい。主幹は60〜80cmで切る。

60〜80cm
70度傾けて植える

白鳳の2年生苗。側枝を間引き、主幹を切り戻す。

ここが知りたい！ Q&A
モモ・ネクタリン

Q モモを2品種育てていますが、実がつきません。

A 白桃2本を植えている可能性が大

モモの仲間は1本で結実するものが多いですが、白桃の系統の品種は花粉が少なく、生殖能力が低いのが特徴。受粉樹を植える必要がありますが、同じ白桃の仲間どうしでは受粉樹になりません。白桃＋白桃以外のモモ（黄桃、ネクタリンなど）の組み合わせか、スモモを一緒に育てると実つきがよくなります。

施肥の方法

元肥 12〜1月に有機質配合肥料（P239）を1kgを目安に与える。3月に化成肥料（P239）を100gを目安に与えるとよい。

礼肥 9月頃に化成肥料を50gを目安に与える。早い時期に与えると栄養が枝の伸張に使われ花芽がつかなくなるので、花芽がついてから与える。

2 剪定 → 12月中旬〜2月

全体の日当たりがよくなるように不要枝を間引き、中果枝や長果枝が出るように剪定する。

樹形づくり
狭い場所でも管理しやすいY字形の開心自然形でコンパクトに育てよう。

Y字開心自然形

1年目の冬
側枝はすべて元から切り、主幹は60〜80cmで切り戻す。

2年目の冬
第1主枝　第2主枝　40cm
第1主枝と第2主枝を残し、ほかの主枝は切り、亜主枝は落とす。

3年目の冬
前の年の枝から出た亜主枝は残して先端を切り戻し、その年の新梢から出た亜主枝は間引く。

果実のつき方
前年の枝の先端から中間部分に花芽ができる。短果枝より中果枝や長果枝によい実がつく。

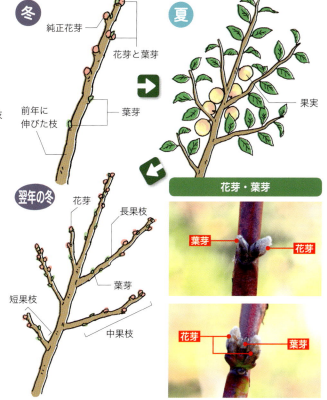

冬 純正花芽／花芽と葉芽／前年に伸びた枝／葉芽

夏 果実

翌年の冬 花芽／長果枝／葉芽／短果枝／中果枝

花芽・葉芽
葉芽　花芽
花芽　葉芽

モモ・ネクタリン

❶中央の高い主枝からスタート。

冬の剪定

3年生の若木の剪定の例。
3本の主枝を残す変則主幹形仕立てにする。

❷先端を決め、残したい部分で切る。

❸残す側枝は先端を切り戻す。

❹中央の高い枝の剪定が終わったところ。

❺右の主枝も先端を決めて切る。

❻切ったところ。

❼交差枝を整理する。

❽切ったところ。

❾左の主枝も同様に整理して、残す枝は先端を切る。

❿剪定が終わったところ。

3 開花・受粉 → 4月

モモの開花は4月頃。白桃などの花粉が少ない品種は人工受粉をして実つきをよくしよう。

ピンク色の花が咲く。写真は白鳳の花。

人工受粉

6〜7部咲きの頃、花粉が多い品種の花粉をハケにとってなでるように受粉させる。

4 摘果 → 5月

開花から4週間後と5月下旬の2回、下向きのよい実を残して摘果。近くに葉がある実を残す。

❶長果枝は2〜3果、中果枝は1〜2果、短果枝は3〜5本に1果を目安に摘果。葉25枚（早生種は葉30枚）に1果を目安にしてもよい。

❷ハサミで切るか、手でもいでもOK。小さい実や上向きの実を取る。

❸5果を2果に摘果したところ。

❹5月下旬に1果にする。

5 袋かけ ➡ 5月中旬～下旬

摘果が終わったら袋かけをして
病害虫や風雨による裂果を予防するとよい。

❶2回目の摘果後、袋かけを行なう。　❷モモは果柄が短いので枝にとめる。　❸袋かけをしたところ。

病害虫対策

病気 縮葉病は発生した部分を取り除く。黒星病は剪定で日当たりや風通しをよくして予防。灰星病は袋かけで予防。

害虫 アブラムシ、シンクイムシ、コスカシバ、モモノゴマダラメイガなど。見つけしだい捕殺する。

▲病気の被害果　　▲縮葉病の葉。

6 収穫 ➡ 6～8月

収穫前は袋をはずし、1週間ほど日に当てて色づかせるとよい。袋をかけたままでもOK。

果皮がピンクに色づき、甘い香りがしてきたら収穫どき。

モモ・ネクタリンの利用法

生食するほか、コンポートやジャムなどにするのに適している。またピューレにしたものを利用してムースやシャーベットを作るのもおすすめ。

モモ・ネクタリンのコンテナ栽培

モモ・ネクタリンは水はけがよい土を好み、土の中の酸素濃度に敏感です。通気が悪いと根腐れを起こしてしまうので、鉢底石を多めに入れて土の中の通気性を保ちましょう。

また、摘果をしっかりし、コンテナ栽培では1枝に1果、1鉢で3～5果をならせるのが目安です。春から夏にかけては強風に当たると枝や葉に傷がつき病気になりやすいので、風が強いときはコンテナの場所を移動しましょう。

Point

◆ **鉢のサイズ**
7号鉢以上に植えつける。根詰まりしやすいので、2年に一度は鉢上げをする。

◆ **使用する土**
赤玉土と腐葉土を1：1で混ぜた用土に植える。12～1月、8月に有機質配合肥料（P239）を与える。

◆ **水やり**
7～8月は1日に2回、たっぷり与える。それ以外の時期は土が乾いたら与える。春と秋は月に4～5回、冬は1～2回でよい。

水はけをよくして、土の中の通気性を確保

苗木の植えつけと剪定

▲あかつきの2年生。主枝4本はすべて残し、各主枝の先端を切り戻す。　▲植えつけ時の剪定が終わったところ。

❶右の主枝は右方向に伸びる外芽の上で切る。　❷左の2本も伸ばしたい方向の外芽の上で切る。

❸下の主枝も同様に先端を切り戻す。

あまり市販されていない果実を楽しめる！
シンボルツリーにも向く美しい果樹。

ヤマモモ

ヤマモモ科

難易度　やさしい

栽培のポイント

実生苗だと結実までに15〜20年かかるのでかならず接ぎ木苗を選ぶようにする。

DATA

- 英語表記　Red Bayberry, Japanese Bayberry, Chinese Bayberry
- タイプ　常緑高木
- 樹高　3〜4m
- 自生地　日本、中国南部
- 日照条件　日向
- 収穫時期　6月中旬〜7月中旬
- 栽培適地　関東南部以西の太平洋側の暖地
- 結実までの目安　地植え：4〜5年　コンテナ植え：4〜5年
- コンテナ栽培　可能（7号鉢以上）

■おすすめの品種

品種	特徴
瑞光（ずいこう）	大果。中晩生種。酸味が強い。毎年実をよくつける。果実酒の材料に向いている。
森口（もりぐち）	大果。中生種。酸味が少ない。毎年実をよくつける。早期結実性がある。
秀光（しゅうこう）	大果。中生種。生で食べておいしい。「森口」、「瑞光」よりひと回り大きい。早期結実性がある。
亀蔵（かめぞう）	中果。晩生種。酸味がなく、甘味が多くジューシー。毎年結実をよくする。日持ちがよい。早期結実性がある。
阿波錦（あわにしき）	大果。晩生種。果実の表面にコブがあり、別名オニダンゴと呼ばれる。隔年結果性が強く、摘果が必要。

ヤマモモの若い実。赤く熟したら収穫する。

栽培カレンダー

（月）	11	12	1	2	3	4	5	6	7	8	9	10
植えつけ						■						
整枝剪定			■	■	■							
開花（人工受粉）						■	■					
施肥	なし
病害虫	なし
収穫								■	■			

ヤマモモの特徴

ほとんど手入れの必要ない手間いらずの果樹

ヤマモモは植えつけ後の施肥がほとんどいらず、病害虫にも強いことから初心者でも育てやすい果樹です。また樹形や葉が美しいので、公園、街路での緑化樹としても活用されています。

根にはマメ科植物のように、チッ素分を固定する根粒菌が共生して栄養分を供給するため、やせた土地でもよく育ちます。

品種の選び方

結実までの年数が短く、実が大きな品種がおすすめ

ヤマモモは雄木と雌木があり、両方がないと受粉できず、結実しません。雌雄1本ずつを育てるか、雌木を入手して木が成長したら雄木の枝を接ぎ木するとよいでしょう。

品種によっては隔年結果するものがあり、毎年収穫できないこともあります。家庭果樹では、結実までの年数が比較的短く、毎年大きな実がなる「瑞光」や「森口」、「亀蔵」などの品種がおすすめです。

1 植えつけ → 3月下旬～4月上旬

常緑樹のため3～4月が植えつけの適期。日当たりがよい場所を選んで植えつける。やせた土壌でもよく育つ。

基本の植えつけ(P204)を参考に植えつける。接ぎ木苗を選び、根が傷みやすいので根を崩さずに植える。根づくまではたっぷり水を与える。

施肥の方法
ヤマモモは根に根粒菌が共生して栄養分を補給しているので、施肥はとくに必要ない。

2 剪定 → 2～3月

ヤマモモは高木になりやすいので、主枝を2～3本にし、コンパクトに仕立てるとよい。

果実のつき方
春夏秋の3回新梢が伸び、主に前年の春枝の葉腋に花芽がつく。

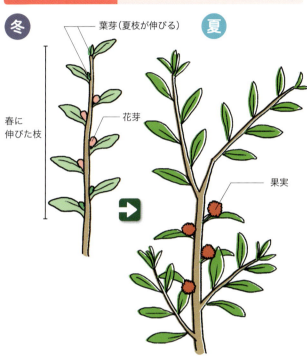

樹形づくり
主枝を2～3本伸ばした開心自然形で、管理しやすい高さに仕立てる。

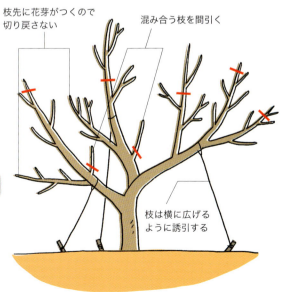

◀ヤマモモの10年生の木。

冬の剪定

隔年結果の傾向があるので、内向枝や交差枝など混み合う枝を間引き、着果数を制限することで予防する。

before

❶下垂して間延びしている枝や混んでいる部分を切る。

❷車枝の部分は、上向きの枝を残して、下を切る。

after

❸切ったところ。

ここが知りたい！ ヤマモモ Q&A

Q 樹が大きくなり、管理がしにくくなってしまいました。

A 枝葉を50％ほど整理する

「瑞光」や「森口」などの品種は直立性で樹勢が強いので、放っておくとどんどん高く伸びてしまい、管理がしにくくなります。そのため樹高が2.5mくらいになったら、3月頃に葉の量で全体の半分以下になるように、各枝を切り返し、樹形を維持しましょう。

Q 実がなりません。

A 受粉樹が必要

ヤマモモは雌木と雄木があり、雄木にはほとんど実がなりません。また、雌木だけでも実がならず、雄木が必要。名前がついて売られているのは、ほとんどが雌木です。雌木と雄木の両方を植えるようにしましょう。

▲高くなりすぎたら、半分ほど枝を整理して仕立て直すとよい。

病害虫対策

病気 耐性が強く、問題になるものはとくにない。
害虫 ミノムシ、ハマキムシがたまに出るが、見つけ次第捕殺する。

3 開花・受粉 ➡ 4月中旬〜5月中旬

雄木がそばにあれば、人工受粉は必要ない。山に自生している場合、雄木の花粉は数キロほど飛んで風媒する。

ヤマモモのつぼみ。前年の新梢の葉腋につく。

4 摘果 ➡ 5月中旬

生理落果が終わる5月中旬頃、摘果をする。実をならせすぎると、翌年に実つきが悪くなりやすい。

▲▶葉5枚につき1果を目安に摘果する。摘果せずに放任すると、翌年の結実が1割以下になることも。

ヤマモモの利用法

生食するほか、果実酒、砂糖漬け、塩漬け、ジャムなどに加工できます。また果実酒にすると、鮮やかな紅色をしたヤマモモ酒が楽しめます。古くは歯痛や腹痛によいとして、薬酒としても利用されていました。

ヤマモモジャム
【作り方】
①ヤマモモは洗い、ヤマモモの重さの40％の砂糖をまぶして、1時間ほどおいて水分を出す。
②鍋に①とレモンの輪切り1枚を入れて中火で加熱。焦げないように混ぜながら煮詰めていく。
③とろりとしてきたらできあがり。

5 収穫 ➡ 6月中旬～7月中旬

緑色の果実は、赤っぽくなり、暗い赤紫色になったら収穫どき。

◀完熟前に収穫すると酸味が強いので、しっかり熟してから収穫すること。

ヤマモモのコンテナ栽培

半円形仕立てでコンパクトに仕立てる

病害虫に強く、施肥も必要ないので、コンテナでも育てやすい果樹です。ただし大きくなりがちなので、水平に開いて枝を下に誘引する「半円形仕立て」でコンパクトに仕立てるようにしましょう。

なお、寒さにあまり強くないので、冬はとくに日当たりのよい暖かい場所にコンテナを置くこと。

半円形仕立て

Point

◆ **鉢のサイズ**
7号鉢以上に植えつける。実がつくようになったら、2年に一度は鉢上げをする。

◆ **使用する土**
赤玉土と腐葉土を1:1で混ぜた用土に植えつける。肥料はほとんど必要ない。

◆ **水やり**
土が乾いたらたっぷり与える。

主枝を広げて誘引する半円形仕立てなら、ベランダなど奥行が狭い場所でも仕立てやすい。

盆栽にも重宝される小さな花と実が
愛らしい、日本人に親しみ深い果樹。

ユスラウメ

バラ科

難易度 ▶ **ふつう**

枝が混み合って日当たりが悪くなると枝枯れしてしまうので、剪定をしっかりする。

DATA
- 英語表記　Chinese bush cherry, Korean cherry
- タイプ　落葉低木　●樹高　1～1.5m
- 自生地　中国北部、日本、朝鮮半島　●日照条件　日向
- 収穫時期　6月　●栽培適地　日本全国で栽培可能
- 結実までの目安　地植え：2～3年　コンテナ植え：2～3年
- コンテナ栽培　容易（5号鉢以上）

■おすすめの品種

赤実系	淡紅色の花が咲く。赤実系のほうが、広く普及している。開花時期は白実系よりやや早い。
白実系	純白の花が咲く。やや実の粒が大きく、結実する数は赤実系より少ない。

※とくに品種名はないが、赤い花を咲かせる赤実系と白い花の白実系がある。

栽培カレンダー

(月)	11	12	1	2	3	4	5	6	7	8	9	10
植えつけ												
整枝剪定		冬季剪定							夏季剪定			
開花(人工受粉)												
施肥	元肥				元肥						礼肥	
病害虫												
収穫												

ユスラウメの特徴

古典的な家庭果樹で、観賞用庭木としても人気

　原産地は中国で、江戸時代に日本に入ってきました。キンカンと並んで、日本の古典的な家庭果樹の代表格です。日本全国で栽培できますが、多湿と日照不足には弱いため、日当たりがよく水はけのよい場所が栽培に適しています。

　果実は直径1.5cmほどと小さく、つやつやと光沢があり、見た目もかわいい果実。控えめな甘味と酸味がミックスし、さっぱりした味です。

品種の選び方

1本で実がなり、家庭果樹に向いている

　ユスラウメにはとくに品種はないので、「ユスラウメ」という名称で販売されています。赤実系と白実系の2種類がありますが、育て方はとくに違いはありません。スペースに余裕があれば赤実系と白実系の両方を植えると、花や実の色が2色になり、より楽しめます。

　苗木を選ぶときは、木肌につやのあるものを選ぶようにしましょう。育てやすく、1本で実がつく自家結実性です。

淡いピンク色の小花が美しく、低木なので栽培しやすい。

1 植えつけ → 12〜3月

日射しがよく当たることがとても大切。また、水はけがよい場所を選んで植えつけを。

基本の植えつけ（P204）を参考に植えつけを。写真は2年生の接ぎ木苗。同じ場所から出ている枝や平行枝を整理し、残す枝は外芽の位置を見ながら先端1/3ほど切り戻しておく。

施肥の方法

元肥 12〜1月に有機質配合肥料（P239）を1kgを目安に与える。3月に化成肥料（P239）を50gを目安に与えるとよい。

礼肥 9月に化成肥料を30gを目安に与える。

2 剪定 → 1〜3月

日当たりが悪くなると外側だけ花や実がつくようになってしまうので、中までよく日が当たるように枝を間引く。

果実のつき方

短果枝によい花芽がつく。前の年に伸びた枝の先端から中間に花芽がつく。

冬 / 夏
葉芽 / 花芽 / 果実 / 前の年に伸びた枝

樹形づくり

株仕立て（P215）や変則主幹形仕立てにして、管理しやすい高さに剪定する。

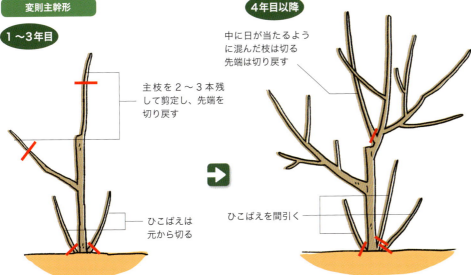

変則主幹形

1〜3年目：主枝を2〜3本残して剪定し、先端を切り戻す。ひこばえは元から切る

4年目以降：中に日が当たるように混んだ枝は切る。先端は切り戻す。ひこばえを間引く

病害虫対策

病気 とくに問題となるものはない。

害虫 カイガラムシやハマキムシが葉や枝につくことがある。見つけたら捕殺。9〜10月にはモンクロシャチホコが出て、葉を食害することも。幼虫のいる葉や枝ごと除去する。

▲モンクロチャチホコの幼虫。バラ科を好む害虫で、さわるとかぶれるので駆除の際は注意。

| 冬の剪定 | 株仕立ての5年生ユスラウメの剪定例。放任してあったので、不要枝を間引き、樹形を整える。|

after

before

❷中央の主幹を主枝が出ているすぐ上で切る。

❸切ったところ。

❶3本の主枝を中心に考える。中央の枝の高さを決めて、左右の枝はそれより低く仕立てる。

❹主枝の先端が2本に分かれているので、1本にする。
ここで切る

❺残す枝は先端を切り返す。

3 開花・受粉 → 4月上旬
自家結実性があるので人工受粉はしなくてもOK。4月に開花する。

小花が咲き乱れるように咲く。

花のあとに葉が展開する。

4 摘果 → 5月上旬
摘果はしなくてもよいが、着果数が多いときは摘果して実を充実させる。

葉2～3枚につき1果が摘果の目安。

5 収穫 → 6月
実が赤く色づいたら収穫どき。サクランボに似た甘酸っぱい果実。

▶果実は日持ちせず市場には出回らないため、栽培の楽しさもひとしお。

6 夏の整枝 → 7月

春以降に伸びた枝を切り戻すと、翌年に短果枝が出て実つきがよくなる。

❸切った場所から短果枝が出る。

❶ 20cm前後の新梢に花芽がつきやすいので、40cm以上伸びた枝は整枝の対象。

❷先端1/3を切り戻したところ。

ここが知りたい！Q&A ユスラウメ

Q 実があまりなりません。

A 受粉不足または日光不足の可能性

日当たりが悪いと、花つきが悪くなります。不要枝を間引き、樹冠までよく日が当たるようにしましょう。

また、1本で実がなりますが、開花時に雨が降ったり、訪花昆虫が少ないと受粉がうまくいきません。開花したら、筆などで花をなでるようにして受粉させるとよいでしょう。

ユスラウメの利用法

果皮が薄く、果肉が柔らかくつぶれやすいので、収穫後はすぐに生食するか加工を。果実酒、ジャムなどにするのがおすすめ。赤実を使うと、真っ赤な美しい色の果実酒ができる。またジャムは適度に酸味があり、あっさり味に仕上がる。

ユスラウメのコンテナ栽培

間引き剪定で着果率アップ！

剪定で実つきをよくしましょう。1〜3年目は新梢の先端を3分の1程度切り戻します。このとき、枝の伸びる方向と同じ向きの芽の上で切るようにします。また根元から出る枝も切りましょう。

4年目以降は主枝先端部の小枝を間引き、樹の内部の日当たりと風通しをよくします。古くなった枝や徒長枝、弱った枝なども間引いたり、切り返しておきましょう。

Point

◆ **鉢のサイズ**
5〜10号鉢に植えつける。1〜2年ごとに鉢上げを。

◆ **使用する土**
赤玉土と腐葉土を1:1で混ぜた用土に植えつける。12〜1月と8月に化成肥料（P239）を与える。

◆ **水やり**
土が乾いたらたっぷり与える。過湿に弱いので、与えすぎないように注意。

苗木の植えつけと剪定

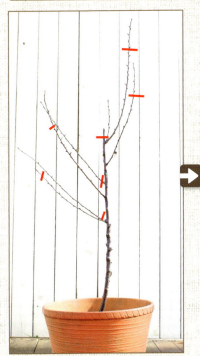

車枝と平行枝を整枝し、枝が少ない側は強く剪定して側枝を出させる。

広げたい方向の外芽の上で剪定する。

耐寒性があり世界中で栽培されている、数千もの品種がある定番果樹の代表格。

リンゴ・姫リンゴ

バラ科　　　　　　　難易度　ふつう

 栽培のポイント　雨や過湿にやや弱いが、夏は水が不足すると果実の生育も悪くなるので気をつける。

DATA
- 英語表記　Apple
- タイプ　落葉高木
- 樹高　2.5〜3m
- 自生地　西アジア
- 日照条件　日向
- 収穫時期　9〜11月中旬
- 栽培適地　東北以北、中部地方の高冷地など。暖地栽培も可能
- 結実までの目安　地植え：5〜7年（矮性台木の苗木は3年）
  　　　　　　　　コンテナ植え：3年
- コンテナ栽培　容易（7号鉢以上）

栽培カレンダー

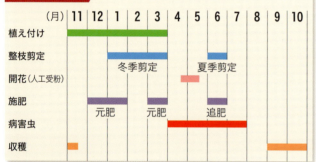

■おすすめの品種

品種	特徴
さんさ	早生種。小中果。暖地栽培にも向く。他の主要品種と組み合わせると結実しやすい。完熟すると、本来の味が出る。
つがる	早生種。やや大果。甘みが強い。斑点落葉病に強いが、うどんこ病に弱い。暖地栽培にも向く。
千秋（せんしゅう）	中生種。中果。ほかの主要品種と組み合わせたときに結実しやすい。暖地栽培にも向く。
アルプス乙女（おとめ）	中生種。実は小さいが栽培が比較的簡単なので、初心者でも育てやすい。
世界一（せかいいち）	中生種。とても実が大きい。早めに摘果することが必要。「ふじ」や「王林」との交配はあまりうまくいかない。
紅玉（こうぎょく）	中生種。小中果。甘みと酸味のバランスがよく、調理・加工用にも向く。斑点落葉病に強いが、うどんこ病に弱い。
陸奥（むつ）	中生種。中大果。受粉樹には向かない。「紅玉」を受粉樹にするとよい。
新世界（しんせかい）	中生種。中果。果肉は粗いが、甘みが強く蜜が入る。熟していない果実は渋みがある。
北斗（ほくと）	中生種。中大果。果肉は緻密でたっぷり果汁が含まれ、甘みと酸味のバランスがよい。斑点落葉病に強い。
王林（おうりん）	晩生種。中果。実が黄緑色の青リンゴ。香りがよく、味もよい。保存性が高い。
ふじ	晩生種。中果。国内で一番多く栽培されている代表的な品種。甘みが強く、美味。暖地栽培にも向く。
クラブアップル	晩生種。小さな実が鈴なりにできる。限られたスペースでも栽培できる。ほかの品種の受粉樹にも適している。

リンゴの特徴

4千年以上前から栽培されている親しみ深い果樹

　神話や伝説にも登場するリンゴは、4千年以上前のヨーロッパですでに栽培されていました。日本では「北国の果樹」のイメージが強いですが、品種を選べば沖縄以外の全国で栽培が可能です。
　ただし冬季に7度以下の低温に長時間あてておかないと春に発芽がうまくいかなかったり、開花しないことがあるので、1年中温暖な場所は不向きです。

品種の選び方

開花時期の合う品種を受粉樹として選ぶ

　多くの品種は1本では実をつけないため、2品種以上を混植する必要があります。開花期が合うもので、しかも相性がよい品種を選ぶようにしましょう。
「アルプス乙女」や「クラブアップル」などの小さな実がなる品種を、受粉樹用にコンテナ栽培するのもおすすめです。なお「陸奥」は他の品種の受粉樹には向きません。「陸奥」には「紅玉」を受粉樹に用いるとよいでしょう。

1 植えつけ ➡ 11〜3月

日当たりがよく、西日が当たらず、乾燥しない場所で、基本の植えつけ（P204）を参考に植える。

❶つがるの3年生苗。家庭ではコンパクトに仕立てられる矮性台木苗がおすすめ。

❷ポットをはずし、底と側面の根を軽く崩したあと、植えつけて、赤玉土と腐葉土を合わせた用土をかける。

❸水鉢を作ってたっぷり水やりする。根づくまで支柱を立てて誘引するとよい。

ここが知りたい！リンゴ Q&A

Q 西日本などの暖かい地域でも育てられますか？

A 品種を選べば九州まで栽培可能

もともとは寒冷地域のほうが栽培に向いていますが、暖地栽培にも適した品種を選べば、九州地方まで栽培可能です。沖縄地方は、リンゴを含め、落葉果樹は栽培に適しません。

おすすめの品種は「つがる」や「千秋」など。夏の暑さで樹が弱ることがあるので、西日が当たる場所を避けて植え、病害虫対策もしっかりするようにしましょう。また、寒冷地に比べて早く実が熟しますが、色づきがやや悪く、日もちも悪くなります。

施肥の方法

元肥 12〜1月に有機質配合肥料（P239）を1kgを目安に与える。3月に化成肥料（P239）を500gを目安に与えるとよい。

追肥 6月に化成肥料を50gを目安に与える。

2 剪定 ➡ 1〜3月

枝が柔らかいので誘引して樹形を作りやすい。主枝を3〜4本伸ばして仕立てるとよい。

樹形づくり 変則主幹形のほか、垣根仕立てやU字形仕立て（P215）にしてもOK。

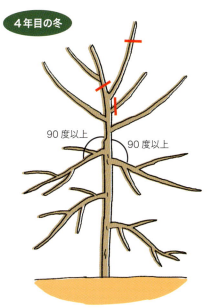

変則主幹形

2年目の冬
主枝の先端を外芽の位置を見ながら1/3ほど切る。地面に近い枝は間引く。

3年目の冬
下の2本の主枝は実をつけさせるため、水平よりやや下向きに誘引する。平行枝と先端の主枝は間引く。
ヒモで誘引する

4年目の冬
上部の枝も3年目と同様に誘引する。高くなりすぎないように先端部は剪定し、混み合う枝も間引く。
90度以上

| 果実のつき方 | 前の年の枝の脇芽から伸びた新梢の先端に花芽がつく。長果枝や中果枝にも花芽がつくが、短果枝によい実がつく。 |

先端部の花芽の実は大きくならない。

花芽・葉芽

| 冬の剪定 | 徒長枝や内向枝、平行枝を整理して、樹形を整える。短果枝を出させるために、残す枝の先端を切り戻して作業を終える。 |

before

❶8年生。骨格ができているので、樹形を整える剪定を行なう。左の主枝から行なう。

❷まずはじめに先端を決めて、そこで切る。

❸ひとつ下の主枝は、先端より高くならないように剪定。

❹上に向かう枝を切ったところ。

❺いまの主枝の亜主枝を整枝。

❻ここも上に向かう枝を切った。

PART **1** リンゴ・姫リンゴ

❼その下の亜主枝も整理。

❽上に向かって伸びる内向枝を切った。

❾ほかの主枝も左の主枝と同様に不要枝を剪定する。最後に、短果枝を出させるために、残す枝の先端を切り戻して終了。

❿剪定が終わったところ。

3 開花・受粉 → 4月下旬〜5月中旬

リンゴはひとつの花房に5〜6個の花が咲く。

中央の花から咲き、続いて側花が咲いていく。受粉には異なる品種の花粉が必要。

Point

人工受粉を行なうと確実

別の品種の花を摘み、雌しべに花粉をつける。開花期が合わない場合は、雄しべの花粉を保存しておき、受粉に使うとよい。

4 摘果 → 5〜7月上旬

1か所から複数の花が咲き、最初に咲いた花が一番よい果実になる。摘果は2〜3回に分けて行なう。最終的にひとつの花房に1果を残す。

❶開花後3〜4週間で1回目の摘果。中央の大きい実が一番花のもの。傷や病気がある場合は一番花でも摘果する。

❷4つ実があるが、中央の2つを残して摘果。

❸2つにしたところ。生理落果が終わる6月下旬、2つ残っていたら1果に摘果する。

Point

7月下旬に3回目の摘果

大玉の品種では、4〜5花房に1果、中玉の品種では3花房に1果を目安に摘果しよう。

5 袋かけ → 7月

摘果が終わったら、袋をかけて病害虫を予防するとよい。
甘さは袋をかけないほうが強くなる。

病害虫対策

病気 雨や湿気に弱いので、梅雨の時期は病気にかかりやすくなるので注意。うどんこ病、斑点落葉病、赤星病など。感染した部分や病斑部分を取り除く。

害虫 アブラムシ、カメムシ、ハマキムシ類、シンクイムシ類など。見つけたら捕殺。粗皮削りをしておくと、予防効果がある。

❶下から袋をかぶせ、根元の針金をとめる。

❷つけ根部分にとめればOK。収穫の約1か月前に袋をはずして日光に当て色づかせる。

▲カメムシの食害果。

▲黒斑病にかかった果実。

6 夏の整枝 → 6～7月

混み合う部分を整理し、まんべんなく
日が当たるようにすると実つきがよくなる。

ケース1

❶混んでいる新梢を間引く。

❷3本ある枝は2本に。

❸1本整枝したところ。

ケース2

❶内向枝かつ徒長枝は間引く。

❷根元から切る。

❸樹冠に日が当たるようになる。

Point 先端の切り戻しで1年早く実をつける

この春から伸びた新梢を6月に切り戻すと、1年早く短果枝を出すことができる。短果枝には充実した実がつく。30cm以上の新梢が切り戻しの対象。

基部に充実した短果枝がつく。

7 収穫 ➡ 9〜11月中旬

熟して色づいたものから収穫。
手で持つと簡単にとれるくらいになったら収穫どき。

▲ふじ。樹上で完熟させた果実のおいしさは格別。

▲アルプス乙女。生食のほか果実酒にも向く。

リンゴの利用法

生食するほか、ジャムやジュース、果実酒など幅広く活用できます。酸味の強い品種は、焼きリンゴやシロップ漬けなどにするとおいしく食べられます。

リンゴジャム
【作り方】
①リンゴは皮をむいて芯を除き、イチョウ切りにする。リンゴの重量の30〜40％の砂糖と混ぜて1時間ほどおいて水分を出す。
②鍋に①とレモンの薄切り1枚を入れ、焦げないように混ぜながら中火で煮る。とろみがついたらできあがり。

リンゴのコンテナ栽培
大きくなりにくい品種を選び、強い日差しに気をつける

リンゴの木はかなり大きく成長するので、限られた場所で栽培するコンテナ栽培には「アルプス乙女」や「クラブアップル」などの小型のものが向いています。「アルプス乙女」は一品種で育てても実をつけますが、できれば2品種以上を育てましょう。

変則主幹形でコンパクトに仕立てるか、半円形仕立て（P215）も管理しやすくおすすめです。また、強い日射しを嫌うので、夏の午後などはコンテナを日陰に移動するようにしましょう。

Point

◆ 鉢のサイズ
品種の異なる苗を2本、それぞれ7〜10号鉢に植えつける。

◆ 使用する土
赤玉土と腐葉土を1：1で混ぜた用土に植えつける。12〜1月、5月頃に有機質配合肥料（P239）を与える。

◆ 水やり
水不足になると葉が日焼けを起こすので、開花してから果実が大きくなる7〜8月頃までは水を切らさないように気をつける。土が乾かないように1日2回を目安に与える。

苗木の植えつけと剪定

▲ふじの3年生苗。

▲左の主枝は車枝になっているので1本にし残す枝も先端を切り戻す。

❶主幹が中途半端な長さなので、主枝のすぐ上で切る。
❷左の車枝を1本にする。

❸先端を切り戻す。
❹右の主枝の先端も外芽の位置を見ながら切り戻す。

果実酒・シロップ・ジャムづくり

家庭で育てて収穫した果実は、生食のほか、果実酒やジャムなどに加工することで、長く楽しむことが可能です。フルーツを使った手軽な楽しみ方を紹介します。

果実酒づくりの基本

　果実酒をつくるお酒には、アルコール度数が35度のホワイトリカーがおすすめです。保存性を高めるため、アルコール度数が高いものが適しています。ほかには、ジンやラム、ウォッカなどを使ってもOK。

　また、糖分には氷砂糖を使うのが一般的ですが、甘いのが苦手な人は、糖分は加えず、お酒だけでつくることも可能。糖分を加える場合は、果物の重量の1/4から1/2くらいが目安です。糖分を加えると、エキスをより早く抽出することができます。

　果実酒は、漬け込みから約1～3か月で飲めるようになります。果実は1～2か月で取り出しましょう。常温で保存し、2～3年は香り高く味わえます。

◀漬け込みから1～3か月で飲める。

保存容器について

　加工した果実を保存する容器は、衛生面に注意することが大切です。

　ジャムなどの保存ビンは、しっかり煮沸消毒をしましょう。大きな容器や煮沸できない容器を使う場合は、アルコールを中に入れてすすぐ方法が簡単でおすすめです。

▲ビンは水から入れて加熱し、10分ほど煮沸する。

シロップづくりの基本

　シロップは、果実のエキスを砂糖で抽出したもの。果実の重さと同量の白砂糖を使うのが基本です。フルーツと砂糖を混ぜてビンなどに詰め、1日1回混ぜて、砂糖をよく溶かし、エキスを抽出します。毎日混ぜることでカビを予防しましょう。1～2週間でシロップが出たら、こして冷蔵庫で保存。発酵がすすんでいる場合は、煮沸してから保存。シロップは1か月を目安に飲み切りましょう。

ジャムづくりの基本

　フルーツのおいしさをダイレクトに味わいたいなら、ジャムがおすすめ。果実と砂糖を煮詰めて作るのが基本です。砂糖の量は果実の重量の1/4から1/2が目安。果実の甘さや好みで調節を。砂糖の種類は上白糖やグラニュー糖のほか、好みの種類を選びましょう。糖分が高いほうが保存性は高くなります。ペクチンが少ない果実はとろみがつきにくいので、レモンの輪切りを一緒に煮詰めるとよいでしょう。

　清潔なビンなどに詰めて冷蔵保存し、開封後は2週間以内に食べ切りましょう。

◀洗った果実に砂糖をまぶしてしばらくおき、水分を出させる。

▲アクを取りながらとろみがつくまで煮詰める。レモンを加えるととろみと酸味が加わる。

▲清潔なビンに詰めて保存する。

カンキツ類

PART 2

温州ミカンをはじめ、
さわやかな酸味と甘さが特徴のカンキツ類。
種類を選べば、東北以南で育てることが可能です。
常緑果樹はシンボルツリーにもおすすめ。

- **ミカン類**
  温州ミカン・ポンカン

- **オレンジ類**
  スイートオレンジ
  ネーブル

- **雑柑類**
  夏ミカン
  イヨカン
  ハッサク
  デコポン
  キヨミ
  ヒュウガナツ
  三宝柑

- **ユズ類**
  ユズ
  獅子ユズ
  ハナユ
  カボス
  スダチ

- **キンカン類**

- **レモン・ライム**

庭木としてもおなじみの定番果樹。
常緑なので温暖な気候を好む。

カンキツ類の育て方

果実を収穫する楽しみが大きい
環境に合った品種を選ぼう

　カンキツ類は、日本でも古くから栽培され、温州ミカンをはじめ、ユズやレモン、キンカンなど、たくさんの品種があります。常緑で温暖な気候を好むため、関東以南が栽培適地。ユズやスダチなどは低温にも強いので、東北南部まで栽培が可能です。年平均気温が15度以上、最低気温がマイナス5度以下にならない場所というのが目安になります。また、どの品種もコンテナ栽培ができるので、寒い地域では鉢植えにして、冬は軒下や室内に取り込んで栽培するとよいでしょう。

　植えつけや剪定、樹形づくり、肥料の与え方などは、カンキツ類で共通です。果実のつき方もほぼ同じですが、品種によって少しずつ違うため、それぞれのページで紹介しています。

　カンキツ類のコンテナ栽培については、どの種類も同様に育てられます。P139を参照してください。

1 植えつけ ➡ 3月

日当りがよく水はけのよい場所を選ぶ。カンキツ類は、元の土の上面が盛り上がるように、浅植えで植えつける。

before

▶興津早生温州ミカンの3年生苗。

施肥の方法

元肥 12〜1月に有機質配合肥料(P239)を1株に1kg目安で与え、3月に化成肥料(P239)を500gを目安に与える。常緑なので、肥料は長く効いてほしいため、油かすなど植物性の有機肥料が向いている。

追肥 とくに必要ない。

after

▶日当たりと水はけのよい場所を好む。

PART 2 カンキツ類の育て方

❶植え穴を掘る。粘土質で礫があるような土は、深く大きく掘る。ポット苗なら、直径、深さともに、40〜50cmが目安。

❷腐葉土の上に赤玉土をのせ、よく混ぜる。軽い土を下にすると、混ざりやすい。下から混ぜるようにし、2回ほど繰り返してよく混ぜる。

❸植え穴に❷の土を入れる。

❹苗をポットから抜き、苗の底は根が回っているので、ハサミや移植ゴテで土を落とす。根は切らない。

❺移植ゴテで側面を3cm間隔で1周、すじを入れるようにする。上面は雑草の根を取り除き、肩の土も落とす。

❻植え穴に苗を置き、高さを確かめながら土を入れる。接ぎ木部分は上に出るようにすること。

❼元のポットの苗の外側の周囲にぐるりと溝を切る。

❽溝にたっぷり水やりをする。水が溝にあがってきて、消えないくらいになるまでたっぷりやること。

❾溝の土を元に戻す。

❿土を株元に寄せ、盛り土の形にして植えつけ完了。

2 剪定 → 3月

夏枝や秋枝、下がった枝を切り戻し、混み合う枝を間引いて樹の中まで日が当たるようにする。果実のつき方は品種ごとのページを参照のこと。

樹形づくり 樹勢が強い場合は主枝2〜3本の開心自然形や変則主幹形に、樹勢が弱いものは半円形（2本仕立て）がおすすめ。

開心自然形仕立て

接ぎ木してある部分から15〜20cmより上にある太い枝を第一主枝に、バランスを見ながら合計3本の主枝を残して他は間引く。

2年目の3月
- 主枝の先端は切り戻す
- 第2主枝
- 第3主枝
- 第1主枝
- 15〜20cm

3年目の3月
- 亜主枝
- 主枝
- 主枝から出ている枝の真ん中あたりで亜主枝を決めて切り戻す。
- 主枝と亜主枝の成長を阻む枝は間引く

3年目以降
- 亜主枝から出る側枝に花芽がつく
- 側枝
- 亜主枝
- 主枝を横に誘引
- 主枝と亜主枝をバランスよく残して仕立てる。横に広げるように誘引して樹勢を抑えると実つきがよくなる。

半円形（2本）仕立て

比較的樹勢の弱いレモン、ライムなどは2本の主枝を左右に誘引し、低い半円形に仕立てるとよい。

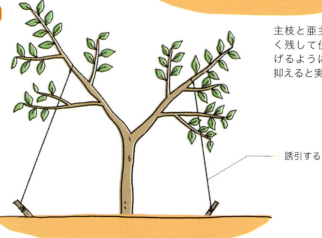

誘引する

3月の剪定

カンキツ類は落葉樹のように冬に剪定するのではなく、3月上旬、芽が動きはじめる前までに行なう。落葉樹は冬は根に栄養を貯めているが、常緑樹のカンキツ類は葉に栄養を貯めている。そのため、落葉樹のような強剪定は行なわず、樹形をつくることを目的にして、あまり多くの枝を切らないように注意しながら、不要枝の間引きを中心に剪定。カンキツ類はトゲがある品種が多いので要注意。とくに若木はトゲが多い。

キンカン（7年生）の樹形づくりと剪定

before

❶開心自然形だが、主枝が5本あるので、4本に整理。樹形づくりをしつつ、全体に日が当たるように不要枝を間引く。

❷主幹を4本にする。

❸交差している右の枝を切る。

❹内側に重なる枝を切る。

❺切ったところ。

❻徒長している平行枝を切る。

❼切ったところ。

❽平行枝を整理する。

❾徒長しているほうを切る。樹形剪定はこれで終了。

❿細かい枝を整理。

⓫混んでいる部分は、葉にまんべんなく日が当たるように間引く。

⓬40cm以上の新梢は1/3先を切る。切り戻すことで、低いところで枝分かれし、管理しやすくなる。

⓭樹形が整い、全体に向こうが見えるようにして日当たりをよくする。

after

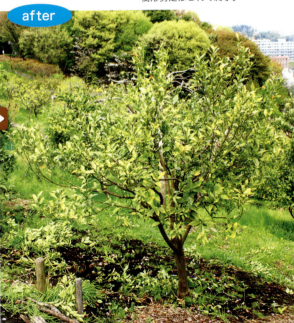

夏ミカン（8年生）の樹形づくりと剪定

❶変則主幹形で樹形ができているので、不要枝の間引きを主体に行なう。

❷中央の徒長している枝を切る。

❸中まで日が当たるようになった。

❹左奥の枝も、平行枝で交差枝なので、整理する。

❺樹冠の中央にもよく日が当たり、より明るくなった。

❻平行枝で車枝の要素があるので、切る。

❼普通、平行枝は下を残すが、この木では下が車枝なのでこちらを剪定。

❽切ったところ。同様にして、交差枝や平行枝、車枝を整理する。

❾全体に表面に凹凸ができ、まんべんなく日が当たるようになった。

秋から春の剪定

たくさんの花芽がついた「なり年」は、夏枝や秋枝を切る強めの切り戻しを行なうことで、結果母枝を出させて、隔年結果を防ぐことができる。逆に、花芽が少ない年は、間引き剪定を中心にして、枝の切り返しは控えよう。

◀夏枝は芽がある葉の上で切り戻す（ポンカン）。

▶切った部分の下の芽から結果母枝が出る。

ここが知りたい！ カンキツ類 Q&A

Q 1年おきにしか実がなりません。

A 摘果をして実つきを制限する

　カンキツ類は、秋や冬の遅くまで実をつけながら、翌年につける実のための花芽もつくっています。そのため、前の年にたくさん実をつけすぎると、翌年、実がなりにくくなる傾向が強く、これを隔年結果と呼びます。また、前年に実がついた枝には、翌年には花芽がつきにくい習性があるため、どうしても隔年結果が起こりやすくなるのです。

　隔年結果を予防するには、実をたくさんならせすぎないことが大切。それには、摘果で適正な数に実を制限しましょう（P138）。また、収穫期の実を早く収穫して、木を疲れさせないこと。

　さらに、たくさんの花芽がついた「なり年」に、イラストのように夏枝や秋枝を切り戻しましょう。これで、翌年、花芽をつける枝を出させることができ、隔年結果の予防になります。

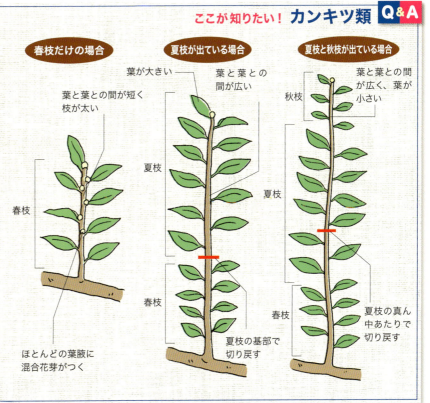

3 開花・受粉 → 5月
（四季なり種は夏と秋も開花）

カンキツ類の開花は5月頃。キンカンやレモンなどは夏と秋にも開花する。

ハッサクとヒュウガナツ以外のカンキツ類は1本で結実する。人工受粉は必要ないが、筆などで花をくすぐるようになでて受粉させると、より確実に実がつく。

4 摘果 → 7〜8月

カンキツ類は実をならせすぎると翌年、実が少なくなる隔年結果が起こりやすいため、摘果の作業が欠かせない。

❶なりすぎの枝、日が当たらない枝、葉が少ない枝の実は摘果の対象。

❷温州ミカンの場合は、葉25〜30枚に1果を目安に残すように摘果。

❸4個のうち2個摘果。葉の枚数の目安は、品種によって異なる（各ページ参照）。

5 収穫 → 品種によって収穫時期は異なる

収穫の適期は品種によってちがうので、それぞれの品種のページを参考に、ハサミで切って収穫する。

色が変わって熟したら収穫。ユズ類やレモンは日的に応じて青い実を収穫。引っぱると皮がむけるので、かならずハサミで収穫しよう。写真は夏ミカン。

カンキツ類の利用法

生食のほか、ジャムや果実酒に最適。レモンなど酸味の強いものは果汁を搾って料理に使うほか、果実酒などに。果皮はマーマレードやドライピールに加工するほか、乾燥させてルームフレグランスとして活用したり、ガーゼに包んで入浴剤としてもよい。レモンは塩漬けにして塩レモンとして料理に利用する方法も人気がある。

病害虫対策

カンキツ類の病害虫は全種共通。対処法はP256〜259参照。

病気
- そうか病…カビが原因で葉には白い斑点、果実には淡褐色の斑点が生じ、やがて突起状に盛り上がる。ミカン類、オレンジ類に起こりやすい。
- 黒点病…6〜7月、葉や枝に黒点ができ、枯死する。夏ミカン類に多い。
- かいよう病…5月以降、実や葉などに黄色い斑点ができる。レモン、ライムに起こりやすい。

害虫
- カイガラムシ類…春にミカン類に発生しやすい。
- カミキリムシ類…7〜8月、ミカン類に発生しやすい。
- ハダニ類…7〜9月、ミカン類に発生しやすい。
- アゲハチョウ、ガの幼虫…8〜9月、どのカンキツにも発生しやすい。
- ハモグリガ類…5〜9月、葉の中にもぐり込んで食害する。レモン、ライムに発生しやすい。

▲ユズに発生したかいよう病。

▲ポンカンの枝についたアブラムシ。

▲ハモグリガの食害痕。夏枝や秋枝に出やすい。

◀アゲハチョウの幼虫。

カンキツ類のコンテナ栽培　コンパクトに育てられる品種を選ぼう

　カンキツ類のコンテナ栽培は、基本的に庭植えと同様です。コンパクトに仕立てられる温州ミカンやキンカン、ユズ類、レモンなどがおすすめです。
　しっかり摘果を行ない、よい実をつけて、隔年結果を予防しましょう。
　寒さに弱いので、東北以北の寒い地域では、冬は南向きの軒下に鉢を置いたり、室内の明るい場所に取り込みましょう。

Point

◆ 鉢のサイズ
　5〜6号（大果種は7〜8号）の鉢に植え、1〜2年に1回はひと回り大きな鉢に植え替える。

◆ 使用する土
　赤玉土と腐葉土を1対1の比率で混ぜ合わせた用土に植える。12〜1月に有機質配合肥料（P239）を1kgを目安に与え、3月に化成肥料（P239）500gを目安に与える。

◆ 水やり
　乾燥に弱いので、表土が乾いたらたっぷり水を与える。夏は乾きやすいので毎日、水やりする。

苗木の植えつけ

before
大実キンカンの3年苗。

after
P97右下のイラストのように枝を広げて誘引するとコンパクトに育てられる。

❶鉢底ネットを入れる。鉢底土は入れても入れなくてもよい。

❷赤玉土と腐葉土を1対1で混ぜた用土を入れる。

❸苗木を入れて用土を入れる。浅めに植えること。

❹鉢底から水が流れるまでたっぷり水やりする。

海外でもポピュラーな
日本の代表的なカンキツ類。

ミカン類
（温州ミカン、ポンカン）

ミカン科

難易度 ▶ やさしい

 栽培のポイント
水はけがよく、日当たりのよい土地を好む。冬の寒風を避ける。

DATA

- 英語表記　Satsuma mandarin（温州ミカン）
  　　　　　Ponkan orange（ポンカン）
- タイプ　常緑高木　　樹高　2～2.5m
- 自生地　中国南部、日本（温州ミカン）　インド（ポンカン）
- 日照条件　日向　　収穫時期　10～12月
- 栽培適地　関東地方以西の暖地（温州ミカン系）
- 結実までの目安　3～4年（鉢植え）　5～6年（庭植え）
- コンテナ栽培　容易（7号鉢以上）

おすすめの品種

	品種	時期	特徴
温州ミカン	宮川早生	早生	豊産性。中果。代表的品種。結実良好。隔年結果少ない。
	興津早生	早生	豊産性。中果。代表的品種。結実良好。隔年結果少ない。
	南柑20号	中生	豊産性。大果。代表的品種。結実良好。隔年結果やや少ない。
	大津4号	中晩生	豊産性。大果。結実良好。隔年結果しやすい。
	青島温州	晩生	豊産性。大果。結実良好。隔年結果しやすい。
ポンカン	太田ポンカン	早生	豊産性。小果系ポンカン。中果。結実良好。関東地方西部でも栽培可。
	森田ポンカン	早生	小果系ポンカン。中果。浮皮少ない。関東地方西部でも栽培可。
	吉田ポンカン	中生	大果系ポンカン。中果。果実が美しい。暖地向き。

ミカン類の特徴

皮がむきやすくて甘い、親しみやすいカンキツ

　温州ミカンは日本で古くから栽培されていたカンキツ類。関東以西の温暖な地域なら土質を選ばずによく育ちます。よく日の当たる水はけのよい場所で育てましょう。果実は100g前後で皮がむきやすく、甘くて肉質がやわらか。
　ポンカンは150g前後の大きさがあり、酸味が少ないカンキツ。皮と実の間にすき間があるのでむきやすいのが特徴。温州ミカンより寒さに弱く、温暖な地域が向きます。

品種の選び方

耐寒性に合わせて、栽培地に適した品種を選ぶ

　温州ミカンは収穫時期によって普通種と早生種がありますが、早生種は寒くなる前に収穫できるため、温暖地以外でも栽培できます。普通種は果実の味はよいのですが、隔年結果が起こりやすいため、家庭では栽培が容易な早生種がおすすめ。ポンカンは大果系と小果系があり、暖地には大果系が適していますが、小果系の森田ポンカン、太田ポンカンは気温の低い地域でも栽培可能です。

1 植えつけ・剪定 → 3月

基本的な作業はカンキツ類は共通なので、植えつけはP132、施肥はP132、樹形づくりはP134、剪定はP135～137を参照のこと。

果実のつき方
春、夏、秋と年に3回枝を伸ばし、前年の春に伸ばした枝から花を咲かせる。隔年結果を起こしやすい。

3月 前年に結実しなかった2年枝と3年枝の先端部に花芽ができる

7月 春に花芽が伸び、その先端部に結実（1年枝に結実する）

果実

2年枝にも結実

翌年、花芽をつける枝

前年結実した枝には花芽がつかない

翌夏 前の年に実をつけた枝には花芽がつかず、発育枝が伸びる

前年に実がつかなかった発育枝に実がつく

2 開花・受粉 → 5月

開花、受粉の作業はカンキツ類は共通なので、P138を参考に行なう。人工受粉は不要だが、行なうとより確実に実がつく。

温州ミカンの花。

ポンカンの花。

3 摘果 → 7月

摘果の作業はカンキツ類で共通なので、P138を参考に行なう。目安にする葉の枚数は品種によって異なる。

7月に果実が親指大になったら葉30枚に1果程度になるように摘果する。

4 収穫 → 10～12月（温州ミカン）／1～2月（ポンカン）

全体がオレンジ色になったら完熟。ハサミで切って収穫。収穫後3～7日置いておくと酸味が抜ける。

温州ミカンは小ぶりのものがおいしい。

ポンカンは果皮の上部が盛り上がっているのが特徴。

そのまま食べたり、ジャムにしたり
さわやかな芳香も楽しみのひとつ！

オレンジ類
（スイートオレンジ、ネーブル）
雑柑類
（夏ミカン、イヨカン、ハッサクなど）

ミカン科

難易度 ▶ やさしい

栽培のポイント　−5度以下になる地域では凍害で結実しない。品種に合わせて摘果を行う。

DATA
- 英語表記　Sweet orange（スイートオレンジ）
　　　　　　Navel orange（ネーブルオレンジ）
　　　　　　Iyo tangor（イヨカン）　Hyuganatsu（ヒュウガナツ）
- タイプ　常緑高木　●樹高　2.5〜3m
- 自生地　インド東部（オレンジ類）　日本（雑柑類）
- 日照条件　日向　●収穫時期　種類によって異なる
- 栽培適地　紀伊半島以西の暖地（オレンジ類）
　　　　　　関東地方以西の暖地（雑柑類）
- 結実までの目安　3〜4年（鉢植え）　4〜5年（庭植え）
- コンテナ栽培　容易（7号鉢以上）

■おすすめの品種

	品種名	収穫時期	特性
オレンジ類	吉田ネーブル	12月上・中旬	ネーブルオレンジ。樹勢中。結実性良好。酸の抜けは遅い。
	ワシントンネーブル	12月下旬〜1月上旬	ネーブルオレンジ。樹勢やや弱。矮性。かいよう病耐性弱。
	森田ネーブル	12月下旬〜1月上旬	ネーブルオレンジ。樹勢強。有葉果多く、結実良好。
	バレンシアオレンジ	6〜7月	スイートオレンジ。樹勢強。適期を過ぎると甘み減少。
雑柑類	川野夏ダイダイ（甘夏）	12月中旬〜5月上旬	夏ミカン。樹勢強。栽培容易。酸の抜けは遅い。
	新甘夏（ニューセブン）	12月中旬〜5月上旬	夏ミカン。樹勢強。栽培容易。果面なめらか。
	宮内イヨカン	12月上・中旬	イヨカン。樹勢弱。矮性。耐寒性弱。
	大谷イヨカン	12月中・下旬	イヨカン。樹勢弱。矮性。果実美しい。摘果早めに。
	ハッサク	12月下旬〜5月	ハッサク。樹勢強。大木になる。夏ミカンなどを受粉樹にする。
	シラヌイ（デコポン）	1月下旬〜3月	キヨミ×ポンカン。樹勢弱。枝が下垂する。
	キヨミ	2月下旬〜4月中旬	温州ミカン×トロビタオレンジ。樹勢強。枝が下垂する。
	ヒュウガナツ（ニューサマーオレンジ）	5月上旬〜6月上旬	ヒュウガナツ。樹勢強。夏ミカンなどを受粉樹にする。栽培容易。
	三宝柑	12〜6月	サンボウカン。樹勢強。さわやかな甘さだが、果皮が厚く種が多い。

栽培カレンダー

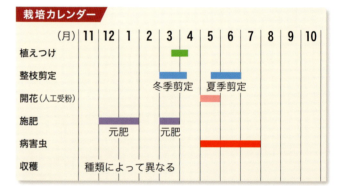

オレンジ類、雑柑類の特徴

果実の少ない時期に楽しめるカンキツ

　オレンジ類、雑柑類はともに1〜5月に収穫される中晩生カンキツ類です。スイートオレンジ、ネーブルなどのオレンジ類はカンキツ類の中でも糖度が高く、世界中で流通。
　夏ミカン、イヨカン、ハッサク、ヒュウガナツなどは雑柑と呼ばれ、イヨカンはオレンジとミカンを交雑させたものです。いずれも果汁が多く大型で、種類ごとに独特の風味を持ちます。植えつけや剪定の方法は温州ミカンと同様です。

品種の選び方

植えるスペース、気候、収穫時期に合わせて

　樹勢が強く大きくなりやすい夏ミカンやハッサクなどから、樹勢が弱く比較的小型のイヨカンまで、植えるスペースに合わせて品種をセレクト。雑柑類の耐寒性は温州ミカン程度ですが、オレンジ類は耐寒性が弱いため紀伊半島以西の温暖な地方向きです。ハッサク、ヒュウガナツは自分の花粉で受粉しにくいので、夏ミカンやイヨカンなどと一緒に栽培しましょう。それ以外は1本でも実がなります。

1 植えつけ・剪定 ➡ 3〜4月

基本的な作業はカンキツ類は共通なので、植えつけはP132、施肥はP132、樹形づくりはP134、剪定はP135〜137を参照のこと。

果実のつき方
温州ミカンと同様に、前年または前々年に伸びた枝に花芽がつき、春に混合花芽から伸びた新梢の先端付近に開花する。

2 開花・受粉 ➡ 5月

開花、受粉の作業については、カンキツ類は同じなので、P138を参考にして行なう。人工受粉は不要だが、してもOK。

オレンジの花。

夏ミカンのつぼみと花。

3 摘果 ➡ 7〜8月

摘果の作業はカンキツ類は同じなので、P138を参考に。品種によって目安にする葉の枚数が異なる。

7〜8月に果実が成長してきたら摘果。写真は夏ミカン。オレンジ類とヒュウガナツなど中果は、葉50〜60枚に1果、雑柑類の大果は、葉70〜80枚に1果を目安に摘果する。

4 収穫 ➡ 品種によるのでP142を参照

オレンジ類と雑柑類は品種によって収穫期はいろいろ。黄色く熟したら収穫の目安。

夏ミカン、ハッサクは温かい地方では樹上で4月上旬〜5月上旬まで置いて収穫。寒くなると果実の果汁が減り、苦みが増すため、寒い地方では12月下旬に収穫する（ただし早すぎると苦みがでる）。オレンジ類は収穫後1〜2週間貯蔵し、酸味を抜くとよい。

イヨカン。　オレンジ。

夏ミカン。　三宝柑。

ユズ類は料理に香りを添えてくれる名脇役。
キンカン類は生でも甘露煮にしても美味！

ユズ類
（ユズ、ハナユ、カボス、スダチ）
キンカン類

ミカン科

難易度　やさしい

栽培の
ポイント

ユズ類は比較的寒さに強く、
乾燥や多雨にも強い。
キンカン類は日向を好む。

DATA
- 英語表記　Yuzu（ユズ類）　Kimquat（キンカン類）
- タイプ　常緑高木（ユズ類）、常緑低木（キンカン類）
- 樹高　2～2.5m　　自生地　中国
- 日照条件　日向　　収穫時期　種類によって異なる
- 栽培適地　東北以南（ユズ類）　関東地方以西の暖地（キンカン類）
- 結実までの目安　3～4年（スダチは2年）
- コンテナ栽培　可能（7号鉢以上）（ユズ、カボス、スダチ）
　　　　　　　　容易（5号鉢以上）（ハナユ、キンカン類）

栽培カレンダー

■おすすめの品種

	品種名	収穫時期	特性
ユズ類	オオタニシキ	8月上旬～12月上旬	ユズ。樹勢強。大果。隔年結果性弱い。トゲなし。耐寒性強。
	ヤマネ	8月上旬～12月上旬	ユズ。樹勢強。大果。隔年結果性弱い。トゲなし。耐寒性強。
	獅子ユズ	11～12月	実が非常に大きく、直径20cmほどになる。樹高も高くなる。
	ハナユ	8月中旬～12月上旬	樹勢強。矮性。隔年結果性弱い。別名「一歳ユズ」「花ユズ」。
	スダチ	8月下旬～11月上旬	樹勢弱。矮性。隔年結果性弱い。
	カボス	9月中旬～10月上旬	樹勢中。隔年結果性強。暖地向き。半日陰でも栽培可能。
キンカン類	大実キンカン	12月下旬～2月	実が大きい。暖地で育てるとさらに実が大きくなる。
	長実キンカン	12月下旬～2月	楕円形で酸味が強い。隔年結果性弱い。
	丸実キンカン	12月下旬～2月	球形の果実が特徴。

ユズ類、キンカン類の特徴

少量でも利用価値の高いカンキツ

　ユズ類は果皮の香りや果汁の酸味を各種の料理などに利用することができ、香酸カンキツ、酢ミカンなどとも呼ばれます。東北地方でも栽培可能ですが、冬の乾いた風に弱いので、関東以北では防寒対策が必要です。

　キンカン類は5月、8月、10月の3回開花するのが特徴ですが、夏に咲く花に最も実がつきます。カンキツ類の中では樹高が小ぶりで、刈り込みにも耐えるので、生け垣などの常緑の庭木としても利用できます。

品種の選び方

1本でも結実！ 品種はスペースや気候に合わせる

　ユズ類は種類が多く、庭で放任すると大木になりやすいのでコンパクトに仕立てましょう。本来、枝にトゲがありますが、トゲなしの品種もあります。

　キンカン類は樹高が低めで栽培しやすく、コンテナ栽培向き。大きな実がつく大実キンカンなどがおすすめです。かならず接ぎ木苗を選びましょう。

PART 2 ユズ類・キンカン類

1 植えつけ → 3月

基本的な作業はカンキツ類は共通なので、植えつけはP132、施肥はP132を参照のこと。

❶大実キンカンの3年生苗。ポットをはずし、植え穴に用土を入れ、植えつける。

❷植えつけ後。上面が出るくらいの、浅植えに。上にも用土を盛るとよい。

2 剪定 → 3月

剪定の作業はカンキツ類は共通なので、P134を参考のこと。ここでは実のつき方を紹介。

果実のつき方 ユズ類、カボス・スダチ、キンカン類で果実のつき方が異なるので、剪定にそなえて覚えておくとよい。

ユズ類 温州ミカンと同様に前年や前々年に伸びた発育枝に混合花芽がつく。

スダチ・カボス ユズ類と同様だが、前々年の枝には花芽はつかない。樹冠内の充実した短い枝に結実しやすい。

キンカン類 ユズ類と同様に前年に伸びた枝についた混合花芽から、春に伸びた新梢や前年枝のわき芽にも花芽がつく。

冬：春に混合花芽から伸びた新梢の先端部に花芽がつく。
夏：春枝の新梢はあまり伸びないで結果／果実／葉芽／前年に伸びた枝

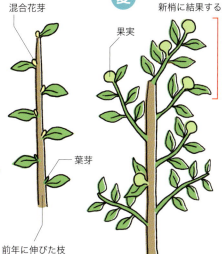

冬：混合花芽
夏：春から長く伸びた新梢に結果／果実／葉芽／前年に伸びた枝

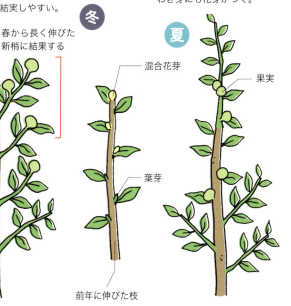

冬：混合花芽
夏：果実／葉芽／前年に伸びた枝

3 開花・受粉・摘果 → ユズ…5月（開花）・6月下旬〜7月（摘果）
キンカン…5・8・10月（開花）・9月（摘果）

開花、受粉、摘果の作業については、カンキツ類は共通なので、P138を参考にして行なう。品種によって目安にする葉の枚数が違うので覚えておこう。

ユズ類の開花は5月。7月に果実が親指大になったらユズは葉10〜15枚に1果、ハナユ・カボスは葉8〜10枚に1果、スダチは葉4〜5枚に1果を目安に摘果。写真はハナユ。

キンカンは、5、8、10月の年3回開花。摘果は基本的に必要ないが、早くついた実ほど大きくなるので、遅くついた小さな実や傷のある実を摘果すると、実がより大きくなる。

4 収穫 → 品種によるのでP144の表を参照

ユズ類、キンカン類は使う用途に合わせて、果皮が黄色か青色の状態で収穫する。

▲ユズとハナユは、目的に応じて果皮が未熟な青いうちから収穫できる。若い実は、実の成長が終わり、緑色がやや薄くなったところから苦味が減って収穫できる。写真はハナユ。

▶ユズとハナユは、11月上旬から黄色く色づく。スダチ、カボスは9月頃から果皮が青いうちに収穫する。

獅子ユズは果皮が黄色くなったら収穫どき。

キンカン類は11月下旬からオレンジ色に色づき果実の皮に甘みが出てくるので、熟したものから順に収穫。収穫は2月頃まで順次行なう。

ここが知りたい！ ユズ類 Q&A

Q 庭植えで本ユズが10年以上たっても開花せず、実もなりません。

A 根切りで実つきをよくする

ユズは環境がよすぎると枝葉ばかりが成長して、なかなか実をつけないことがあります。栄養分が多すぎることも原因のひとつ。チッ素肥料を減らしましょう。

さらに、根切りをすることで、開花を促します。植えつけ後6年以上たっても開花しないときは、ぜひお試しを。根切りをすると、根が細くなるため、樹勢が抑えられ、花がつきやすくなります。

花ユズは、庭植えでもコンテナでもよく結実するので、家庭果樹には花ユズがおすすめです。

❶8年生のユズ。枝先の下くらいの土を、4か所掘る。

❷スコップで、スコップの深さくらいのボックス型に掘っていく。

❸根が見えたところ。

❹ハサミで太い根を切る。
❺同様に4か所掘り、太い根を切っていく。
❻掘った土に腐葉土を混ぜておく。

❼庭土と腐葉土を混ぜ合わせたものを埋め戻す。こうすることで、新しく出る細根がよく伸びる。
❽周囲4か所、同様にして完了。

after

147

レモン・ライム

カンキツ類の中でも酸味が強く、料理や飲み物の風味づけに活躍。白い花も美しい！

ミカン科

難易度 ▶ やさしい

栽培のポイント 寒さに弱く、温暖で乾燥した気候を好む。鉢植えにした方が管理しやすい。

DATA

- 英語表記　Lemon（レモン）　Lime（ライム）
- タイプ　常緑高木　　樹高　2.5〜3m
- 自生地　インド　　日照条件　日向
- 収穫時期　種類によって異なる
- 栽培適地　関東南部以西の暖地（レモン）
  　　　　　紀伊半島以西の太平洋岸の暖地（ライム）
- 結実までの目安　2〜3年（鉢植え）、3〜4年（庭植え）
- コンテナ栽培　可能（7号鉢以上）

栽培カレンダー

（月）	11	12	1	2	3	4	5	6	7	8	9	10
植えつけ					■							
整枝剪定					■							
開花（人工受粉）							■秋果		■冬果		■春果	
施肥		元肥			元肥							
病害虫							■	■	■	■		
収穫	■	■	■	■	■						■	■

■おすすめの品種

	品種名	収穫時期	特性
レモン	リスボン	9月下旬〜5月下旬	樹勢強。秋果多い。四季咲き性弱。耐寒性強。日本の主要品種。
	ビラ・フランカ	10月下旬〜5月下旬	樹勢強。耐寒性強。隔年結果少ない。
	ユーレカ	9月下旬〜5月下旬	樹勢やや弱。四季咲き性強。香りよく、果汁多い。暖地向き。
ライム	タヒチ・ライム	9月下旬〜5月下旬	樹勢やや弱。ライムとしては耐寒性強。タネが少ない。
	メキシカン・ライム	9月下旬〜5月下旬	樹勢中。樹高低い。耐寒性弱。香りよく、酸味強い。

▶レモンの青い実も香りづけに利用できる。

レモン、ライムの特徴

低温に弱いカンキツ。乾燥気味に育てる

レモンとライムはともに果汁、果皮が利用でき、すばらしい香りの白い花も楽しめる果樹です。カンキツ類の中では耐寒性が弱いグループのひとつで、関東南部以西で栽培することができますが、冬でも暖かい沿岸地方が適しています。

乾燥した土地を好み、4〜10月にかけての降水量が少ないことが、よいレモン、ライムを育てるための条件。排水性、保水性がよく、腐植に富んだ土壌で栽培しましょう。

品種の選び方

1年に3回開花する四季なり性。1本でも結実可能

レモン、ライムはともに1本でも結実するので、受粉樹は必要ありません。四季なり性でほかのカンキツ類とは異なり、5〜6月の秋果、7〜8月の冬果、9〜10月の春果の3回開花。9〜10月に開花した分は、そのまま樹上で冬を越して収穫します。レモンは耐寒性に強弱がありますが、耐寒性が弱い品種の方が香りがまろやかだといわれています。ライムのほうが、より寒い地域で栽培可能です。

1 植えつけ・剪定 → 3月

基本的な作業はカンキツ類は共通なので、植えつけはP132、施肥はP132、樹形づくりはP134、剪定はP135～137を参照のこと。

▲接ぎ木テープは成長の妨げになるのではずしておく。

◀レモンの接ぎ木苗2年生。浅めに植えつける。

果実のつき方

温州ミカンと同様だが、四季なり性のため、年3回開花。日本では一般的に5～6月に開花した秋果を利用し、冬果と春果は摘果することが多い。

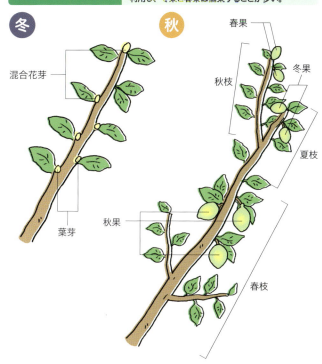

2 開花・受粉・摘果
→ 5～6月、7～8月、9～10月（開花）・8月（摘果）

開花、受粉、摘果の作業は、カンキツ類はほぼ同じなので、P138を参考に。品種によって目安にする葉の枚数が異なる。

▲開花は5～6月、7～8月、9～10月の年3回。人工受粉は必要ないが、筆で花をさっとなでて受粉をすると、実つきがよくなる。

▶レモンは暖かい地域では、通常は5～6月の秋果以外の実は摘果する。秋果も8月頃、葉20～30枚に1果を目安に摘果。ライムは落下しやすいので摘果しなくてもよい。

3 収穫 → 品種によるのでP148の表を参照

レモン、ライムは主に秋果を利用。暖地では冬中ならせておき、使う都度収穫するとよい。病害虫はP138参照。

レモンは9月頃からの未熟な果実でも利用可。黄色くなるのは12月以降。暖地では翌5月頃まで樹上におき、必要時に収穫してもOK。ライムは果実が大きくなり、果皮に光沢が出たら収穫。9月から翌年の5月頃まで収穫可能。

カンキツ類の特徴リスト

カンキツ類の育て方は基本同じですが、樹勢や耐寒性、摘果の際の一果あたりの葉っぱの枚数の目安、そして収穫期などは、品種によって違います。それぞれの特徴を知っておきましょう。

◆カンキツ類の品種別の特徴

品種名	樹勢	耐寒性	果実の重さ（g）	摘果時の葉の枚数の目安（1果あたり）	収穫期
温州ミカン（早生）	強	中	130	20～30枚	10月中旬～11月上旬
温州ミカン（中生・晩生）	強	中	130	30～40枚	11月中旬～12月中旬
ポンカン	強	中	150（小果系） 200（中果系）	30枚	1月～2月上旬
ネーブルオレンジ	中（吉田）	弱	280	50～60枚	12月上旬～1月中旬
ダイダイ	強	中	400	50～60枚	12月中旬～1月上旬
イヨカン	弱	中	200	50～60枚	12月上旬～下旬
夏ミカン	強	中	400	70～80枚	12月中旬～5月上旬
ハッサク	強	やや弱	300～400	70～80枚	12月下旬～5月上旬
デコポン	弱	やや弱	200	50～60枚	1月下旬～3月
ヒュウガナツ	強	中	150	50～60枚	5月上旬～6月上旬
ユズ	強	強	100	10～15枚	8～12月
ハナユ	弱	強	30	8～10枚	8～12月
獅子ユズ	強	強	500	50～70枚	11～12月
カボス	中	弱	50	8～10枚	9～10月
スダチ	弱	強	30	4～5枚	8～11月
キンカン	弱	中	10	小さい果実を摘果	12月下旬～2月
レモン	強（リスボン） やや弱（ユーレカ）	強（リスボン） 弱（ユーレカ）	120	秋果は葉20～30枚に1果。冬果と春果はすべて摘果	9月下旬～5月下旬
ライム（タヒチライム）	やや弱	強	120	小さい果実を摘果	9月下旬～5月下旬

キンカン酒

【作り方】
1. キンカンは洗い、清潔な容器に詰める。
2. キンカンの1/4～1/2量の氷砂糖を入れる。
3. ホワイトリカーを注ぐ。果実が出ないようにたっぷり入れる。1か月後から飲める。キンカンは1～2か月後にとり出すとよい。

ポン酢（約250ml分）

【作り方】
1. カンキツ（レモン、ユズ、カボス、スダチ、ダイダイなど）の果汁を100mlしぼる。
2. しょうゆ100mlと①の果汁を鍋に合わせ、酢大さじ1、みりん大さじ1、酒大さじ1、昆布5cm角を加えて中火にかける。
3. 沸騰直前に昆布を取り出し、かつおぶしひとつかみ（約5g）を加えてひと煮立ちさせて火を止める。冷めたら布巾などでこして冷蔵庫へ。3か月以内に使いきる。

ベリー類

PART 3

家庭でも育てやすい低木果樹のベリー類。
ブルーベリーをはじめとして、
ラズベリーやブラックベリーなど、
初心者でも育てやすい人気の果樹です。

- ブルーベリー
- ラズベリー
- ブラックベリー
- カーラント・グーズベリー
- ジューンベリー
- クランベリー

初心者でも小さなスペースで育てやすく、
果実には目を健康に保つ成分が豊富。

ブルーベリー

ツツジ科

難易度 ▶ やさしい

栽培のポイント 酸性の土壌を好む。結実をよくするために2品種以上で育てること。

DATA

- 英語表記　Blueberry　●タイプ　落葉低木
- 樹高　1.5～3m（ハイブッシュ系、ラビットアイ系）
- 自生地　北アメリカ　●日照条件　日向～半日陰
- 収穫時期　6～9月
- 栽培適地　関東以北、中部地方の高冷地（ハイブッシュ系）
  　　　　　関東以西の暖かい地域（ラビットアイ系）
- 結実までの目安　2～3年（庭植え・鉢植え）
- コンテナ栽培　容易（5号鉢以上）

■おすすめの品種

系統	品種	特徴
ノーザンハイブッシュ系	ウェイマウス	極早生。果実が大きい。粘土質の土では生育が悪い。
	ブルエッタ	早生。直立性。耐寒性が強い。コンパクトに育てられる。
	アーリーブルー	早生。直立性。耐寒性が強い。コンパクトに育てられる。
	スパルタン	中生。直立性。ハイブッシュ系の中では比較的耐暑性がある。玉ぞろいも良好。
	ブルーレイ	中生。耐寒性が強い。シュート発生が多い。
	ブルークロップ	中生。果実が大きい。シュート発生が少ない。栽培は容易。
	レイトブルー	晩生。直立性。生食にすぐれる。
サザンハイブッシュ系	エイボンブルー	中生。果実が美しく、シュート発生が多い。
	ジョージアジェム	中生。土壌適応性広い。コンパクトに育てられる。
	シャープブルー	中生。裂果多い。冬の低温要求少ない。
	オニール	極早生。直立性。甘く良好な風味を持つ。まれに特大サイズの実をつける。
ラビットアイ系	ウッダード	早生。比較的大粒で香りよい実をつける。
	ホームベル	中生。果実は小さめだが実の量は多い。栽培が容易で最も一般的に栽培されている。
	ブライトブルー	中生。栽培は容易だが、裂果、シュートの発生が多い。
	ティフブルー	晩生。ラビットアイ系の中でも耐暑性が高い、実つきが多く、日持ちする。
	バルドウィン	晩生。結実率高い。果実が美しく、収穫期が長い。

栽培カレンダー

（月）	11	12	1	2	3	4	5	6	7	8	9	10
植えつけ	温暖地				寒冷地							
整枝剪定		冬季剪定						夏季剪定				
開花（人工受粉）												
施肥	元肥				元肥			追肥				
病害虫												
収穫												

ブルーベリーの特徴

花と実と紅葉、三拍子そろって楽しめる

　北アメリカが原産で、耐寒性が強く、日本で育てやすい代表的な小果樹類です。春には白いドウダンツツジに似た可憐な小花が咲き、夏から秋にかけて次々に実がなります。秋には葉が美しく紅葉し、目を楽しませてくれるなど、庭木としてのメリットもたっぷり。

　日当りのよい場所を好みますが、真夏に西日が当たると根が焼けるので、日射しを遮るなどの対策が必要です。

品種の選び方

同系統から2品種選んで植えよう

　ノーザンハイブッシュ系は夏期の乾燥、暑さに弱いため、中部、東北地方など冷涼な地域での栽培に適しています。サザンハイブッシュ系は比較的暖かい地域での栽培が可能。ラビットアイ系は暑さに強いので、関東以西の温暖な地域でも育てることができます。

　ブルーベリーは1品種だけでは結実が悪いので、同系統の別品種を2本以上混植するのが基本です。

1 植えつけ → 11〜12月・3月

葉が落ち、芽や根の成長が止まる秋から冬に行なう。
生育期に植えつける場合はポットの土を崩さないこと。

日当たりと水はけがよく、やや湿り気のある酸性の土壌が理想的。基本の植えつけ（P204）を参考に植えつける。

ハイブッシュ、サザンハイブッシュ系
赤玉土：ピートモス＝1：1

ラビットアイ系
赤玉土：腐葉土＝1：1

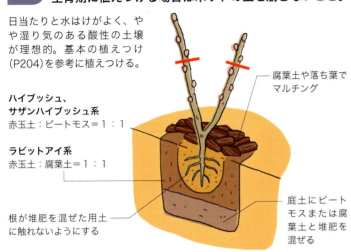

- 腐葉土や落ち葉でマルチング
- 庭土にピートモスまたは腐葉土と堆肥を混ぜる
- 根が堆肥を混ぜた用土に触れないようにする

施肥の方法

元肥 12〜1月に有機質配合肥料（P239）を1株につき1kgを目安に与え、3月に化成肥料（P239）を50gを目安に与えよう。

追肥 硫安を6月に1株あたり50gを目安に与える。6月に葉の色を見て、薄かったり黄ばんでいたりする場合は、追肥するとよい。

ここが知りたい！ ブルーベリー Q&A

Q 庭に植えたのですが、実があまりなりません。

A いくつか原因が考えられる

● **ふかふかの土にして植えつける**
ポットのサイズだけ庭に穴を掘り、植えませんでしたか？ 固く、栄養分のない庭の場合、それではダメ。ブルーベリーは根が細く柔らかいため、固い土ではうまく成長することができません。基本の植えつけ（P204）を参考に土作りをしてから、再度、植えてみてください。

● **2品種植えが基本**
1本だけで育てていませんか？ 1本でも実がつく品種もありますが、2本植えるとグンと実つきがよくなります。ただし、同じ系統であることが重要。違う系統を2本植えても受粉しないので、苗を入手する際は品種をしっかり確認すること。

● **土壌が合わない**
ブルーベリーは酸性の土壌を好み、とくにハイブッシュ系はその傾向が顕著です。植えつけの際はピートモスを用土に混ぜるようにしましょう。

● **水分が足りない**
ブルーベリーは水を好むので、株元に腐葉土をマルチングするなど、乾燥対策をするとよいでしょう。

● **肥料のバランスが悪い**
ブルーベリーは硫安（硫酸アンモニウム）などのチッ素肥料を通常の肥料と併用すると生育や実つきがよくなります。3月と6月に施肥の際、他の肥料に加えて硫安を50gほど加えましょう。

2 剪定 → 12〜3月（冬季剪定）

植えて1〜2年は花芽を切って株を充実させる。4〜5年目からよい実をつけるように枝の更新や間引きを行なう。

樹形づくり

主軸枝（結果枝をつける枝）を1株当たり4〜5本出させ、3〜5年を目安に株を更新する株仕立てにする。

株仕立て

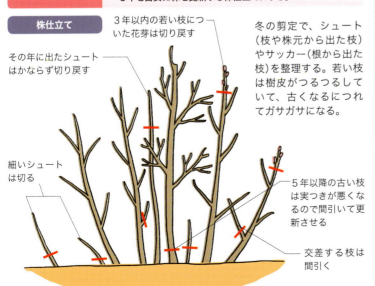

- 3年以内の若い枝についた花芽は切り戻す
- その年に出たシュートはかならず切り戻す
- 冬の剪定で、シュート（枝や株元から出た枝）やサッカー（根から出た枝）を整理する。若い枝は樹皮がつるつるしていて、古くなるにつれてガサガサになる。
- 細いシュートは切る
- 5年以降の古い枝は実つきが悪くなるので間引いて更新させる
- 交差する枝は間引く

Point 切り戻し剪定で株を充実させる

冬
- 花芽
- ここで切る
- 葉芽

1年後（切り戻した場合）
- 残った葉芽が伸びてよい結果枝になる

1年後（切り戻さない場合）
- 着果した枝は枯れる
- 新梢はあまり伸びない

果実のつき方

1年枝の先端と、その下の数節に花芽がついて結果枝となり、翌春、5〜10数個の花を咲かせる。

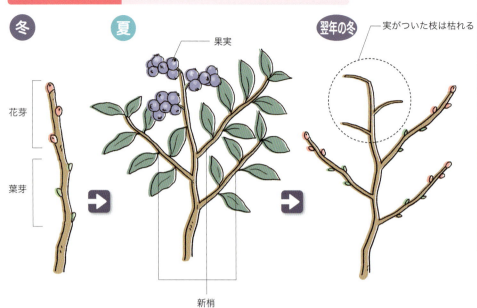

冬の剪定

7年生のラビットアイ種の剪定例。5〜6年でシュート8〜10本ほど（ハイブッシュ系は3〜4本）にする。ブルーベリーのシュートは6年を境に実つきが悪くなるため、5〜6年で更新剪定するとよい。

細いシュートは整理し、残すシュートは切り戻す。若い枝は花芽を落とし、伸ばす枝は株が横に広がるように外芽の上で切る。

中までよく日が当たるように全体の約1/3を剪定。

上から見たところ。360度バランスよく枝が広がるように剪定する。

PART **3** ブルーベリー

外芽の上で切る

❶枝から伸びた1年目のシュートは、全体の高さを見ながら外に向いている芽の上で切り戻す。

❷切った部分より下4芽くらいがよく伸びる。

❸同様に、このような若いシュートも先端の花芽がついている部分を切る。

❹切って結果枝を出させる。

細いシュートを整理する

❶地面から出ているシュートは充実しているものを残す。

❷外芽の上で切り戻しておく。

❸地面から出ている細いシュート4本は整理する。1本目。

❹2本目。

❺3本目。

❻4本目。

❼4本の細いシュートを整理したところ。

155

混み合う枝を切る

❶内向する平行枝を切る。　❷上の短い枝を剪定。　❸混み合う枝は外に向かう枝を残して徒長している部分を切る。　❹株が横に広がるように伸びていく。

Point　古い枝の更新

2〜3年実をつけた古い枝は、勢いがある若い枝のところで切って更新するとよい。残すべき若い枝が出ていないときは、5〜6年枝は根元から間引く。

左の枝は樹皮がゴツゴツしている古い枝。　切ると右の若い枝の実つきがよくなる。

Point　切り戻すと新梢が出る

冬や初夏に切り戻し剪定をすると、冬なら翌春に、初夏なら秋に切ったところから充実した新梢が伸びる。この新梢には、その翌年に花芽がつく。

Point　10年以上の株の植え替え

植えつけ後30年ほどで中心の親株が枯れ、ドーナツ状に株が成長していくため、10〜15年で株を掘り起こし、中心に集めて埋め戻すとよい。

3 開花・受粉 →4月

ラビットアイは自家結実性がないので同系の別種が必要。ハイブッシュ系も2品種あったほうが実つきがよくなる。

▲ラビットアイ系の花。

▶ハイブッシュ系の花。ラビットアイ系よりひと回り大きい。

病害虫対策

病気 とくにない。
害虫 ほとんどつかないが、まれにマメコガネやイガラの幼虫、ミノガの幼虫が発生することがあるので見つけたら捕殺する。
その他 実が色づく頃、スズメ、ヒヨドリ、ムクドリなどの鳥害、ハクビシンなどの獣害もあるので、被害がひどい場合はネットで覆うなどの対策をする。

Point 人工受粉で結果率アップ！

同系統を2品種植えていれば自然に受粉するが、人工受粉すると、より実つきがよくなる。横からみて雌しべの先端が花びらより外に出たら受粉のタイミング。

❶別の花をつむ。　❷花をもんで爪に花粉を出す。

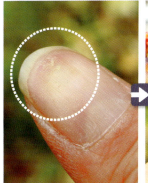

❸花粉。　❹別品種の雌しべに花粉をつける。

ブルーベリーの利用法

タネがなく、ほどよい甘みがあって生食にも向き、そのまま焼き菓子の中に焼き込んでもよい。実はそのまま冷凍保存できる。ジャムやシロップ、果実酒に加工するのもおすすめ。

ブルーベリージャム
【作り方】
①鍋にブルーベリーを入れ、フォークなどでざっくりつぶし、ブルーベリーの重量の30〜40％の砂糖を混ぜて、しばらくおいて水分を出させる。
②レモンの薄切り1枚を加えて中火にかける。焦げないように混ぜながら煮詰める。ぽってりとろみがついたら完成。

4 夏の整枝 → 6〜7月

6月頃、勢いよく伸びた新梢を切り戻すと、秋までに枝が分岐して新しい充実した新梢が出る。

ケース1

20〜30cm以上伸びた新梢は、切り戻して、充実した結果枝を出させるとよい。

ケース2

芽の位置を確認しながら、外側に伸びるように切り戻す。そうすると樹形が乱れない。

5 収穫 → 6月中旬〜9月上旬

実だけではなく、果枝(果物の軸)の色も赤紫色になっているものを軽くつまんで収穫する。

ラビットアイ系のティフブルー。

熟した実からつんで収穫。

実がついてない軸のように、軸の根元が実と同じ色になったら収穫どき。

ブルーベリーのコンテナ栽培

1鉢1品種で2鉢育てるとよい

ブルーベリーはコンテナでも育てやすく、はじめて果樹を育てる人にもおすすめです。基本的な管理方法は、庭植えと同様ですが、苗木の植えつけは3月頃がベスト。同じ系統の中から2品種育てましょう。

庭植えと同様に株仕立てがおすすめですが、開心自然形や変則主幹形(P217)に仕立ててもOK。

梅雨が明けた後は、高温と強い日射しを避け、西日が当たらない場所に移動するか、遮光して育てましょう。

Point

◆ **鉢のサイズ**
　5～6号鉢に植え、2年に一度、ひと回り大きな鉢に植え替えを。

◆ **使用する土**
　ラビットアイ系は赤玉土と腐葉土を1対1で混ぜた用土に、ハイブッシュ系は赤玉土とピートモスを1対1で混ぜた用土に植えるとよい。

◆ **水やり**
　ブルーベリーは水が大好き。乾燥すると生育が悪くなるため、用土の表面が乾いたらたっぷり与える。水切れに注意。

ここが知りたい! ブルーベリー Q&A

Q 夏に枯れてしまいました。

A 夏場は朝夕方2回水やりを
　ブルーベリーは水切れに弱いため、夏に枯らしてしまう人が多いようです。とくに若木は乾燥に弱いので注意。夏は朝と夕方(または夜)の2回、たっぷりと水をやりましょう。

Q 1つのコンテナに2品種植えてもよい?

A 1鉢1本が基本
　寄せ植えにすると、土壌適応の関係から、かならずどちらかが大きく育ってしまうため、1鉢1本が基本です。どうしても1鉢にしたい場合は、中央でしっかりすき間なく土を仕切るようにしましょう。

苗木の植えつけと剪定

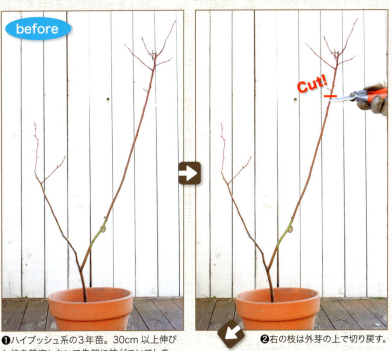

❶ハイブッシュ系の3年苗。30cm以上伸びた枝を剪定しないで先端に枝がついてしまった悪い例。若木なのでこれから切ってもOK。

❷右の枝は外芽の上で切り戻す。

❸左の枝も先端の花芽を切って完了。

▶ハイブッシュ系のサザンオニールの2年生苗。

果実が傷みやすいため、一番おいしい完熟果を味わうなら、家庭栽培がおすすめ。

ラズベリー

バラ科

難易度 ▶ やさしい

栽培のポイント
やせた土地でも育ち、1本でも結実する。夏の暑さと乾燥には要注意。

DATA

- 英語表記　Raspberry
- 樹高　1～1.5m
- 日照条件　日向～半日陰
- 栽培適地　関東以北
- 結実までの目安　2年（二季なり性は1年目から・庭植え・鉢植え）
- コンテナ栽培　容易（5号鉢以上）
- タイプ　落葉小低木
- 自生地　北アメリカ、ヨーロッパ
- 収穫時期　7～8月と9～10月

栽培カレンダー

■おすすめの品種

品種名	収穫	特性
インディアンサマー	二季なり性	赤色。直立性。代表的な人気品種で、味わいは濃厚。
ヘリテージ	二季なり性	赤色。直立性。栽培しやすく収穫量が安定。
ラーザム	7月	赤色。直立性。トゲがすくない。
ファールゴールド	8～9月	黄色。直立性。収穫期間が長い。
チルコテン	7月	赤色。直立性。光沢のある中粒の実。
サマーフィスティバル	二季なり性	赤色。直立性。ポピュラーな品種。
カジイチゴ	7～9月	黄色。直立性。西日本を中心に自生していた日本のキイチゴ。

▶カジイチゴは、日本のキイチゴで黄色い果実をつける。

ラズベリーの特徴

初夏と秋の二季なり性のものもある

　栽培品種として欧米で改良されたキイチゴの仲間です。たくさんの小さな実が集まってひと粒の実になる集合果で、品種によっては初夏と秋の2回、収穫が楽しめます。

　耐寒性が強く−20度にも耐えることができますが、夏の暑さと乾燥には弱いため、夏が冷涼な地域向き。樹高が低いので、ベランダなどの限られたスペースでもコンパクトに育てることができます。

品種の選び方

赤、黄、黒紫の実の色や特性から選ぶ

　品種によって果色が異なり、赤、黄、黒紫があります。樹姿は直立性、アーチ状になる半直立性があり、ともに株仕立てか垣根仕立てにするのが一般的。どの品種もトゲがありますが、二季なり品種かどうかは異なります。

　一般的に味、香りともに品質が高いのは赤いラズベリーですが、黄色も糖度が高く、酸味が少ないので生食向き。黒紫色は酸味が強いので加工向きです。

1 植えつけ → 11月（温暖地） / 3月（寒冷地）

オールシーズン可能だが寒冷地は3月、温暖地は11月がベスト。日当たりと水はけのよい場所を選ぶ。

基本の植えつけ（P204）を参考に、40×40×深さ40cmに穴を掘って植えつける。

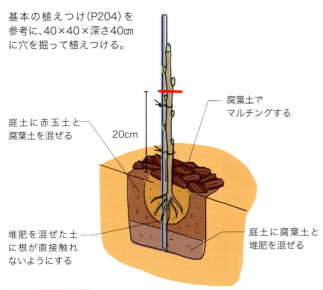

- 腐葉土でマルチングする
- 庭土に赤玉土と腐葉土を混ぜる
- 20cm
- 堆肥を混ぜた土に根が直接触れないようにする
- 庭土に腐葉土と堆肥を混ぜる

施肥の方法

元肥 12〜1月に有機質配合肥料（P239）を700gを目安に与える。3月に化成肥料（P239）を50gを目安に与えるとよい。

礼肥 収穫後の9月、化成肥料を20gを目安に与える。

2 剪定 → 12〜3月

落葉期の12〜3月に、冬に古い枝を間引き、混み合う部分を剪定する。

果実のつき方
春に伸びた枝が翌年の夏に実をつけ、冬に枯れるという2年サイクルをくり返す。

冬 / 夏
- 果実
- 混合花芽
- A
- B
- 葉芽

上のイラストは一季なりの場合。二季なりでは、Aの芽は1年目に開花し、Bの芽が2年目に開花する。

樹形づくり
株仕立てが一般的だが、支柱を組んで垣根仕立てにしてもよい。

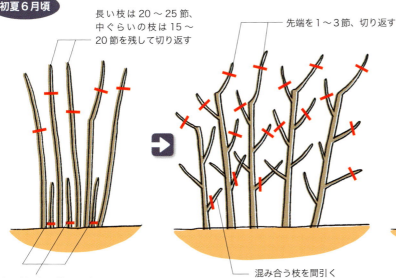

株仕立て

初夏6月頃 → 12〜3月

- 長い枝は20〜25節、中ぐらいの枝は15〜20節を残して切り返す
- 先端を1〜3節、切り返す
- 細い枝、短い枝を間引く
- 混み合う枝を間引く

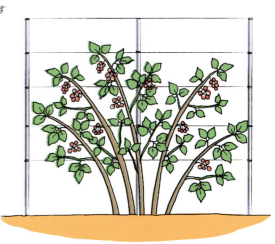

垣根仕立て

枝を垣根に扇形に誘引する。

| 冬の剪定 | 実をつけた枝は冬までに枯れるので、根元から間引いて更新する。その年に伸びた新梢は翌年に結果するので、先端を切り戻しておくとたくさん実がつく。 |

❶真ん中の実をつけた古い枝は根元から切る。
❷同じように古い枝を整理していく。
❸古い枝を整理したところ。

❹ラズベリーは切った部分から枯れやすいので、芽のすぐ上ではなく、芽と芽との間を切る中間剪定を行なう。
❺春から伸びた新梢は、先端1/4ほどを切り戻す

Point 株分けで増やせる

ラズベリーは、ブラックベリーと同様に、地下茎を伸ばして子株をつくっていく。植え替えの際、地下茎でつながっている部分を切り、子株を分けて植えると増やすことができる。株分けの方法はP247を参照のこと。

3 開花・受粉 ➡ 4月・8月（二季なり）

自家受粉するので、他品種を植えなくても1本で結実する。

◀▲人工受粉は必要ないが、筆などで花をなでるようにして人工受粉をすると確実に実がつく。

4 収穫 → 7〜8月・9〜10月（二季なり）

果実全体が完全に熟したら収穫（二季なり性は2回）。
収穫期に雨にぬれると実が傷みやすいので注意。

実は手で摘むだけでポロッとはずれる。傷みやすいので、収穫は涼しい朝か夕方に行なう。

病害虫対策

- **病気** 実が熟す時期に雨が多いと灰色カビ病が発生する。予防するには雨よけをするか、果実が熟したらすぐに収穫する。
- **害虫** コウモリガの幼虫が茎に入り、内部を食害することがある。株元の雑草は取り除き、稲わらや腐葉土で覆っておくとよい。

ラズベリーの利用法

果実は生食のほか、ジュース、果実酒、菓子の材料に利用でき、とくに赤いラズベリーの果汁はとても鮮やかな赤色がつく。収穫後は傷みやすいので冷蔵、冷凍保存するか、早めにジャムなどに加工する。

ラズベリーのコンテナ栽培

1本で実がつくので初心者におすすめのベリー

手軽にはじめるなら鉢植えがおすすめです。ポット苗は1年中植えつけができますが、根を傷つけずに行なうなら、葉が落ち、根の成長が止まった休眠期間がスムーズです。酸素の要求量が多いことから、鉢底石を使って水はけをよくすることを忘れずに。

ラズベリーは地下茎を伸ばして次々に新しい枝を出していくので、成長とともに少しずつ株の中心が外側にずれていきます。そのため2年に1度の植え替えをして、株をリフレッシュさせましょう。

Point

◆鉢のサイズ
ポット苗よりも1〜2号大きなサイズの鉢を用意。2年に一度植え替える。

◆使用する土
赤玉土と腐葉土を1:1で混ぜる。植えつけの際は、肥料はとくに必要ない。

◆水やり
乾燥を嫌うので、春と秋は1日1回。冬は3〜5日に1回。夏は朝夕2回与える。

苗木の植えつけと剪定

◀インディアンサマーの3年生苗。

▶中央の枝はこの年に実をつけたので間引き、残す枝は先端を切り戻す。

❶真ん中の実をつけた古い枝は根元から切る。（ここで切る）

❷残す枝は先端を切り戻す。

❸短い枝も同様に先端を切る。

生育旺盛で収穫量も豊富。果実には目によい
栄養素が豊富に含まれ、清楚な花も魅力。

ブラックベリー

| バラ科 | 難易度 | やさしい |

栽培のポイント 夏の暑さにも比較的強い。夏の乾燥と西日が直接当たらないように注意する。

DATA
- 英語表記　Blackberry
- タイプ　落葉小低木
- 樹高　1〜2m
- 自生地　北アメリカ
- 日照条件　日向〜半日陰
- 収穫時期　7〜8月
- 栽培適地　関東以西
- 結実までの目安　2年(庭植え・鉢植え)
- コンテナ栽培　容易(5号鉢以上)

栽培カレンダー

(月)	11	12	1	2	3	4	5	6	7	8	9	10
植え付け	温暖地				寒冷地							
整枝剪定			冬季剪定				夏季剪定					
開花(人工受粉)						■						
施肥	元肥			元肥						礼肥		
病害虫								■	■			
収穫									■	■		

■おすすめの品種

品種名	トゲ	特性
ソーンフリー	トゲなし	ほふく性。たくさん実がつく。
ボイセンベリー	ありとなしの2系統あり	ほふく性。赤紫色の酸味の強い大きな実がなる。
ブラックサテン	トゲなし	半直立性。黒色で香りのよい大きな実をつける。
アパッチ	トゲなし	直立性。黒色の大きな実をつける。収穫量が多い。
ナバホ	トゲなし	直立性。果実は中粒で甘みがあり、収穫量が多い。

ブラックベリーの特徴
丈夫で育てやすく、可憐な花も楽しめる

　ラズベリーと同じキイチゴの仲間ですが、1本でも結実し、なにより丈夫で、それほど手をかけなくてもたくさんの収穫が期待できます。春に咲く、サクラを思わせる清楚な花も魅力。トゲの有無は品種によって異なりますが、一般的にトゲありの方がおいしい果実が穫れるといわれます。

　甘酸っぱい果実にはビタミンCのほか、目の健康を助けるアントシアニンがブルーベリー以上に含まれています。

品種の選び方
特性に合わせて垣根やアーチに這わせることも

　樹姿は直立性、半直立(アーチ)性、ほふく性があります。特性に合わせてフェンスに這わせたり、アーチ仕立てにしたり、ハンギングバスケットに植えて、上から垂らしたりして楽しむこともできます。

　トゲの有無は品種によって異なりますが、いずれも生育が旺盛なので、スペースに限りのある場合は鉢植えがおすすめ。支柱などをうまく活用するとよいでしょう。

1 植えつけ → 11月（温暖地） / 3月（寒冷地）

どんな土壌でもよく育つが、ナス科の野菜を育てた後に植えると成長不良に。横に広がるのでできるだけ広いスペースに植える。

基本の植えつけ（P204）を参考に、40×40×深さ40cmに穴を掘って植えつける。

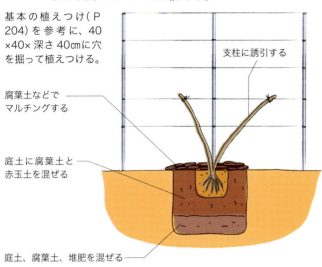

- 支柱に誘引する
- 腐葉土などでマルチングする
- 庭土に腐葉土と赤玉土を混ぜる
- 庭土、腐葉土、堆肥を混ぜる

施肥の方法

元肥 12〜1月に有機質配合肥料（P239）を700gを目安に与え、3月に化成肥料（P239）を50gを目安に与えるとよい。

礼肥 実の収穫後の9月、化成肥料50gを礼肥として与える。

果実のつき方

春に伸びた枝が翌年の夏に実をつけ、冬に枯れるという2年サイクルをくり返す。

冬 / 夏
- 混合花芽
- 葉芽
- 果実

2 剪定 → 12〜3月

支柱やフェンスなどに誘引し、冬に樹形を整理する剪定を行なう。

樹形づくり
株仕立てや垣根仕立てにし、枝を誘引していく。

半直立・ほふく性の株仕立て

初夏6月ごろ

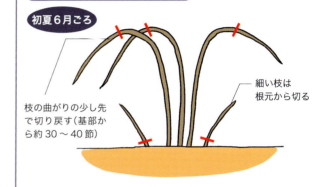

- 枝の曲がりの少し先で切り戻す（基部から約30〜40節）
- 細い枝は根元から切る

12〜3月

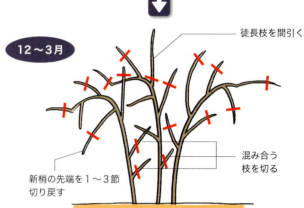

- 徒長枝を間引く
- 混み合う枝を切る
- 新梢の先端を1〜3節切り戻す

垣根仕立て

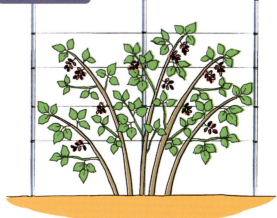

支柱を立てて、枝を扇状に誘引する。

PART 3 ブラックベリー

before

冬の剪定
実をつけた2年枝は毎年、間引き、その年に伸びた1年枝は先端を切り戻して誘引する。

間引く
間引く

ここで切る

Cut!

❶色が濃い2年枝は間引く。
❷一度実をつけた枝はもう実をつけないため、根元から切る。
❸古い枝をすべて切ったところ。
❹1年枝でも、平行枝や交差枝などの不要枝は切り、長すぎる枝は管理しやすく整理する。

Cut!

after

❺翌年、実をつける1年枝は、先端を切り戻しておく。ブラックベリーは切ったところから枯れやすいので、芽と芽との間を切る中間剪定が基本。

❻放っておくと奔放に枝が暴れて実つきが悪くなるので、毎年、剪定して整理するとよい。

3 開花・受粉 → 4月
自家受粉するので、1本で結実する。花を筆でなでる人工受粉をすると確実。

白やピンクの清楚な花が春先に開く。

4 夏の整枝 → 5月下旬〜6月
春から伸びた新梢の先端を切り戻すと実つきがよくなる。

❶長く伸びた新梢は先だけに花芽がついてしまうので切り戻すとよい。

❷6月頃に整枝すると秋までに新しい新梢が出て花芽が増える。花芽は6〜9月につくられる。

5 収穫 ➡ 7〜8月

果実全体が赤から黒になれば収穫。
完熟後は傷みやすいのでその都度摘み取るようにする。

ラズベリーのようにポロッと取れないので、つけ根をやさしく引っぱるようにして摘む。葉や茎にトゲがあるので注意する。

病害虫対策

病気 実が熟す時期に雨が多いと灰色カビ病が発生しやすい。雨よけをしたり、果実が熟したらすぐに収穫する。

害虫 コウモリガの幼虫が4月と7月の下旬に産卵し、茎の内部を食害するため、株元の周辺を除草し、腐葉土などで覆っておくとよい。

ブラックベリーの利用法

果実は生食のほか、ジュース、果実酒、菓子の材料に利用できる。収穫後は傷みやすいので冷蔵、冷凍保存するか、早めにジャムなどに加工するとよい。

ブラックベリーのコンテナ栽培

1本で結実。実をつけた枝にはもう実がつかないので切る

コンテナ栽培も、基本は庭植えと同じです。冬に落葉したあと、その年に実をつけた古い枝は間引きましょう。その年に伸びた新梢に、翌年、実をつけるため、先端を切り戻して誘引しておきます。支柱を立てて垣根仕立てにすると管理しやすくなります。

Point

◆ **鉢のサイズ**
植えつけ時は5〜8号でOKだが、2年に一度、ひと回り大きな鉢に植え替えよう。

◆ **使用する土**
赤玉土と腐葉土を1対1で混ぜた用土に植えつけを。12〜1月に有機質配合肥料（P239）を施すとよい。

◆ **水やり**
土の表面が乾いたらたっぷり与える。乾燥防止に腐葉土やバークチップを表土に置くとよい。

コンテナ植えの剪定

before

2年枝を間引き、1年枝は先端を切り戻す。

after

剪定したら、支柱を立て、垣根仕立て（P165・右下イラスト）に誘引するとよい。

ここで切る

❶すでに実がついた古い枝は根元から切る。

Cut!

❷翌年、実をつける新梢は、各枝の先端を切り戻しておく。

欧米ではポピュラーな家庭栽培向きのベリー。
小さく丸い、宝石のような実が愛らしい！

カーラント・グーズベリー

ユキノシタ科

難易度 ▶ やさしい

栽培のポイント
冷涼な気候を好む。
極端に水はけの悪い場所
でなければ土壌は選ばない。

DATA

- 英語表記　Currant、Gooseberry
- タイプ　落葉小低木
- 樹高　1～1.5m
- 自生地　ヨーロッパ西北部、アジア東北部
- 日照条件　半日陰～日陰
- 収穫時期　6～7月
- 栽培適地　東北以北、中部地方の高冷地
- 結実までの目安　3～4年(庭植え)・2～3年(鉢植え)
- コンテナ栽培　容易(5号鉢以上)

■おすすめの品種

	品種名	特徴
カーラント	ロンドン・マーケット	赤フサスグリ。果実をたくさんつける。シュートがよく発生する。
	レッドレイク	赤フサスグリ。酸味がやや強く、濃厚な味。
	ボスコープ・ジャイアント	黒フサスグリ。独特の香りの実が特徴。耐暑性高い。
	ホワイト・ダッチ	白実フサスグリ。淡桃色の大きな果実をたくさんつける。
グーズベリー	オレゴン・チャンピオン	アメリカスグリ。耐暑性高い。うどんこ病に強い。
	グレンダール	アメリカスグリ。耐暑性あり。赤紫色の実が特徴。
	赤実大玉	オオスグリ。耐暑性低く、うどんこ病に弱い。

栽培カレンダー

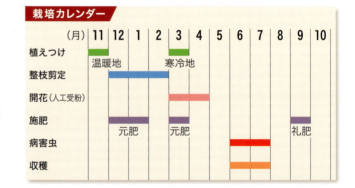

カーラント・グーズベリーの特徴

ヨーロッパではポピュラーな美しいベリー

　カーラントはスグリの仲間で、赤、白、黒色の実の種類があり、黒いものは別名「カシス」「黒スグリ」。ブドウのような房状の美しい実がつくため、観賞用にも人気です。グーズベリーはうっすら縦縞の入った緑から小豆色の実をつけ、フサスグリとも呼ばれます。カーラント系もグーズベリーも耐寒性が強く、夏は冷涼な気候を好みます。

品種の選び方

1本でも結実OK！　気候に合わせた品種を

　カーラントは品種名を表示されずに販売されることがほとんどですが、優良品種が多数あります。レッドカーラントでは「ロンドン・マーケット」がおすすめです。
　グーズベリーは大別するとヨーロッパ系の「オオスグリ」とアメリカ系の「アメリカスグリ」に分けられ、オオスグリは夏の高温に弱いため、暖地では鉢植えにします。関東以西では耐暑性のあるアメリカスグリが適しています。
　カーラントもグーズベリーも1本でも結実します。

1 植えつけ → 11月（温暖地）3月（寒冷地）

基本の植えつけ（P204）を参考に植える。半日陰を好むので、庭では大きな樹の根元などに植えるとよい。

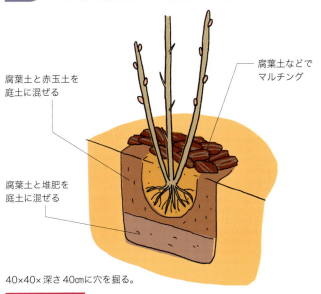

腐葉土と赤玉土を庭土に混ぜる
腐葉土などでマルチング
腐葉土と堆肥を庭土に混ぜる

40×40×深さ40cmに穴を掘る。

施肥の方法
- **元肥** 12～1月に有機質配合肥料（P239）を1株700gを目安に与える。3月に化成肥料（P239）を80gを目安に与える。
- **礼肥** 9月に化成肥料40gを礼肥として与える。

2 剪定 → 12～2月

地下茎を伸ばして中央から周辺に広がっていく。枝数が増えると栄養が分散されるのであまり増やさない。

果実のつき方
1年枝の葉腋に花芽がつき、翌春開花する。花芽は葉芽よりも大きく、丸みがあるのが特徴。

カーラント

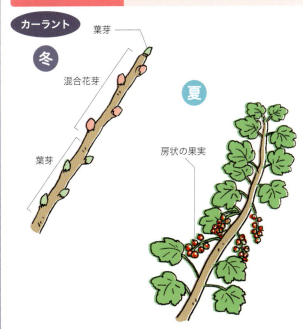

冬：葉芽／混合花芽／葉芽
夏：房状の果実

樹形づくり
低木のブッシュ状なので、株仕立てにするとよい。細い枝や混む枝を間引く。

株仕立て

- 混み合う枝は間引く
- 横向きの枝は内芽の上で切り戻す
- 4年目の古い枝は間引いて充実した枝に切り替える
- 細い枝は間引く
- 残す新梢

グーズベリー

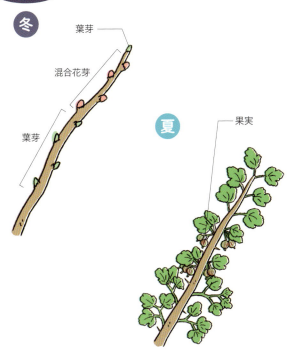

冬：葉芽／混合花芽／葉芽
夏：果実

PART3 カーラント・グーズベリー

3 開花・収穫 ➡ 3〜4月（開花） 6〜7月（収穫）

自家受粉するので、他品種を植えたり人工受粉の必要はない。
熟して色づいたら収穫する。

▼グーズベリーは手で触り、少し柔らかく熟しているようなら、手で引いて収穫。

カーラント類は房全体が色づいてから手で摘むようにして収穫する。
左がレッドカーラント、右がホワイトカーラント。

病害虫対策

病気 ほとんど心配ないが、斑点病やうどんこ病が発生することがあるので、カビを見つけたらすぐに取り除く。

害虫 カイガラムシやハダニがつくことがあるので、見つけたら駆除する。

果実の利用法

グーズベリーは生食してOKだが、カーラントは皮が口に残るので加熱して利用する。ジャム、ソース、果実酒、菓子の材料などに利用。収穫後は傷みやすいので冷蔵、冷凍保存するとよい。

カーラント・グーズベリーのコンテナ栽培
半日陰でも育てやすいビギナー向きの果樹

鉢植えでも育てやすく、半日陰でもよいのでベランダ栽培に向いています。管理作業は基本的に庭植えと同じです。コンテナでも株仕立てがおすすめ。夏場は午後の西日が当たらない場所に移動させましょう。

Point

◆ **鉢のサイズ**
5〜6号鉢に植えつけ。2〜3年ごとにひと回り大きな鉢に植え替えを。

◆ **使用する土**
赤玉土と腐葉土と黒土を1対1対1の割合で合わせた用土に植えつけ。12〜1月に有機質配合肥料（P239）を、収穫後の8月に礼肥として化成肥料を与える。

◆ **水やり**
乾燥に弱いため、土が乾いてきたらたっぷり与えること。つねに適度に湿っている環境を好む。夏は朝夕2回与える。

苗木の植えつけと剪定

before → **after**

グーズベリーの3年苗。

交差枝のみを剪定して、株仕立てで育てる。

その名の通り6月に深紅の実をつける。
育てやすく、庭木としても最適。

ジューンベリー

バラ科

難易度　やさしい

栽培のポイント　夏の乾燥、西日による根焼けに注意。たっぷりと水を与えると実つきがよくなる。

DATA

- 英語表記　Juneberry
- 樹高　2～3m
- 日照条件　半日陰
- 栽培適地　東北以南
- 結実までの目安　3～4年(庭植え)・2～3年(鉢植え)
- コンテナ栽培　容易(7号鉢以上)
- タイプ　落葉低木
- 自生地　北アメリカ
- 収穫時期　5～6月

■おすすめの品種

スノーフレーク	樹勢は強くなく、ほうき状の樹形になる。栽培は容易。
ネルソン	果実が大きくて甘い。栽培は容易。
オベリスク	果実が大きい。耐暑性、病害虫に強い。
アメランチャー・アルニフォニア	矮性なのでコンパクトに栽培可。栽培は容易。
オータム・ブリリアンス	直立性。果実は小さめ。紅葉が美しい。

栽培カレンダー

(月)	11	12	1	2	3	4	5	6	7	8	9	10
植えつけ		■	■	■	■							
整枝剪定		■	■	■	■							
開花(人工受粉)						■	■					
施肥		元肥			元肥					礼肥		
病害虫　なし												
収穫							■	■				

ジューンベリーの特徴

庭木にぴったりの育てやすい果樹

樹高が高めなので、鉢植えよりも庭植えがおすすめ。春にはサクラのような白い花が咲き、6月には実が、秋には紅葉が楽しめ、暑さ、寒さともに強いので、庭のシンボルツリーにぴったりの果樹といえます。

他のベリーより収穫時期がやや早く、5月下旬～6月にかけて深紅の実がつきます。果肉が柔らかくなったら摘み取り、日持ちしないのですぐに食べるか加工します。

品種の選び方

樹勢や紅葉の美しさなどの違いで選ぶ

アメリカでは多数の品種がありますが、日本に導入されているのはそんなにありません。庭木として「ザイフリボク」という名称で販売されていることもあります。

苗木は春から秋にかけて出回りますが、枝が太くしっかりしたものを選びましょう。5～6年目からたくさん収穫できるので、購入する際に何年目の苗か聞いてみるとよいでしょう。1本で実がつく自家結実性です。

▼サクラに似た可憐な花が4～5月に咲く。

PART 3 ジューンベリー

1 植えつけ ➡ 12〜3月

乾燥を嫌うので西日が当たる場所は避ける。日当たりがよい場所か半日陰の場所に植える。

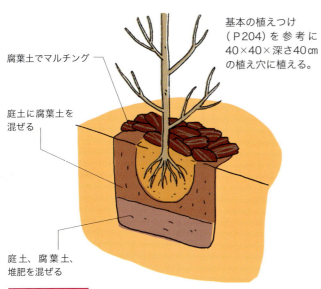

基本の植えつけ（P204）を参考に40×40×深さ40cmの植え穴に植える。

- 腐葉土でマルチング
- 庭土に腐葉土を混ぜる
- 庭土、腐葉土、堆肥を混ぜる

施肥の方法

元肥 12〜1月に有機質配合肥料(P239)を700gを目安に与える。3月に化成肥料(P239) 50gを目安に与える。

礼肥 8月に化成肥料20gを礼肥として与える。

2 剪定 ➡ 12〜3月

株立ち性だが、放任すると高木になり混み合うので、剪定で樹形をしっかり整える。

果実のつき方

1年枝の先端2〜3芽が混合花芽となり、翌春ここから伸びた新梢の基部に花房をつけ、果実となる。

冬：混合花芽、葉芽
夏：果実

樹形づくり

株立ち性なので株仕立てや主幹形に仕立てる。庭木でシンボルツリーにする場合は変則主幹形がよい。

株仕立て

株立ち性でひこばえがよく出るので、株仕立てにするとコンパクトに管理できる。

花芽・葉芽

春に伸びだした芽。先端付近の芽から葉と花の両方が出る。

変則主幹形

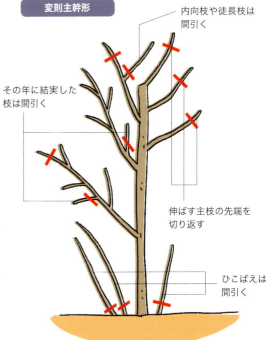

- 内向枝や徒長枝は間引く
- その年に結実した枝は間引く
- 伸ばす主枝の先端を切り返す
- ひこばえは間引く

173

冬の剪定

混み合う部分や不要枝を間引く剪定が主体。
ここでは7年生で3年ほど剪定していなかった場合の樹形を整える剪定例を紹介。

before
ここからスタート！

❷徒長枝を切る。4本あるので、全体のバランスを見て、1本残しにする。

❸右の徒長枝を切る。さらに左の2本の徒長枝も切る。

❹徒長枝を整理したところ。

❶基本は混み合っている部分の不要枝を整理していく。

❺車枝を切る。外向きに伸びる1本を残す。

❻2本の徒長枝と左の1本、計3本を間引き剪定する。

❼1本残しにしたところ。

❽交差枝を切る。

❾内向枝と徒長枝になっている枝を切る。

❿広がる方向の1本を残したところ。

⓫残す枝は先端を切り戻しておく。

after

⓬同様にして他の不要枝を整理し、30cm以上の枝は先端を切り戻して、完成。

3 開花・受粉 ➡ 4〜5月

4月頃、白い花を咲かせる。
自家結実性なので、人工受粉の必要はない。

春にかわいらしい花が咲く。人工受粉は必要ないが、雨が多かったり昆虫が少ないと実つきが悪くなるので、筆などでなでて受粉させると確実。

▲開花後は緑色の若い実がつく。　▲果実は房状につく。

病害虫対策
とくに問題となる病害虫はない。暑さにも寒さにも強く丈夫なので、家庭果樹向き。

ジューンベリーの利用法
タネがあり、皮がやや堅めなため、加熱してタネと皮をこし、ジャムやソースなどに加工する。果実酒にするのもおすすめ。

4 収穫 ➡ 5〜6月

ほかのベリーよりもやや早い、梅雨時に実が色づく。
赤色から深紅色に変わったら収穫する。

熟したものから手で摘んで収穫する。

ジューンベリーのコンテナ栽培

暑さ寒さに強く丈夫ですが、夏の乾燥が苦手です。鉢植えにした場合、西日の当たる場所には置かないこと。また鉢の熱によって根が焼けることがあるので白い鉢を使ったり、鉢に白いペンキを塗っておくと、鉢の温度を抑えることができます。

樹高がわりと高くなるので本来なら庭植えがおすすめですが、鉢植えにする場合は株仕立てにするとよいでしょう。

Point

◆ 鉢のサイズ
ポット苗よりも1〜2号大きなサイズの鉢を用意。2年に一度植え替える。

◆ 使用する土
赤玉土と腐葉土を1：1で混ぜる。ピートモスを加えてもよい。12〜1月と、7月に有機質配合肥料（P239）を与える。

◆ 水やり
乾燥を嫌うので、春と秋は1日1回。冬は3〜5日に1回。夏は朝夕2回与える。

ひこばえが出やすいので、株仕立てでコンパクトに仕立てるとよい。変則主幹形にしてもOK。

赤い実と鶴（クラン）の形の花も楽しめる
鉢植え向きのコンパクトな果樹。

クランベリー

ツツジ科　　　　　　　　　難易度　▶ やさしい

栽培のポイント
いつも湿っている半日陰を好む。
夏の西日と水切れに注意すれば
繁殖力は旺盛。

DATA

- 英語表記　Cranberry
- 樹高　30cm前後
- 日照条件　半日陰
- 栽培適地　東北以北、中部地方の高冷地
- 結実までの目安　2〜3年（庭植え・鉢植え）
- コンテナ栽培　容易（5号鉢以上）
- タイプ　常緑小低木
- 自生地　北半球北部
- 収穫時期　9〜11月

栽培カレンダー

(月)	11	12	1	2	3	4	5	6	7	8	9	10
植え付け	温暖地				寒冷地							
整枝剪定							■					
開花（人工受粉）							■	■				
施肥		元肥			元肥						礼肥	
病害虫						■	■	■	■			
収穫	■											■

▶秋になると紅葉するが、落葉せず、春になるとまた緑色になる。

クランベリーの特徴

花や実も楽しめる、コンパクトな果樹

　高山性のコケモモの仲間で、ツルコケモモとも呼ばれる、ブルーベリーに近い果樹です。アメリカでは秋の感謝祭やクリスマスのごちそうとして、七面鳥とクランベリーソースが欠かせないものとされています。

　樹高が低く、横に這うように伸びる性質があるため、寄せ植えなどにも使われます。秋には葉が色づき、可憐な花や実が楽しめるため、ガーデニングには最適です。

品種の選び方

樹勢や紅葉の美しさなどの違いで選ぶ

　丈夫で結実のよい外国品種がいくつか出回っていますが、日本では単に「クランベリー」「ツルコケモモ」として販売されていることがほとんど。枝先が枯れているものは避け、太い枝が数本出ているもの、葉に光沢があるものを選びましょう。

　自分の花粉で受粉するため、1本でOK。ほかの品種を混植する必要はありません。

1 植えつけ → 11月（温暖地） 3月（寒冷地）

水はけがよい土壌を好むが、乾燥に弱いので湿った場所が適している。日当たりがよく夏も風通しがよい場所に植える。

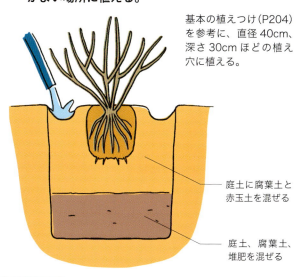

基本の植えつけ（P204）を参考に、直径40cm、深さ30cmほどの植え穴に植える。

- 庭土に腐葉土と赤玉土を混ぜる
- 庭土、腐葉土、堆肥を混ぜる

施肥の方法

元肥 12～1月に有機質配合肥料（P239）を1本に700gを目安に与え、3月に化成肥料（P239）70gを目安に与える。

礼肥 10月に化成肥料40gを礼肥として与える。

2 剪定 → 5月

混み合った枝を根元から間引くように剪定。枝の先端に花芽がついているので、先端は刈り込まないこと。

果実のつき方

1年枝の先端の芽が花芽となり、翌春、これが伸びて基部から花茎を出し、初夏に花が咲く。

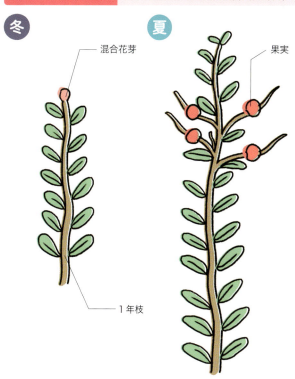

冬 — 混合花芽、1年枝
夏 — 果実

樹形づくり

枝から側枝が出て横へ広がりやすいため、株仕立てや垣根仕立て（P216）にするとよい。

株仕立て

- 混んだ枝を間引く
- 細いシュートは間引く

伸びすぎた枝は切り返し、混み合う部分を間引く。

病害虫対策

病気 とくに問題となる病気はなく育てやすい。

害虫 ハマキムシ類、ハダニ、カイガラムシなどに注意し、見つけたら取り除く。

クランベリーの利用法

果実は生食のほか、ジュース、果実酒、菓子の材料に利用できる。収穫後は傷みやすいので冷蔵、冷凍保存するか、早めにジャムなどに加工するとよい。

3 開花・収穫 → 5〜6月（開花）／9月中旬〜11月上旬（収穫）

名前の由来ともなるクラン（鶴）に似た薄桃色の花を咲かせる。1本で受粉するため基本的に人工受粉は必要ない。

▲筆などで花をなでて受粉させると、より確実に実がつく。

▶緑色の実が赤く熟したら、手で摘むように収穫する。

クランベリーのコンテナ栽培

コンパクトに育てられるのでコンテナ栽培にぴったり。

クランベリーはコンパクトに育てられるので、コンテナ栽培に向いています。乾燥に弱いため、水分管理がしやすい鉢植えだと、上手に育てることが可能。耐寒性はありますが、暑さには弱いため、地温の上昇に注意。夏場はマルチングをして西日の当たらない場所に置きましょう。

繁殖力が強いため、株分けやとり木（P247）で増やすことができます。

Point

◆ **鉢のサイズ**
5〜7号鉢に植えつける。株が大きくなったらひと回り大きな鉢に植え替えるか、株分けする。

◆ **使用する土**
酸性の土を好むので赤玉土：ピートモス：腐葉土＝4：3：3の用土で植えつける。

◆ **水やり**
常に土が湿っているように、春と秋は1日1回。冬は3〜5日に1回。夏は朝夕2回与える。

苗木の植えつけと剪定

before

クランベリーは乾燥に弱いので、ポットから抜いたら根鉢に水ゴケをまいて植えるとよい。

after

長く伸びている先端のみ、剪定。背が高いコンテナなどで枝をたらして仕立てる際は、ほんの少しだけ先端を切り戻す程度でよい。

ここが知りたい！ クランベリー Q&A

Q あまり実がなりません。

A 1年中屋外で栽培する
明るい窓辺など室内で育てている人も多いですが、クランベリーは冬に低温に当たらないと花芽ができません。冬も屋外に置いて、自然の気温の変化を受けさせると、花芽がつくでしょう。

トロピカルフルーツ

PART 4

南国気分を味わえる熱帯果樹。
いろいろな品種の苗木が入手できるようになりました。
栽培のポイントは温度管理。冬は低温対策が必要です。

- アセロラ
- アボカド
- グァバ・ストロベリーグァバ
- コーヒー
- ジャボチカバ
- スターフルーツ
- パイナップル
- パッションフルーツ
- バナナ
- パパイヤ
- ペピーノ
- マンゴー
- ライチ
- カニステル
- シークヮサー
- スリナム・チェリー
- チェリモヤ
- ドラゴンフルーツ
- ホワイトサポテ
- マカデミア
- ミラクルフルーツ
- リュウガン
- レンブ

ビタミンCたっぷりの
トロピカルフルーツ。

アセロラ

キントラノオ科

難易度 ふつう

 生育には最低気温15度を保つこと。高温多湿な環境で肥料を切らさないようにする。

DATA
- 英語表記　Barbados cherry
- タイプ　常緑低木
- 樹高　2m
- 自生地　南アメリカ北部、西インド諸島
- 日照条件　日向
- 収穫時期　5～10月
- 栽培適地　庭植えは九州南部以南
- 結実までの目安　1～2年
- コンテナ栽培　容易（10号鉢以上）

栽培カレンダー

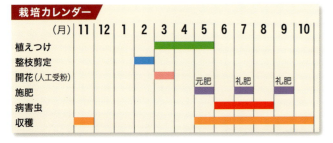

アセロラの特徴

温度管理、水やりをしっかりと！

　原産地は熱帯アメリカ、西インド諸島などの高温多湿地域。日本なら沖縄や九州の南部では庭植えが可能です。生育には25～30度が必要ですが、冬場8～10度までは耐えることができます。家庭では鉢植えにして、温室やサンルームで管理するのがおすすめです。
　繁殖力が旺盛なので、年3回ほど肥料とたっぷりの水を与えると、年数回の収穫が楽しめます。

品種選びと栽培のポイント

枝は短めに、コンパクトに仕立てる

　生食用の甘み系統、加工用の酸味系統があり、樹形は立ち木形、開張形、下垂形などがあります。
　生育が旺盛で、冬以外は成長を続けます。水はけのよい砂質土壌で、直射日光と水をたっぷり与えて育てましょう。短果枝に実が多くつく習性があるため、適度に切り戻し剪定をして樹形をコンパクトにまとめると、実つきがよくなります。

1 植えつけ → 3～5月
主幹は鉢の高さで切る

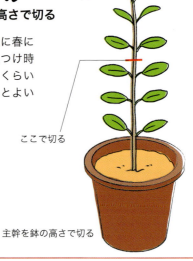

ここで切る
主幹を鉢の高さで切る

　水はけのよい用土に春に植えつけます。植えつけ時に、鉢の高さと同じくらいの高さで主幹を切るとよいでしょう。

2 置き場・水やり
たっぷりの日光と水を与える

　年間を通して直射日光が十分に当たる場所がベスト。冬場は10度を切らないように、できれば温室などに置きましょう。水やりは表面の土が乾いたらたっぷりと。夏場は水が切れると枯れてしまうこともあるので注意。

3 剪定 → 2月
伸びを抑えて枝を充実

　毎年2月頃、生育期がはじまる前に主枝を20～30cm切りつめます。枝が直立して育ちやすいので、剪定で伸びを適度に抑制し、枝を充実させ、コンパクトに育てると実つきがよくなります。

施肥の方法
1年めは5、7、9月の年に3回、有機質配合肥料（P239）をひとつかみ根元に与える。実がなるようになったら肥料をやや控え、年2回の施肥が目安。

4 開花・受粉 → 3月
満開時にジベレリン処置をする

　開花は3月頃。アセロラは両性花で自分の花粉で結実しますが、開花時にジベレリン液（50～100ml）を花全体に散布すると実つきがよくなります。

5 果実の管理
真っ赤に色づいたら収穫

　開花後、1か月ほどで収穫できます。果実全体が赤色に色づいたら収穫。常温では2～3日で腐敗するので、たくさん収穫できたときは冷蔵保存を。

病害虫対策
春から夏にかけて新梢にカイガラムシやアブラムシが発生しやすい。実はナメクジがつきやすいので注意。害虫を見つけたらすぐ取り除く。

果実No.1の高栄養！
森のバターの異名を持つ。

アボカド

クスノキ科

難易度 ▶ やや難しい

栽培のポイント

比較的寒さには強いが、家庭では鉢植え栽培で防寒対策をとるのがおすすめ。

DATA
- 英語表記　Avocado, Alligator pear
- 樹高　2〜3m
- 日照条件　日向
- 栽培適地　関東南部以南
- 結実までの目安　3年（庭植え）、2〜3年（鉢植え）
- コンテナ栽培　容易（12号鉢以上）
- タイプ　常緑高木
- 自生地　中央アメリカ、メキシコ
- 収穫時期　11〜12月

栽培カレンダー

アボカドの特徴

防風、防寒対策をしっかりと

　熱帯アメリカ原産の常緑高木。熱帯植物の中では比較的寒さに強いので、温州ミカンが栽培できる伊豆半島以南では庭植えすることも可能。水はけと日当りのよい南面傾斜地で、耕土が深い場所を選んで植えると、樹高は6〜25mにも育つこともあります。
　ただし寒風には弱いので、家庭では鉢植えにして、冬は室内や温室で十分な防寒対策をとるのがおすすめです。

品種選びと栽培のポイント

実をとるには2品種、大きな鉢で

　苗木は「フェルテ」「メキシコラ」など比較的寒さに強い、優良品種の接ぎ木苗を選びます。自分の花粉では結実しないので、実をとるには2品種以上植えること。
　生育に適した温度は25〜30度で、冬場は最低気温が5度以下にならないように温度管理を。本来、大木になる木で小さな鉢では実がなりにくいので、なるべく大きな鉢（庭植えが理想）で育てましょう。

1 植えつけ ➡ 3〜4月
2品種以上を植える

　自家結実性がないので、実をつけるには2品種以上必要。春に植えつけますが、鉢植えにする場合は最終的に10号鉢以上が理想。観葉植物として楽しむ場合は1本で小さい鉢でもOKです。

3年生の実生苗。春に鉢の高さで切り戻すとよい。

2 置き場・水やり
日向で管理し、十分に水を与える

　年間を通して日当たりのよい場所がベスト。冬場は室内でもダンボールやビニールシートで株を覆うなどの防寒対策が必要です。土の表面が乾いたらたっぷりと水を与え、とくに夏場は乾燥しないように注意します。

3 剪定 ➡ 3月〜4月
変則主幹形に仕立てる

　植えつけから3年ほどは鉢の大きさに応じて切り戻してコンパクトに仕立て、成長してからは3〜4本の主枝を伸ばす変則主幹形（P214）に仕立てましょう。剪定では、混み合った枝を間引き、風通しをよくする管理が中心です。

施肥の方法
肥料は3月と10月に有機質配合肥料（P239）をひとつかみ与える。肥料の量が多いと育ち過ぎて高木化するので、樹の状態を見て加減するとよい。

4 開花・受粉 ➡ 5月
満開時に人工受粉する

　開花したら雄しべの花粉を綿棒などにつけて集め、雌しべにつけて人工受粉します（2品種以上を植えつけてある場合はしなくてもよい）。

5 果実の管理
緑のうちに収穫し追熟を

　11〜12月、果皮が緑色の頃に収穫し、常温で追熟させます。果皮が黒褐色に変化し、果肉が柔らかくなったら食べ頃です。

病害虫対策
病害虫の心配はあまりないが、風通しが悪いとダニが発生することも。剪定で風通しをよくし、樹冠内が蒸れないように注意。

美しい花と葉が
観賞用としても人気。

グァバ・ストロベリーグァバ

フトモモ科

難易度 ▶ ふつう

栽培のポイント

暖かい場所でたっぷり水を与え、実がなったら摘果して実を充実させる。

DATA
- 英語表記　Guava, Strawberry guava
- 樹高　2m
- 日照条件　日向
- 栽培適地　九州南部、沖縄
- 結実までの目安　2〜3年（鉢植え）
- コンテナ栽培　容易（10号鉢以上）
- タイプ　常緑小高木
- 自生地　熱帯アメリカ
- 収穫時期　9〜10月

栽培カレンダー

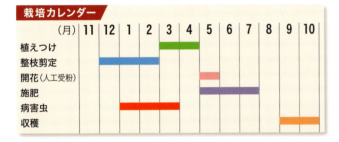

グァバの特徴

実も葉も活用できる

　高温多湿の環境を好むため、防寒対策、水やりはしっかりと行ないましょう。果実は球形、卵形、洋ナシ形などがあり、熟すと黄白色に。葉はタンニンを含み、茶の代用とすることができます。

　ストロベリーグァバは、赤い実でイチゴに似た風味があります。グァバよりも耐寒性があるため関東以南で庭植え可。葉も光沢があって美しいため、観賞用にも向きます。

品種選びと栽培のポイント

ストロベリーグァバは寒さに強い

　熱帯アジアが原産の「バンジロウ」とブラジル原産の「ストロベリーグァバ」があり、前者は九州南部以南で、後者は寒さに強いため関東以南の温暖な地域で庭植えすることができますが、それ以外は鉢植えで育てます。

　基本的にどちらも育て方は同じで、直射日光をたっぷりと当て、水は鉢底から流れ出るまで十分に与えましょう。冬場は最低気温が5度以上になるように管理を。

1 植えつけ ➡ 3〜4月
水はけのよい土に植える

混み合う枝を間引く

　鉢植えが一般的。4〜5月に水はけがよい用土に植えつけます。春から秋は日当たりがよい屋外で管理しましょう。

2 置き場・水やり
日向に置き、十分な水を！

　最低気温が5度以下になったら室内に取り込みます。やや乾燥した土地を好むので、発芽期、開花期にはたっぷりと水を与え、冬場は乾かし気味にします。

3 剪定 ➡ 12〜2月
混んだ部分を整枝する

　主枝3〜4本を伸ばし、樹形を整えながら変則主幹形に仕立てます。混んだ部分を整理しますが、花芽は先端部につくため、切りすぎに注意してください。

施肥の方法
肥料は5、6、7月に有機質配合肥料（P239）をひとつかみ与えるとよい。与えすぎると樹勢が強くなり生理落果を招くので注意。

4 開花・受粉 ➡ 5月
実がなったら摘果する

　自分の花粉で結実するので1本植えでOK。4〜5月（ストロベリーグァバはやや遅め）に花が咲き、うまく実がついたら葉10〜12枚に1果ぐらい、1鉢8個程度を目安に摘果します。

5 果実の管理
黄緑色になったら収穫

　9〜10月、果皮が黄緑色に色づいたら収穫を（開花から5〜6か月後）。

　ストロベリーグァバは8〜10度の場所で所蔵します。

病害虫対策
病気ではすす病、害虫ではアブラムシ、カイガラムシが発生しやすい。害虫はハブラシなどでこすり落とすか、薬剤を散布する。

美しい赤い実は
コーヒーチェリーと呼ばれる。

コーヒー

アカネ科

難易度　ふつう

栽培のポイント

温暖な気候を好むが、30度以上の高温と直射日光は避ける。結実管理は不要。

DATA
- 英語表記　Coffee、Arabica coffee
- 樹高　2m
- 日照条件　半日陰
- 栽培適地　沖縄以南
- 結実までの目安　3〜4年（鉢植え）
- コンテナ栽培　容易（10号鉢以上）
- タイプ　常緑低木
- 自生地　アフリカ
- 収穫時期　12月

栽培カレンダー

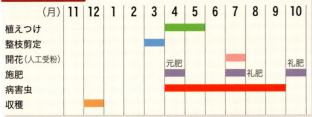

（月）	11	12	1	2	3	4	5	6	7	8	9	10
植えつけ												
整枝剪定												
開花（人工受粉）						元肥						
施肥									礼肥			礼肥
病害虫												
収穫												

コーヒーの特徴

ひと手間かければ自家製コーヒーも

　樹形が美しく、白い花も楽しめることから観葉植物としても人気です。沖縄以外は庭植えに向かないため、鉢植えでコンパクトに剪定して育てましょう。

　風味の特徴である酸味、甘み、苦みは品種や栽培地によって著しく変化します。実を収穫したら天日干しし、焙煎すると、自家製コーヒーを楽しむこともできます。

品種選びと栽培のポイント

あまり暑すぎたり、日射しが強いのは苦手

　世界のコーヒーの90％はエチオピア原産のアラビアコーヒーが占めています。樹形がコンパクトで美しく、実も風味、芳香にすぐれているので、家庭栽培向き。

　最低気温は1度まで耐えることができますが、基本的に冬場は室内や温室で育て、最低気温が10度以上になったら屋外に出しましょう。生育適温は18〜25度ですが、標高1000〜2000mの高地が原産地なので、夏の高温と強い西日を嫌います。半日陰に置いて育てましょう。

1 植えつけ → 4〜5月
水はけのよい土で育てる

　4〜5月に水はけのよい用土に植えつけます。春から秋は屋外の半日陰で管理。コーヒーは1本でも実をつけるので受粉樹は必要ありません。

冬期は室内で管理。コンテナで育てやすい。

2 置き場・水やり
半日陰で、十分に水を与える

　最低気温が10度以上になったら室外で管理。土の表面が乾いていたら水を与え、直射日光が当たる場所は避けましょう。

3 剪定 → 3月
1本仕立てに仕上げる

　基本は1本仕立て。庭植えは160cm、鉢植えは120〜130cmで主幹を剪定し、主枝を10〜12本育てて、ほかは切り落とします。実をならせて2年経った枝は元から切り戻し、新しい枝を出させるとよいでしょう。

施肥の方法
肥料は4〜10月頃に3〜4回に分けて与える。

4 開花・受粉 → 7月
結実管理は不要

　果実は楕円形で長さ1.2〜1.6cmほど。熟すと赤くルビー色に色づきますが、黄色くなる品種もあります。両性花、風媒花なので人工受粉は行ないません。

5 果実の管理 → 12月
紫色になったら収穫

　果実は成熟にしたがい緑から赤、暗紫色へと変化します。12月頃、実が暗紫色になったら収穫。コーヒーにするには果肉を取り、タネをよく水洗いして天日乾燥させます。乾燥後、パーティクルと呼ばれる外皮を取り、中の豆を取り出し、フライパンなどで焙煎し、粉にしましょう。

病害虫対策
さび病やカイガラムシが多発しやすく、すす病を併発する場合もある。枝を剪定して風通しをよくし、薬剤を散布する。

ブラジル生まれの
ユニークな果樹。

ジャボチカバ

フトモモ科

難易度 ▶ ふつう

15～30度の生育適温であれば、年に数回の収穫が可能。霜に当てないように注意。

DATA
- 英語表記　Jaboticaba
- 樹高　2m
- 日照条件　日向
- 栽培適地　関東以南
- 結実までの目安　5～6年
- コンテナ栽培　容易（10号鉢以上）
- タイプ　常緑中高木
- 自生地　ブラジル南部
- 収穫時期　6～11月

栽培カレンダー

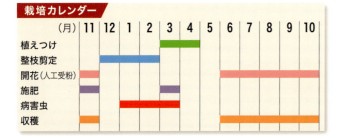

ジャボチカバの特徴

幹に直接おいしい果実がなる

　ブラジル原産で、幹や枝から直接白い花や実がなる、珍しい果樹。果実は形、色、味ともにブドウの「巨峰」に似ています。初春から秋口にかけて3～4回収穫ができ、ブラジルでは重要果樹の1つとして扱われています。

　比較的寒さには強いですが、霜に当たると枯れてしまうので注意しましょう。実をつけるには最低気温15度を保つようにします。

品種選びと栽培のポイント

枝が太くなるように育てる

　四季なり性大葉系、中葉大果系、小葉系などがありますが、実つきのよい大果品種を選びます。

　細い枝には花がつかないので、枝は混み合わないように定期的に間引き剪定し、枝が太くなるようにしましょう。寒さには比較的強いですが、霜が降りると枯れてしまうので、そのような地域では鉢植えにし、冬場は室内に取り込んで育てます。

1 植えつけ ➡ 3～4月
鉢植えなら最終的に10号鉢に

　3～4月に植えつけます。関東以南は庭植えもOK。鉢植えなら、若木のうちは7号鉢でもOKですが、少しずつ鉢を大きくしていきましょう。1本でも結実します。

2 置き場・水やり
10度以下は室内で管理

　最低気温が13度を超す日が3～4日続いたら屋外に出し、最低気温が10度以下になったら室内へ。水は比較的多めに、鉢底から流れ出るまでたっぷりと与えます。

3 剪定 ➡ 12～2月
細い枝を整理する

　細い枝先には花がつかないので、あまり枝が密にならないように細い枝は間引き剪定し、樹冠内の日当たりをよくします。

施肥の方法
肥料は3月、11月にリン酸・カリが多めの化成肥料をひとつかみほど与えるとよい。

4 開花・受粉 ➡ 6～11月
適温であれば何度も花が咲く

　6～11月に白い花が、枝や幹から直接咲きます。人工受粉などはする必要はありません。

5 果実の管理
みずみずしいうちに収穫

　開花後、約1か月半で実が熟し、大きく丸くふくらんで濃褐紫色になったら収穫。生育適温下であれば複数回、収穫を楽しむことができます。収穫が遅れると味が落ちるので適期を逃さないこと。収穫した果実は傷みやすいので冷蔵保存し、生食かゼリーなどに加工します。

病害虫対策
ときどきカイガラムシが発生する程度で、問題となる病害虫はない。害虫は古いハブラシなどでこすり落とすか、薬剤を散布する。

スターフルーツ

ナシに似た歯ごたえの
みずみずしい果実が美味！

カタバミ科

難易度　ふつう

栽培のポイント　日当たりのよい場所で温度管理をしっかりと。緑から黄色に変わったら収穫する。

DATA
- 英語表記　Star fruit, Carambola
- 樹高　2m
- 日照条件　日向
- 栽培適地　九州南部、沖縄
- 結実までの目安　2～3年
- コンテナ栽培　容易（10号鉢以上）
- タイプ　常緑中木
- 自生地　インド、インドネシア、マレー半島
- 収穫時期　10～11月

栽培カレンダー

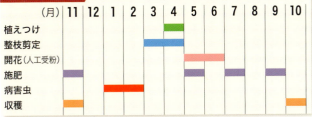

スターフルーツの特徴

珍しい形のさわやかな味の果実が人気

　長さ10cmほどの果実は5本のとがった角があり、輪切りにすると星形になることが名前の由来で、ゴレンシとも呼ばれています。また羽状の葉は夜になると垂れ下がる習性があり、この習性とユニークな形の実で、観賞用にも栽培されます。

　東南アジアのマレー地方原産の常緑樹なので、九州南部、沖縄以外は鉢植えで育てます。ハウス栽培の場合は実が多くつくので、適度に摘果するようにしましょう。

品種選びと栽培のポイント

昼夜の寒暖差に注意！

　甘みの強い大果系と、酸味の強い小果系に分けられますが、大果系の「密桃」「タイナイト」「グラミ」などの優良品種を選びましょう。

　春から秋にかけての生育期には屋外に出し、直射日光に当てます。最低気温が5度をきったら室内に入れ、寒暖差が10度以上になると枯れることがあるので注意します。水は年間を通してたっぷりと与えましょう。

1 植えつけ ➡ 4月
主幹を鉢の高さくらいで切る

　水はけのよい用土に4月に植えつけを。主枝を3～4本残して、主幹を剪定します。はじめは6～7号鉢で十分ですが、徐々に鉢を大きくしましょう。

2 置き場・水やり
日向で、十分な水を与えて

　春から秋にかけての生育期には屋外に出し、直射日光をたっぷりと当てます。鉢植えの場合、冬場は日当たりのよい室内で栽培を。水やりは十分に行ない、とくに夏場の乾燥期には水不足にならないように注意しましょう。

3 剪定 ➡ 3～4月
1回めの収穫後に思い切って剪定する

　枝が混み合ってきたら、混んだ枝を整理します。1回めの収穫後に、先端を切り戻し、主枝を3～4本残して変則主幹形（P214）に仕立てていきましょう。植えつけから3年ほどして成木になったら10号ほどの鉢に植え替え、その後は間引き剪定をします。

施肥の方法
肥料は春から秋にかけて3～4回、有機質配合肥料（P239）をひとつかみほど与える。よく育つので、生育期間中は肥料を切らさないようにする。

4 開花・受粉 ➡ 5～6月
花は充実した枝の葉脈につく

　自分の花粉で結実するので、1本植えるだけで実をつけます。花は5～6月に咲きますが、開花中に雨に当たると受粉が妨げられ、結実率が下がります。

5 果実の管理
緑から黄色に変わったら

病害虫対策
病気は少ないが、害虫はハダニやスリップス類に注意。

　1房に多くの実がついた場合は1～3個に間引きし、7号鉢で8～10個を目安に摘果します。皮が緑から黄色に変わり、ウメの完熟果のような香りがするようになったら収穫。追熟をして星のとがった部分が茶色になってきたら食べ頃です。

ポピュラーな南国果実
として観賞用にも。

パイナップル

パイナップル科

難易度 ▶ やや難しい

栽培のポイント
挿し芽から栽培。日当たりのよい場所で夏場はたっぷり、冬は乾燥気味に水やりを。

DATA
- 英語表記　Pineapple
- 樹高　約1m
- 日照条件　日向
- 栽培適地　沖縄、南西諸島
- 結実までの目安　3年（庭植え）
- コンテナ栽培　容易（10号鉢以上）
- タイプ　常緑多年生草本
- 自生地　ブラジル、アルゼンチン、パラグアイ
- 収穫時期　8〜9月

栽培カレンダー

（月）	11	12	1	2	3	4	5	6	7	8	9	10
植えつけ						■						
さし芽・支柱立て							■	■	■			
開花（人工受粉）					■	■						
施肥							■		■		■	
病害虫					■	■	■	■	■	■		
収穫										■	■	

パイナップルの特徴

茎の先に大きな実がつく常緑多年草

ブラジル原産の代表的な熱帯果実。樹木ではなく、常緑多年草で、花茎を伸ばしてその先端に果実をつけるユニークな形をしています。パイナップルはエアプランツの仲間なので、乾燥には強い植物ですが、成長期には十分に水を与えましょう。

果実にはプロメリンというたんぱく質分解酵素が含まれているため、食べると口や舌が荒れることがあります。

品種選びと栽培のポイント

さし芽から育てることも可能

多くの品種には葉の縁にぎざぎざのトゲがありますが、大果品種の「スムース・カイエン」にはこれがなく、栽培が容易なため、世界中の生産量の90％を占めています。

生育適温は25〜30度と高く、最低気温は10度を保つようにします。強い日射しを好むので、屋外で直射日光に当てて育てましょう。スーパーで売られている果実から、さし芽で増やすこともできます。

1 さし芽 ➡ 5〜7月
葉の部分をさし芽して株をつくる

市販されているパイナップルを利用した、さし芽の方法を紹介します。

❶果実の上部2〜3cm残して葉を切り落とす。

❷下の方の葉は切り落とし、5〜6時間乾燥させる。

❸鹿沼土6、川砂4の用土に植えつける。

2 置き場・水やり
水は夏はたっぷり、冬は乾燥気味に

屋外で直射日光にたっぷりと当てます。パイナップルは乾燥に強い植物ですが、春〜夏の成長期には十分に水を与え、冬場は週に1回ほどで乾燥させて冬越しを。

3 植えつけ ➡ 4月
水はけのよい用土に植える

苗の根が鉢いっぱいになったら、根鉢を崩さず水はけのよい用土に植えつけます。鉢植えの場合はひと回り大きい鉢に植え替えましょう。

施肥の方法
肥料は生育期間中の5、7、9月の3回、有機質配合肥料（P239）を与える。冬場は与えなくてもよい。

4 支柱立て ➡ 5〜7月
実がついたら支柱を立てる

剪定の必要はなく、枯れた葉があれば取り除きます。実がついたら茎が曲がらないように支柱を立てましょう。

5 果実の管理
緑のうちに収穫し追熟

8〜9月、果実の色全体が黄色から赤みがかった黄色に色づき、香りが出てきたら収穫適期です。果実のすぐ下で茎から切り離します。

株分け
6月と9月、株元近くからわき芽が出てくるのでこれを取り分け、下葉を数枚落として、さし芽と同じ要領で植えて増やすことができる。

パッションフルーツ

時計の文字盤に似た花が特徴の果樹。

トケイソウ科

難易度 ▶ やさしい

栽培のポイント 美しい花が楽しめるので観賞用にも。鉢に植えるならあんどん仕立てがおすすめ。

DATA
- 英語表記　Passion fruit
- 樹高　つる性
- 日照条件　日向
- 栽培適地　九州南部、沖縄
- 結実までの目安　1〜2年
- コンテナ栽培　容易（10号鉢以上）
- タイプ　多年生常緑つる性
- 自生地　ブラジル、パラグアイ
- 収穫時期　7月下旬〜9月

栽培カレンダー

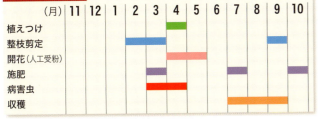

パッションフルーツの特徴

ゼリー状の部分を菓子やジュースに

　ブラジル原産のつる性熱帯果樹です。開いた花が時計の文字盤を思わせることから「トケイソウ」の名があります。果実は球形、または卵形で、食用にするゼリー状の部分には特有の甘みと芳香があります。生食のほか、お菓子などに活用します。ビタミンCを豊富に含みます。

　寒さには比較的強いほうですが、数回、霜に当てると枯れてしまうので注意が必要です。

品種選びと栽培のポイント

霜の心配がなければ垣根にしてもOK

　果皮の色によって紫色種「ワワイマナロ」「ネリケリ」と黄色種「イエー」「セブシック」、両者の交雑種もあります。黄色系は1本では果実がなりにくいので、黄色系の他品種と一緒に植えましょう。

　生育適温は20〜25度。比較的耐寒性があるので、霜がない地域であれば関東南部でも屋外で垣根などに絡ませて育ててもOK。グリーンカーテンにも利用できます。

1 植えつけ ➡ 4月
支柱を立てて育てる

　4月に暖かくなってから植えつけます。ポットよりひと回り大きい鉢に植え、支柱を立ててつるを誘引します。植えつけ時は、鉢の高さくらいで主枝を切りましょう。

2 置き場・水やり
初夏にたっぷり水を与える

　日当たりのよい場所に置きます。成長が早く、葉の水分蒸発量が多いので、とくに収穫前の6〜7月はたっぷりと水を与えましょう。

3 剪定 ➡ 2〜3月、9月
混んだつるを切って風通しよく

　2年めにひと回り大きな鉢に植え替えて誘引します。混み合った部分と新梢の先端は剪定を。

あんどん仕立て　毎年、つるをほどいて仕立て直す。

垣根ラウンド仕立て　奥行がない場所におすすめ。

4 開花・受粉 ➡ 5〜6月
紫色か黄色かを見極める

　紫色種は1本でも実をつけます。黄色種は2種類以上で栽培しておけば人工受粉の必要はありません。

> **施肥の方法**
> 肥料は3、7、10月、有機質配合肥料（P239）を適量与える。固形なら鉢の縁に近い場所に押し込むとよい。

5 果実の管理
自然落下したら食べ頃

　果実は開花後約70〜80日で熟します。紫色種は果皮が紫色になって落下する直前か、落下後に収穫を。果実を半分に切り、タネと一緒にゼリー状の部分を生食するか、裏ごしてタネを取り除き、ジュースや菓子に加工しましょう。

緑のうちに収穫して
黄色くなるまで追熟させる。

バナナ

バショウ科

難易度 ▶ やや難しい

栽培のポイント　常に温度、日照、水分を考慮した管理が必要。新芽を植えて増やすことが可能。

DATA
- 英語表記　Banana
- 樹高　2.5～3m（サンジャクバナナ）
- 日照条件　日向
- 栽培適地　沖縄、小笠原諸島
- 結実までの目安　1～2年
- コンテナ栽培　可能（12号鉢以上）
- タイプ　常緑多年生草本
- 自生地　中国南部（サンジャクバナナ）
- 収穫時期　7～9月

栽培カレンダー

バナナの特徴

万人に愛される果物の王様

　野生種から突然変異によって生まれた、バショウ科の多年草です。成長につれて新しい葉が上に出て、さらに育つと根元からも芽が出てきます。受粉せずに子房だけが発達して、種無しの実がつく単為結果性の植物です。

　果実は酸味や水分が少なく、糖質のバランスがよい高エネルギー食品なため、スポーツ前や朝食にも向きます。手でむいて手軽に食べられることでも人気の果実。

品種選びと栽培のポイント

鉢植えで温室栽培が一般的

　生食用の「ミバショウ」と「サンジャクバナナ」、調理用の「リョウリバナナ」に大別されます。家庭での栽培には「サンジャクバナナ」がおすすめです。

　日本では庭植えできる地域が限られることから、鉢植えにするのが一般的です。冬場は最低気温が10度以下にならないように管理します。徐々に大きな鉢に植え替え、最終的には12号鉢以上の鉢で育てるのが理想的。

1 植えつけ ➡ 4～5月
葉が開いてない苗がベスト

　4～5月に水はけのよい用土に植えつけます。苗は、塊茎が太くて短く、葉があまり開いていないものを選ぶとよいでしょう。鉢は少しずつ大きくし、最終的には12号鉢以上の鉢に植え替えていきます。

2 置き場・水やり
直射日光を当て、十分な水を与える

　春から秋は屋外で育て、十分に直射日光を当てます。冬は日当たりのよい室内で育てましょう。水分蒸発量が多いため、水やりは多めに行ないます。

3 剪定 ➡ 通年
枯れ葉と新芽の整理を

　とくに剪定をする必要はありませんが、枯れた葉は根元から取り除きます。株が大きくなると根元から新芽が出てくるので、ひとつだけを残して摘み取りましょう。

施肥の方法
肥料は4～10月の成長期間中は2か月に1回、1回につき有機質肥料（P239）を適量と、月1～2回液肥を与える。葉が黄色くなったら肥料不足。

4 摘花・摘実 ➡ 4～5月
一番下の段は取り除く

　よい実を収穫するために、開花1週間後に摘花（中性花と雄花苞を取る）を、実がなったら摘果（一番下の段を摘み取る）をします。実が大きくなってきたら支柱を立てます。

5 果実の管理
緑のうちに収穫し追熟

　開花から70～100日で、実の断面が四角形から丸みを帯び、実の色が淡い緑色になったら収穫。常温で黄色になるまで追熟させます。

病害虫対策
病害虫の心配はあまりないが、乾燥するとハダニやカイガラムシがつきやすくなる。病害虫の温床となる枯れ葉をこまめに取り除き、未然に防ぐ。

ビタミンA、Cたっぷりで
未熟果も生食できる。

パパイヤ

クスノキ科

難易度 ▶ やや難しい

栽培の
ポイント
常に温度と日照管理を注意深く行う。本来は雌雄異株だが、両性種もある。

DATA
- 英語表記　Papaya
- 樹高　2～3m
- 日照条件　日向
- 栽培適地　沖縄以南
- 結実までの目安　1～2年（庭植え）
- コンテナ栽培　容易（10号鉢以上）
- タイプ　草本性常緑小高木
- 自生地　熱帯アメリカ
- 収穫時期　10～11月

栽培カレンダー

（月）	11	12	1	2	3	4	5	6	7	8	9	10
植えつけ						■	■					
整枝剪定					■	■	■	■	■			
開花(人工受粉)								■	■			
施肥						■	■		■		■	
病害虫	■	■	■	■	■	■	■					
収穫	■											■

パパイヤの特徴

完熟でも未熟でも食用が可能

　直立性の常緑樹で、野生では7～10mの樹高に達します。家庭で育てる場合はできるだけ大きくならない品種を選びましょう。

　果実は強い甘みがあり、レモンの絞り汁をかけて生食します。樹上で完熟させたものはとても甘いのですが、早取りされたものは追熟させても甘みが薄くなります。未熟なものを炒めものやサラダに使ってもOK。

品種選びと栽培のポイント

本来大きくなるが、小さく育てることも可

　果実の形や大きさが異なるさまざまな品種がありますが、あまり大きくならない「ワンダー・ドアーフ」「ワンダー・ブライト」などの矮性品種や、「カポホ・ソロ」「サンライズ・ソロ」などの両性のソロ種がおすすめです。

　高温と直射日光を好み、生育適温は25～30度です。本来は大きく育ちますが鉢植えなら、かなり低い位置で切りつめても、再び芽吹いて実をならせます。

1 植えつけ ➡ 4～5月
苗の根鉢を崩さずに植える

　4月頃、暖かくなってから、水はけがよく、栄養に富んだ用土に植えつけます。はじめは6号鉢くらいでOKですが、徐々に大きくしていきましょう。

2 置き場・水やり
直射日光と、十分な水を与える

　春から秋にかけては直射日光の当たる屋外で、冬場は室内で育てます。水やりは土の表面が乾いたらたっぷりと与えますが、過湿を嫌うため水はけのよい用土で育てましょう。

3 剪定 ➡ 3月下旬～7月
小さく育てることも可能

　下の葉は自然に枯れて落ちるので通常、剪定の必要はありません。ただ大きく育ちすぎてしまった場合、幹を上から1/3の高さで切りつめるとわき芽が伸び、新しい幹となって再び収穫できるようになります。

施肥の方法
5、7、9月の成長期には肥料を切らさないように、定期的に与える。有機質配合肥料（P239）、または化成肥料を与えるとよい。

4 開花・受粉 ➡ 6～7月
ソロ種なら結実処理は不要

　ソロ種であれば両性なので人工受粉などの必要はありません。本来は雌雄異株なので、その場合は2鉢以上を用意して人工受粉をします。

5 果実の管理
未熟のうちに収穫する

　10～11月、果皮1～2割が黄色に色づいたら収穫します。黄色く追熟させた成熟果はそのまま生食したり、菓子に加工。緑色の未熟果は調理用野菜として炒めものや漬けもの、天ぷらに利用しましょう。

病害虫対策
うどんこ病にかかりやすいので、風通しをよくし、極端な温度差や乾湿差ができないようにする。害虫はハダニやカイガラムシに注意。

ペピーノ

サラダにも使える
さっぱりした甘みの果実。

ナス科

難易度 ▶ やさしい

栽培のポイント 25度以上になると実がつきづらくなる。果実肥大期には水やりを控えるとよい。

DATA
- 英語表記　Pepin、Melon pear
- 樹高　1～2m
- 日照条件　日向
- 栽培適地　関東以南
- 結実までの目安　1年
- コンテナ栽培　容易（7号鉢以上）
- タイプ　常緑草本
- 自生地　ペルー、エクアドル
- 収穫時期　7～8月

栽培カレンダー

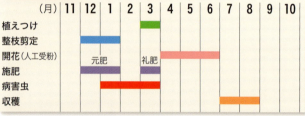

ペピーノの特徴

ほのかに甘みのあるみずみずしい果実

ペピーノとはスペイン語でキュウリの意味。南米アンデス高地原産のナス科の植物です。直径10～15cmの卵形の果実が実り、メロンと洋ナシを合わせたようなさわやかな甘さを持っています。未熟果はキュウリのようにサラダにして、成熟果は生食で甘みを楽しみます。

寒さに弱く生育適温は18～20度ですが、25度を超えると花粉ができず、実がつかなくなる性質があります。

品種選びと栽培のポイント

果実が大きくなる時期にはやや水を控える

果実の先がとがり、紫色の斑が目立つ「エルカミノ」、矮性の「ミスキ」などが知られていますが、近年育成された「ゴールド No.1」はとくに糖度が高い品種です。

夏の高温期には着果が悪くなるので、春先に植えつけを。果実肥大期は糖度を上げるために、やや水やりを控えますが、極端な乾燥は嫌います。最低気温が10度以下になったら室内に取り込みましょう。

1 植えつけ ➡ 3月
春先に植えつける

早春の3月頃に植えつけましょう。暖かくなってから植えると着果率が下がります。初夏に実つきの苗も出回るので、それを入手してもよいでしょう。育ってきたら支柱を立てて誘引します。

2 置き場・水やり
乾燥を嫌うので水やりを十分に

春から秋は日当たりのよい屋外で、水を切らさないように与えましょう。果実肥大期にはやや控えめにすると糖度が増します。冬場は最低気温が5度以下にならないように管理を。

3 剪定 ➡ 12～1月
整枝して腋芽を育てる

主枝を切り戻して腋芽を育て、2～3本仕立てにします。腋芽が多く出やすいので定期的に伸びた部分を整枝すること。放任すると着果しにくくなるので注意しましょう。

施肥の方法
有機質配合肥料（P239）は12～1月に、化成肥料は3月に与える。チッ素分を大量に与えると収穫量と品質を低下させる。

4 開花・受粉 ➡ 4～6月
満開時に人工受粉する

両性花で自家受粉しますが、結実率が低いので人工受粉を行なうとよいでしょう。果実は1果房に3個ずつ、大きなものを残してほかは摘果します。

5 果実の管理
緑のうちに収穫し追熟

実は7～8月に淡緑色から黄色に成熟します。熟してから収穫し、2～3日追熟させてから生食を。未熟なものをキュウリ同様、サラダなどで食べることもできます。

病害虫対策
アブラムシ、ハダニ、オンシツコナジラミが頻発するので見つけたら早めに駆除を。オンシツコナジラミには薬剤散布が効果的。

濃厚な甘みを持つ、
人気のフルーツ。

マンゴー

ウルシ科

難易度　やや難しい

栽培のポイント　鉢植えで温室栽培が一般的。温度、日照、水分管理をして甘い実を育てる。

DATA
- 英語表記　Mango
- 樹高　1.5～2m
- 日照条件　日向
- 栽培適地　九州南部、沖縄
- 結実までの目安　3～4年
- コンテナ栽培　可能（10号鉢以上）
- タイプ　常緑高木
- 自生地　インド北部、マレーシア
- 収穫時期　9～10月

栽培カレンダー

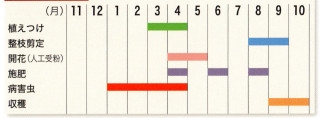

マンゴーの特徴

国産品も増えて、身近な存在に

　東南アジア原産の常緑高木で、本来では10～20mにも育ちます。日本でも各地で栽培されるようになったことから、身近になってきたトロピカルフルーツのひとつ。ウルシ科であるため、未熟果を食べたり、白い樹液に触れるとかぶれることがあります。

　糖度の高い実をつけるためには温度管理、日照管理が欠かせません。人工受粉や摘果も必要です。

品種選びと栽培のポイント

十分日に当てて、甘く大きな実に育てる

　日本で最も多く栽培されているのは「アーウィン」、ほかに「キーツ」「センセーション」などの品種があります。
　高温多湿を好み、生育適温は24～27度、冬期にも15度以上を保つ必要があるため、熱帯地方以外では鉢植えで育てます。果実は完熟すると自然落下するので、実が大きくなったらネットを張り、実を吊っておくとよいでしょう。甘い実に育てるには、よく日光に当てること。

1　植えつけ ➡ 3～4月
水はけのよい用土に植える

　3～4月の植えつけが一般的ですが、梅雨前の6月に植えてもOK。直根性で細根が少ないため水はけがよい用土に植えつけます。

2　置き場・水やり
季節によって水やりを控える

　春から秋は日当たりのよい屋外で、最低気温が15度以下になったら室内に取り込みます。水やりは11～12月は乾かし気味に、果実肥大終了後も果実の品質向上のために水を控えます。それ以外はたっぷり与えましょう。

3　剪定 ➡ 8～9月
主幹形仕立てで株全体に日を当てる

　主幹形仕立てがおすすめです。主幹は40～50cm高さで切り、出てきた主枝3本を伸ばしましょう。それぞれの主枝は20～30cm長さで切り返し、主枝から亜主枝を出させて育てます。成木は徒長枝や混んだ部分を剪定し、日当たりをよくしてください。

4　人工受粉・摘果 ➡ 4～5月（開花）　6～7月（摘果）
満開時に人工受粉、実は摘果する

　自家受粉しますが、人工受粉を行なうとさらに確実です。小さな実がつきはじめたら、7月までに1果房に1～2個ずつに摘果します。

5　果実の管理 ➡ 9～10月
実が落ちないようにネットで守る

　完熟すると実が落ちやすいので、実が大きくなってきたらネットを張って、実の落果を防ぎましょう。果皮が緑から黄色や赤色に変わり、落下したら収穫適期。追熟の必要はありません。

施肥の方法
肥料は春から秋の成長期間中、有機質配合肥料（P239）を4月、6月、8月頃に与える。収穫後にもお礼肥を施すとよい。

病害虫対策
葉先に病斑ができ、枯れてしまう炭そ病にかかることがある。混み合う部分を間引き、風通しをよくして予防する。発病したら薬剤で対処を。

楊貴妃が好んだという
中国南部原産の果樹。

ライチ

ムクロジ科

難易度 ▶ やさしい

栽培の
ポイント

冬の温度管理、寒害には注意が必要。5〜7度の低温で花芽をつける。

DATA
- 英語表記　Litchi, Lychee
- 樹高　2〜3m
- 日照条件　日向
- 栽培適地　九州南部、沖縄
- 結実までの目安　3〜5年
- コンテナ栽培　可能（12号鉢以上）
- タイプ　常緑高木
- 自生地　中国南部
- 収穫時期　7〜8月

栽培カレンダー

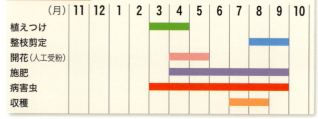

ライチの特徴

亀甲状の皮をむくと上品な甘さの果肉が！

　中国では紀元前から栽培され、楊貴妃が好んで食べたといわれるおいしい果実です。透明な乳白色の仮種皮（タネの回りについている果肉）を生食します。甘みと酸味がほどよく、独特の風味と芳香があります。

　本来は樹高10mほどになる高木です。春に主幹を切りつめ、大きくなりすぎないように整えれば、鉢植えで育てることもできます。

品種選びと栽培のポイント

冬場の温度管理に注意して栽培

　自生地の中国には100以上の品種があるといわれますが、「プースター」「ツツミーチ」「クイビー」などの優良品種の挿し木苗を選びましょう。

　生育適温は15〜30度。最低気温が13度以上の間は屋外で育てます。発育のよい2年枝に実がつくので、枝の先端を切り戻さないようにすること。ライチは隔年結果が激しく、結実率が低いのが難点です。

1 植えつけ → 3〜4月
鉢植えが一般的

　3〜4月頃、水はけのよい用土に植えつけます。苗は接ぎ木苗や挿し木苗、とり木苗がおすすめです。大きく成長するため、鉢も徐々に大きくしていきましょう。

2 置き場・水やり
果実肥大期にはたっぷり水を与える

　春から秋は日当たりのよい屋外で水を与え、とくに果実が肥大する6〜7月には1日数回たっぷりと与えます。冬場は室内で霜などが降りないように管理しますが、花芽をつけるためには5〜7度の低温も必要です。

3 剪定 → 8〜9月
剪定を怠ると高木化する

　こまめな剪定でコンパクトに仕立てます。混み合った枝は間引き、長い枝は切り戻し、樹冠内の日当たりをよくしましょう。

施肥の方法
肥料は4〜9月に、有機質配合肥料（P239）を与えるとよい。チッ素分を大量に施すと収穫量と品質を低下させるので注意。

4 開花・受粉 → 4〜5月
人工受粉して結果率を上げる

　ライチはひとつの花穂の中に雄花、雌花、両性花が混ざって咲きます。雄花を取って雌花に人工受粉をするとよいでしょう。ただしライチは500〜1000個の花が咲いても、結実するのは20〜40個と結実率が低い果樹です。

5 果実の管理
完熟後収穫したら、すぐに食べる

　樹上で朱赤色になるまでしっかりと完熟させてから収穫します。1日で果皮が褐色になり、品質が急速に劣化するので、保存する場合は1〜2度で冷蔵を。

病害虫対策
病害虫には比較的強い。カイガラムシ、ハマキムシ、ハダニなどがついたらすぐに取り除く。余計な枝や枯れ枝を取り除き、日当たりと風通しをよくすることで予防する。

その他のトロピカルフルーツ

▶マカデミアの実。

カニステル ［アカテツ科］
DATA 原産地：南米北部からメキシコ南部／タイプ：常緑高木／収穫期：5〜10月
栽培のポイント 排水性のよい用土に3〜5月に苗を植えつける。2m以下になるように剪定して管理。5〜10月まで開花と結実を繰り返す。生育適温は25〜30度。7度以下にならないように注意。果実の果皮は緑、果肉はオレンジ色で、蒸したクリのような食感。

スリナム・チェリー ［フトモモ科］
DATA 原産地：ブラジル南部／タイプ：常緑低木／収穫期：3〜4月（春果）・10〜11月（秋果）
栽培のポイント 別名ピタンガ。生育適温は15〜30度。15度以上は屋外で管理しよう。1本で自家結実する。3〜5月に植えつけ、変則主幹形（P214）に仕立てるとよい。果実を収穫した後に剪定しよう。赤く色づいた果実は甘酸っぱい、イチゴに似た味わい。

ドラゴンフルーツ ［サボテン科］
DATA 原産地：南米のコスタリカやコロンビア／タイプ：サボテン／収穫期：6〜12月
栽培のポイント 排水性のよい用土に上下を間違えないように植えつけ、根づくまでは乾燥ぎみに育てる。新しい節が伸びはじめた頃から水やりを。生育適温は25〜30度で10度以下にならないように注意。夜に開花するので、ハケなどで人工受粉をさせるとよい。

マカデミア ［ヤマモガシ科］
DATA 原産地：オーストラリアのクイーンズランド州／タイプ：常緑小木／収穫期：10〜11月
栽培のポイント 生育適温は13〜20度。低温に耐える品種もあるが、最低気温が10度以下になると実つきが難しくなる。開花は4〜5月頃。結実は開花から約5〜6か月後。自家受粉もするが、人工受粉をしたほうがよい。水分を好むので生育期にしっかり水やりを。

リュウガン ［ムクロジ科］
DATA 原産地：インドから中国南部／タイプ：常緑中高木／収穫期：6〜10月
栽培のポイント 別名ロンガン。生育適温は20〜28度だが、20度以下の低温にあうことで花芽がつく。別品種を混植すると実つきがよくなる。車枝にならないように剪定するとよい。開花は3〜5月頃。開花後5〜6か月で収穫できる。

シークヮーサー ［ミカン科］
DATA 原産地：沖縄、南西諸島／タイプ：常緑小高木／収穫期：8〜12月
栽培のポイント 沖縄などに自生する野生のカンキツだが紀伊半島以南で栽培可能。1本で結実する。排水性のよい用土に植えつける。管理作業はカンキツ類の育て方を参照（P132〜139）。未熟の青い果実はユズやスダチのように利用。完熟果は生食できる。

チェリモヤ ［バンレイシ科］
DATA 原産地：ペルーからエクアドルのアンデス山脈高地／タイプ：常緑性（暖温帯では落葉性）／収穫期：10〜11月
栽培のポイント 生育適温は10〜25度なので、10度以上は屋外で管理。夜に開花するため、人工受粉をするとよい。夕方から早朝にかけ湿度の高い時間帯をねらって受粉させるとよい。収穫適期の果実は黄緑色になる。

ホワイトサポテ ［ミカン科］
DATA 原産地：メキシコから中央アメリカ／タイプ：常緑高木／収穫期：10〜11月
栽培のポイント 生育適温は20〜30度。最低気温が5度以下の環境では結実が難しい。1本では結実しないので受粉樹が必要なので、花粉が多い違う品種を一緒に植える。2〜4月頃に開花。果皮は緑、果肉は黄色。果肉はカスタードのような肉質で、甘く酸味が少ない。

ミラクルフルーツ ［アカテツ科］
DATA 原産地：西アフリカ／タイプ：常緑中高木／収穫期：5〜11月
栽培のポイント 生育適温は25〜30度なので、20度以上で育てるのがおすすめ。排水性のよい用土に植えつけ、変則主幹形（P214）に仕立てるとよい。甘酸っぱい味わいの小型の赤や紫、緑色の実をつける。別名スイショウガキとも呼ばれ、ゼリー状の果肉が美味。

レンブ ［フトモモ科］
DATA 原産地：マレー半島／タイプ：常緑高木／収穫期：6〜8月
栽培のポイント 生育適温は25〜30度。西洋ナシに似た形の果実は、リンゴのような味わい。耐湿性が高い用土に5〜6月に植えつける。生育期は水分を好むので、水切れに注意。収穫後は乾燥ぎみに育てるとよい。自家結実性があるので1本でもよい。

トロピカルフルーツの育て方

熱帯果樹の苗木が入手しやすくなりました。住宅事情の変化により冬でも屋内が暖かい家が増えたため、家庭栽培のネックであった温度管理もしやすくなっています。南国気分を味わえるトロピカルフルーツを育ててみませんか。共通する基本の管理作業を紹介します。

植えつけと鉢選び

トロピカルフルーツの栽培は、最低気温が0度以下になる地域ではアボカドなど一部のものを除いて庭植えには向きません。基本的に熱帯果樹は鉢植えにし、冬は室内に取り込みましょう。

果実を実らせるためにはできるだけ大きめの鉢(最低でも10号鉢以上)にします。春から秋の気温が生育適温の時期は屋外、冬の低温期は室内に移動させるため、扱いやすいプラスチック鉢を選ぶとよいでしょう。

◆使用する土

コンテナに植えつける際に使用する用土は、赤玉土(中粒)と腐葉土を1対1で混ぜるのが基本。水はけがよいことが大切です。コンテナの底には、鉢底土を入れるとよいでしょう。植えつけ後は、2年に一度は植え替えます。用土と土づくりについてはP203・209を参照してください。

肥料

植えつけ時にはあらかじめ用土に有機質配合肥料(P239)を混ぜておきます。その後は成長期に追肥しますが、施肥量や時期はそれぞれの果樹の項を参照してください。速効性化成肥料やリン酸分が多い有機質配合肥料を使うと、果実の味がよくなります。

温度が低く、生育が止まる冬は、肥料は不要です。この時期の肥料は花芽がつきにくくなったり、根腐れの原因にもなります。

水やり・置き場

気温が高い夏の間は十分に水を与えます。気温の低下とともに徐々に水やりを減らし、冬はできるだけ乾かし気味にして冬越しさせるのが基本。冬に乾燥ぎみに育てることは、花芽をつけるためにも重要です。表面が白く乾いてから、水やりをしましょう。

置き場は年間を通して日当りのよい場所に置くこと。ただし1年中室内で栽培すると、日当りが十分でないため、生育が悪くなります。そこで暖かくなったら(15度以上が目安)外に出し、直射日光に当てましょう。冬場でも暖かいときには日中窓を開け、外気を取り入れると丈夫な株に育ちます。

昼と夜の気温差が10度以上になると枯れてしまうことがあるので注意しましょう。

四季の管理作業

◆春から秋の育て方

多くの熱帯果樹は15〜30度が生育適温。平均気温が13度を上回るようになってきたら鉢植えは屋外に出し、外気と直射日光に当て、朝夕たっぷりと水を与えましょう。

熱帯果樹だからといって、30度以上の生育適温を超えるような場所で管理すると、生育は一時的に止まってしまいます。とくに午後の西日は避け、日陰や軒下で温度管理をしましょう。

◆冬の育て方

気温が10〜15度ぐらいに下がると、多くの熱帯果樹は生育を止めてしまいます。さらに0〜10度になると、葉が落ちたり、小枝が枯れたりして株へのダメージが出てきます。冬場は10度以下にならないように温度管理をすることが大切です。

ただし、花芽をつけ果実を実らせるためには気温の低い、休眠時期も必要です。この時期に伸びすぎた枝を切り戻したり、ヒモなどで枝を横向きに誘引すると、花芽がつく枝が充実するようになり、結実につながります。

本書で紹介しているアボカドやグアバ、パッションフルーツは比較的低温に強いので、関東以南では、イラストのように霜よけをすれば、屋外の軒下に出しておいても大丈夫です。それ以外のトロピカルフルーツは、冬は室内の日が当たる窓辺などに取り込みましょう。

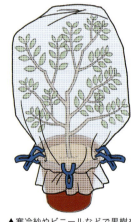

▲寒冷紗やビニールなどで果樹を覆い、霜よけ対策をした上で、日当たりのよい軒下などで管理する。

収穫

収穫時期は品種によってさまざまですが、熱帯果樹の多くはバナナ、パイナップル、アボカドなどのように20〜25度で追熟させてから食用とします。

市販品を買い求めると、早めに収穫して輸送の過程で追熟させているものがほとんどですが、家庭で完熟させたものは格別の味わいが楽しめます。自分で育てるなら、ぜひ正しい時期に収穫し、追熟させておいしさを味わってください。

果樹栽培の基礎知識

PART 5

家庭で果樹栽培を成功させるための基礎を知っておきましょう。
環境や目的にあった品種を選び、
剪定や摘果など適切な管理作業をすることで、
毎年、たくさん収穫できます。

- 果樹栽培の基本と楽しみ方 AtoZ
- 目的別・果樹選び
- 苗木選び
- 土づくり
- 植えつけ
- コンテナ栽培の基礎知識
- 庭でコンパクトに育てる
- 樹形ガイド
- 剪定の基本
  基礎知識
  実践編
  実例ケーススタディ
- 肥料
- 基本の管理作業
- 植え替え
- 増やすテクニック
  株分け
  とり木
  挿し木
  接ぎ木
- 病害虫対策
- 農薬の使い方
- グッズガイド

果樹栽培の基本と楽しみ方

自分が育てた果実のおいしさは格別！

　果樹栽培の最大の魅力は、一番おいしい状態の果実を収穫し、とれたてを食べられることです。さらにそれ以外にも、果樹は私たちの生活にさまざまな喜びや癒しを与えてくれます。果樹には可憐な花を咲かせるもの、紅葉が美しいものなども多くあり、日々私たちの生活を楽しませ、心を癒してくれるでしょう。

　果樹を育てるには、広い庭がなければできないと思う人もいるかもしれません。しかしほとんどの果樹は、小さな庭やベランダなどの限られたスペースでも栽培できます。どんな場所で、どのように果樹を栽培したらよいかを知ることで、おいしい果実を収穫できます。

庭先で育てた果樹はおいしさと楽しさを運んできてくれる。

果樹栽培の魅力

●草花や野菜とは少し違う「育てる喜び」

　草花や野菜と違い、果樹は一度育てはじめると長い年月、果実の収穫を楽しめます。成木になってから十数年、長いものでは100年近く実をならせます。季節ごとに花をつけ、実がなる果樹の栽培は、年月を重ねるごとに楽しみが深まっていきます。

●「樹上完熟果」のもぎたての香りと味わい

　樹になった状態で完熟させた「樹上完熟果」は、とてもおいしいものです。しかし市販されている果実は、日持ちさせるために早どりされているものがほとんどです。家庭で栽培すれば、果実本来のおいしさがつまった樹上完熟果で、もぎたての香りや味わいを堪能できます。

●安心安全な果実を収穫できる

　家庭で果樹を育てる大きなメリットは、薬剤の使用を抑えられること。市販の果実は見た目をよくしたり、生産の効率を上げるために薬剤が使用されているものがほとんどです。本書で紹介している果樹の栽培法は、ほとんど薬剤を使用せずにできる方法で紹介しています。

●市販されていない果実を食べられる

　この本に出てくる果樹の中には、ほとんど市販されていないものも含まれています。もともとは日本古来の果樹の代表格だった種類や、海外では普通に生産されているけれど国内ではあまり生産されていない種類や品種など、いろいろな果樹栽培にトライしてみるのも楽しいものです。

果樹栽培の基本「3つの成長サイクル」

① 「木の成長」と「子孫を残す」作業が同時進行

　果樹は生育の段階で、枝葉や根を伸ばす「木の成長」と花を咲かせて実をつける「子孫を残す」過程が、樹体の中で同時進行しています。野菜や草花は最初に茎葉や根が成長し、自分の体ができてから花を咲かせて実をつけることが多いものです。果樹の中にはリンゴやナシのようにまず花を咲かせてから葉を出すものもあります。

　果樹栽培では花・果実と枝葉の成長のバランスをとりながら、養分がしっかり果実に回るように栽培することが大きなポイントになります。そのために剪定は不可欠であり、小まめに樹形を整えることが大事なのです。

② 春の成長に使う養分は前年の貯蔵養分で

　果樹の大きな特徴のひとつに、春の生育に使う養分は前年の秋までに樹体に蓄積しているということがあります。この貯蔵養分が不足すると「木の成長」と「子孫を残す」作業の両方で養分の取り合いになり、花が咲いても実を結ばない、ということが起きがちです。

　養分がバランスよく行き届くように、季節ごとの果実の養分生産・蓄積のサイクルを整えてあげることが、おいしい果実を収穫するポイントになります。

A to Z

果樹栽培はおいしい果樹が食べられることはもちろん、「育てる楽しみ」を感じることができます。長い年月にわたって花や実をつけ、私たちを楽しませてくれる果樹は、心や生活も豊かにしてくれます。

③ 若木期間はどんどん成長して大きくなる

果樹は苗を植えてすぐには果実の収穫ができません。苗を植えて数年は枝葉がどんどん伸び、接ぎ木苗の場合、地植えで4～5年、コンテナで2～3年後から実をつけはじめますが、若木のうちは「木の成長」のほうが盛んなため、よい果実はなかなかできません。

数年経つ頃から、果樹も子ども時代(幼木期)を卒業しておとな時代(成木期)に入り、たくさん実をつけるようになります。おいしい果実をならせるには、幼木期から早く実がなるような樹形づくりをしていくことが大切です。

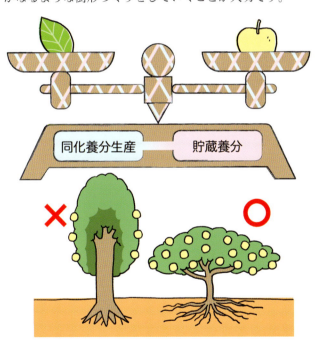

果樹のタイプは大きく分けて4種類

果樹には大きく分けて落葉果樹(リンゴやモモなど)、落葉小果樹(ブルーベリーなど)、つる性果樹(ブドウやキウイフルーツなど)、常緑果樹(カンキツ類など)の4つのタイプがあります。

そして、この4つのタイプによって、生育や貯蔵養分の蓄積のしかたなどが異なり、育て方も変わってきます。

果樹の種類

落葉果樹　カキ、リンゴ、ナシ、ウメ、モモ、イチジク、サクランボ、クリなど

落葉果樹は、収穫後の秋に主にその年に伸びた枝や幹、根に養分を蓄積してから落葉する。そのため、4～11月頃にしっかり葉に光を当てて、栄養成長を促すことが大事。冬の休眠中は寒さに強く、貯蔵成分が多いほど耐寒性が強くなる。剪定も落葉期に行なう。

落葉小果樹　ブルーベリー、ラズベリー、ブラックベリー、クランベリーなど

ベリー類のような低木の果樹のことで、大きくならないため家庭果樹向き。冬になると落葉するので、剪定は冬期に行なう。種類によって実のつきかたが違うため、毎年、たくさん実がなるように、不要枝を切って日当たりをよくし、古い枝は切って更新する。

つる性果樹　ブドウ、キウイフルーツ、サルナシ、アケビなど

つる性果樹の貯蔵養分は、枝よりも根に蓄えられている。そしてその養分は、春に新しいつるや枝の成長に使われ、若い元気なつるには、果実も結実する。

そのため冬の剪定で、古い枝を除去して常に新しい枝に更新していくことが大切。

常緑果樹　カンキツ類(ミカン、オレンジ、ユズ、レモンなど)、ビワ、ムベ、フェイジョアなど

冬も休眠せずに葉をつけているため、寒さに弱い。冬は茎葉がほとんど生育しないが、この葉に翌年の春に生育する養分を多く蓄積している。そのため厳しい寒さで落葉したり、冬に剪定しすぎると、春にエネルギーが不足して、うまく実がならなくなってしまう。

目的別・果樹の選び方

どんな果樹を育てるか決めるときは、「きれいな花も楽しめる」「日当たりがよくない場所でも育てやすい」など、果樹の性質や特徴を元に選ぶのがおすすめ。環境や目的に合わせると自分にピッタリの果樹を選ぶことができます。

●1本だけでも実をつける

1本だけで栽培すると花が咲いても実がつかない果樹は多い。1本で実をつける果樹だと、初心者でも育てやすい。

- **イチジク → P30**
  収穫の1か月ほど前に摘果をすると、より実が充実する。
- **ザクロ → P72**
  筆で花の中心を軽くこすって人工受粉をするとよい。
- **ナツメ → P88**
  7月頃に摘果して隔年結果を防ぐと、毎年収穫できる。
- **ビワ → P92**
  摘房・摘蕾・摘果など果実管理するとよい実ができる。
- **ブドウ → P102**
  広い場所が必要と思われがちだが、コンテナ栽培も可能。
- **温州ミカン・レモンなど → P140・P148**
  カンキツ類は、1本で実をつける品種が多い。
- **ラズベリー、ブラックベリー、ジューンベリーなど → P160・P164・P172**
  ラズベリー、ブラックベリー、ジューンベリーは1本でも結実する。

●植えつけ後、早くから実をつける

果樹は品種によっては、苗木から育てても実をつけるまでに数年かかるものも。ベリー類は早く実を収穫できる。

- **モモ → P112**
  植えつけの約3年後から収穫できる。
- **ブルーベリー → P152**
  植えつけの2～3年で、小さな果実をつける。
- **ラズベリー、ブラックベリー → P160・P164**
  植えつけの2～3年後から、本来の大きさの果実が収穫可能。
- **カーラント → P168**
  植えつけの3～4年後から、果実が収穫できる。

●花が美しい

果樹のきれいな花は目を楽しませてくれる。ウメやモモなどは春の訪れを知らせる花として日本人になじみ深い。

- **アンズ → P22**
  3月下旬から4月上旬に可憐な薄紅色の花をつける。
- **ウメ → P26**
  2月から紅白のかわいい花をつける。果樹の中では開花期が早い。
- **ザクロ → P72**
  5月下旬から7月上旬に色鮮やかな紅色の花をつける。
- **フェイジョア → P98**
  6～7月にエキゾチックな雰囲気の花が咲く。
- **モモ → P112**
  4月にあでやかなピンク色の香り高い花を咲かせる。

●紅葉が楽しめる

季節の移り変わりとともに色を変える紅葉は風情がある。紅葉が楽しめる果樹は、庭木にするのに最適。

- **カキ → P40**
  春は美しい新緑、秋には照りのある紅色の紅葉が楽しめる。
- **ポポー → P108**
  庭木としても人気。ユニークな形の大きな葉が黄葉する。
- **ブルーベリー → P152**
  低い株立ちで紅葉する庭木は少ないが秋に深紅色になる。
- **ジューンベリー → P172**
  鮮やかな紅色の細葉が紅葉すると、とてもきれい。
- **クランベリー → P176**
  深い紅色に紅葉。常緑樹だが葉色の変化が楽しめる。

●病害虫に強い

病害虫に強い果樹は薬剤を使わず栽培でき、しかもお手入れもラクで育てやすい。

- ●グミ →P56
  病害虫がほとんどつかず、薬剤散布は不要。
- ●サルナシ →P76
  とくに問題になる病害虫がない。薬剤散布は不要。
- ●ビワ →P92
  病害虫の被害は少ないが、袋がけするとさらに安心。
- ●ヤマモモ →P116
  日本原産の野生種で、病害虫への耐性が強い。

●半日陰でも育てられる

庭やベランダの立地条件によっては、日当たりがあまりよくないことも。耐陰性がある品種なら半日陰でも大丈夫。

- ●ラズベリー・ブラックベリー →P160・P164
  西日を嫌い、ほかの木の日陰でもよく育つ。
- ●カーラント・グーズベリー →P168
  関東地方以西では日陰の涼しい場所での栽培が適している。
- ●ジューンベリー →P172
  建物やほかの樹木の日陰でもよく育つ。
- ●クランベリー →P176
  西日が直接当たらない場所での栽培が適している。

●樹上の完熟果を楽しめる

市販されている果実は、傷まないように早どりされているものが多い。家庭栽培なら樹上完熟果を味わえる。

- ●イチジク →P30
  完熟して落果直前のものがおいしい。
- ●スモモ →P80
  市販のものは酸っぱいが、完熟させると甘くなる。
- ●ナシ・西洋ナシ →P84
  もぎたての完熟果は甘い香りが強く、果汁も豊富。
- ●フェイジョア →P98
  自然落果したものがいちばんおいしい。
- ●モモ →P112
  完熟果は皮がむきやすく、香りがとてもよい。

●果実がほとんど市販されていない

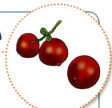

市販されていない果樹も、苗木は入手できる。家庭栽培ならではの希少価値のある味を楽しもう。

- ●サルナシ →P76
  山野に自生するキウイフルーツの仲間。
- ●ポポー →P108
  果肉はクリーム状で甘みが強く、独特の味わい。
- ●ジューンベリー →P172
  小粒だが果実の色が美しく、生食のほか加工しても美味。
- ●クランベリー →P176
  生食にはあまり向かないが、ジュースやソースに向く。

●シンボルツリーになる

庭で栽培する場合、シンボルツリー(記念樹)を植えると、長く思い出とともに果樹栽培を楽しんでいける。

- ●オリーブ →P36
  葉が美しく、シンボルツリーに最適。樹形も楽しめる。
- ●スモモ →P80
  コンパクトに仕立てられる。美しい花も楽しめる。
- ●オレンジ類 →P142
  葉がこんもり茂り、オレンジ色の果実がアクセントになる。
- ●キンカン類 →P144
  カンキツ類の中では、樹形をコンパクトに仕立てられる。
- ●ジューンベリー →P172
  樹冠のボリュームが少なく、他の木と組み合わせやすい。

●場所をとらずに栽培できる

広さがあまりない庭やベランダなどで栽培するには、限られたスペースでも栽培しやすい果樹がおすすめ。

①大きくならない果樹

もともと低木性の果樹を選べば、スペースが狭くても栽培しやすい。

- ●ユスラウメ →P120
- ●姫リンゴ →P124
- ●ベリー類 →P152〜178
  (ブルーベリー・ブラックベリー・カーラント・ジューンベリー・クランベリーなど)

②垣根仕立てにできる果樹

仕立て方を工夫することで、場所をとらずに栽培できる。垣根仕立ては省スペースでの栽培に適している。

- ●アケビ・ムベ →P18
- ●キウイフルーツ →P50
- ●ブドウ →P102
- ●ベリー類 →P152〜178

苗木の選び方のポイント

果樹栽培は、苗木選びからスタートします。よい苗木を選べば、その後の果樹の成長も順調になり、おいしい果実を収穫できます。よく苗木の状態を確認してから、購入するようにしましょう。

実がつくのが早い接ぎ木苗がおすすめ

苗木とは1～2年の幼木のこと。繁殖方法によって、挿し木苗、取り木苗、接ぎ木苗などの種類があります。ブルーベリーなどのベリー類やイチジクなどの一部の果樹以外は、「接ぎ木苗」を入手するのがおすすめです。

接ぎ木苗は親木の優れた形質（樹の形や実の性質）を受け継ぎ、実が早くつきます。接ぎ木苗を選ぶときは、接ぎ目の部分にすきまがあると、そこから病害虫が入り込んでしまう危険があります。接ぎ目が目立たなくて、しっかりとついているものを選びましょう。

苗木には、接ぎ木1年生で1本の棒のようになっている「棒苗」と、ポットに植えられた「ポット苗」があります。棒苗の中には、土を落としてあり根の状態を見られるものもあり、専門店などで入手できます。

品種名と植えつけ時期を確認してから入手を

果樹には1品種だけで実がつくもの、2品種以上を植えないと実をつけないものがあります。入手する際は、1本でよいか、2本必要かをかならず確認して、苗木の品種名や苗の年数も店の人に聞いておきましょう。

なお園芸店では枝が長いとスペースをとるため、短く切って売っていることがあります。できるだけ枝の数が多く、枝が長いものを選んだほうが、樹形づくりをするうえでいろいろな剪定の可能性が残されています。なるべく適度な数の枝がバランスよく配置されている苗木を選ぶのがおすすめです。

また、ポットの底穴から根が出ているものは、中で根詰まりしている可能性があるので避けたほうがよいでしょう。

品種名を要チェック。

ポット苗（接ぎ木）2～4年生

メリット 実がなるのが早い
デメリット 好きな樹形に仕立てにくい

棒苗（接ぎ木）1年生

メリット 自分で樹形を好きにつくれる
デメリット 実がなるまで時間がかかる

●1品種では実をつけない果実の代表例

かならず2品種植える必要があるもの	キウイフルーツ、ナシ、ハッサク、ヒュウガナツなど（キウイは雄品種と雌品種が1種類ずつ必要）
ほとんどの品種で2品種植える必要があるもの	リンゴ、スモモ、サクランボ、ウメ、クリ、オリーブ、ブルーベリーなど
品種によっては2品種植えるもの	モモ、カキなど

よい苗木と悪い苗木の見分け方

ポット苗の場合

○ よい苗

横から見る
- 接ぎ木からまっすぐすっと伸びている
- 接ぎ木部分の上下に太さの差がない
- 枝が左右バランスよく適度な間隔で出ている

上から見る
- 充実した太い脇枝が3〜6本以上出ている
- 360度、いろいろな方向にバランスよく出ている

× 悪い苗

横から見る
- 接ぎ木の部分に段差がある
- ひこばえが生えている
- 接ぎ木テープがくいこんでいる
- 苗が細く、枝数が少なく、同じ方向に出ている

ひこばえ

ひこばえ
接ぎ木部分と幹がまっすぐでなく、ひこばえが出ている。

上から見る
- 枝が細い
- 同じ方向にばかり枝が出ている

棒苗で根が見える場合

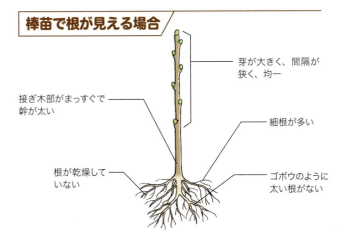

- 芽が大きく、間隔が狭く、均一
- 接ぎ木部がまっすぐで幹が太い
- 細根が多い
- 根が乾燥していない
- ゴボウのように太い根がない

栽培スペースが狭いなら矮性台木の苗木を！

果樹によっては、樹高が高くならない矮性台木に接いだ苗木を入手でき、栽培スペースが限られている場合やコンテナ栽培に向いています。矮性台木に接いだ苗木は樹勢が抑えられ、普通の台木のものに比べ短い年数で実をつけさせることができます。

ただし花芽がよくつくため、実がつきすぎる傾向があります。摘花、摘果などの管理をしっかりしましょう。また根の張りが浅く、土の乾燥や過湿に弱いので、水不足やりすぎに注意が必要です。

矮性台木の苗木がある主な品種
サクランボ、ナシ、モモ、リンゴ

タネから育てる場合

親と同じ味の果実がなるとは限らない

果実を食べた後に残るタネをまいて、果樹を育ててみたい。そんなふうに思う人も多いかもしれません。しかし食べた果実がおいしかったからといって、同じような果実が収穫できる果樹に育つとは限りません。果樹の多くは品種改良を繰り返していて、形質が安定していないため、親とは異なるさまざまな形質の実生苗が生まれてきます。多くの場合、親より劣った苗になることが多く、残念ながらおいしい果実は期待できません。

しかし、実がおいしくなくても、観葉植物として楽しむ分には問題ありません。どんな果樹になるのか、トライしてみるのもおもしろいかもしれません。

親と同じものが出る果樹もある

ビワとカンキツ類に限っては、親と同じ形質のものが出る可能性が高くなります。カンキツ類は多胚といって、遺伝的に親と同じものが出る確率が高いのです。受精胚は1本、他はクローンで枝が数本出ます。枝を整理するか、放っておいても1本になります。

タネから育てたアボカド、3年生。

果樹に向く環境と土づくり

果樹を植えつける前に、それぞれの品種に適した環境を整えておくことはとても大切です。土づくり、温度や湿度、日照条件なども果樹の種類によって違ってくるので、事前にチェックしておきましょう。

日当たりと風通しがよい場所を選ぶ

　栽培する場所を選ぶときは、風通しがよく、日当たりがよい場所を選びましょう。日当たりが悪いと光合成が十分にできず、果樹が元気に成長できません。植物の光合成は午前中がピークなので、朝の光がよく当たる南向きの場所が栽培に適しています。

　とくに落葉果樹は、芽吹いてから落葉するまでの時期、1日の半分以上(午前中)日が当たる場所が理想的。それに比べると、常緑果樹は日当たりが多少悪くても育ちます。

　果樹の特性を見極めたうえで、庭のどこに植えるか、コンテナ栽培の場合は鉢の置き場所を決めましょう。

●果樹の日当たり・水はけ・乾燥への適応度

耐陰性	●日陰にとても弱い	リンゴ、クリ
	●日陰に弱い	モモ、ナシ、スモモ、ウメ
	●日陰にやや弱い	ブドウ、ミカン
	●日陰にやや強い	カキ、イチジク、キウイフルーツ、アケビ
耐湿性	●強い（水はけが少し悪くてもよい）	カキ、ナシ、ブドウ、ザクロ、ブルーベリー、マルメロ
	●弱い（水はけのよい場所が好き）	イチジク、モモ、ウメ、サクランボ、スモモ、アンズ、キウイフルーツ、クリ
耐乾性	●乾燥に強い	モモ、スモモ、アンズ、ブドウ、ウメ、クリ、オリーブ、グミ、クルミ、カンキツ
	●乾燥に弱い	リンゴ、ナシ、カキ、マルメロ、ブルーベリー、キウイフルーツ、カリン

果樹栽培におすすめの環境

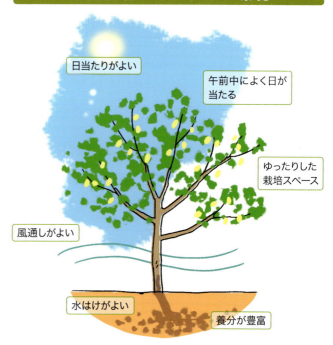

●果樹の栽培に適した温度

果樹	年平均気温
カンキツ	15度以上
リンゴ	6度以上14度以下
ブドウ	7度以上
ナシ	7度以上（西洋ナシは7度以上15度以下）
モモ	9度以上
ビワ	15度以上
カキ	甘ガキは13度以上、渋ガキは10度以上
クリ	7度以上
ウメ	7度以上
スモモ	7度以上
パイナップル	20度以上

元の土を掘り返し、土づくりをしっかりと

果樹は基本的に水はけがよく、かつ一定の保水性のある養分豊富な土壌を好みます。一般に住宅の庭の土は硬くて肥料分が少ないので、土づくりをまず最初にしましょう。くわしい手順はP 204で紹介しますが、植えつけの前に土を深めに掘っておくことが大切です。

掘り起こした土には、腐葉土と赤玉土を混ぜてよく混ぜ、それを用土とします。もとの土がひどい粘土質だったり、石や砂が多かったりするようなときは、庭土は使わず、赤玉土と腐葉土、場合によっては黒土を混ぜたものを用土にするとよいでしょう。

直径40cmくらいの穴を掘ること。

果樹栽培に適しているのは、赤玉土1：腐葉土1

赤玉土と腐葉土のブレンドが果樹栽培によい理由は、水はけ、通気性、保水性が高くなり、土の中の養分が保ちやすくなることです。ほとんどの果樹が、この赤玉土1：腐葉土1の比率で混ぜた用土が適しています。

なお果樹にとって最適な土は、その樹が自生している土地に近い土。果樹の種類によっては、下で紹介している他の用土を混ぜるとよいものもあります。

果樹栽培では、赤玉土1：腐葉土1の割合で用土をつくるとよい。

おもな用土の種類と特徴

赤玉土（あかだまつち）
赤土を粒径によって大・中・小にふるい分け、団粒化したもの。基本の土として使う。

腐葉土（ふようど）
広葉樹の落ち葉が発酵、腐敗したもの。基本の用土に混ぜると、通気性、透水性、保肥性が高まる。基本の土に使う。

ピートモス
湿地に生える水ゴケが堆積、腐熟したもの。腐葉土と似た性質だが、酸度が高いので酸性の土を好む果樹に向く。

黒土（くろつち）
日本に広く分布する火山灰土の表土。有機物と肥料分は多いが、リン酸分が少ない。

バーミキュライト（ひるいし）
蛭石を焼いて生成し、多層の薄板状にしたもの。保水性、通気性の改善に役立つ。

パーライト
真珠岩を高温・高圧で焼成して多孔質にしたもの。通気性を改善し、土を軽くする。

鹿沼土（かぬまつち）
軽石質の火山性砂礫が風化したもの。栃木県鹿沼市付近で産出される。酸性で肥料分をほとんど含まない。

ヤシ殻（がら）
ヤシの実の殻の外側の柔らかい部分を1～数cmの大きさに切り、スポンジ状にしたもの。

川砂（かわすな）
河川の中流から下流域で見られる丸い小さな粒、または砂状の用土。

PART 5　果樹に向く環境と土づくり

基本の植えつけ ①庭植えの手順

栽培する場所を決めたら、植えつけをしましょう。植えつけに適した時期に、しっかりと土を耕して、土づくりをしてから植えることが、根つきをよくするコツです。根が乾燥すると根つきが悪くなるので、作業中も注意しましょう。

植えつけの適期は11～3月だが夏以外はOK

植えつけに適した時期は、落葉果樹の場合は根が活動していない休眠期か、新根が発生する前の時期がおすすめです。
植えつけによい時期は①11～3月の冬期（休眠期）　②梅雨（6月～7月上旬）　③9月（秋根が伸びる前）　④夏以外（4、5、10月頃）の順です。

冬以外に植えつけをする場合は、根を崩さないように注意しましょう。

ベリー類は冬でも根を崩さないように注意しましょう。

常緑果樹は冬期も樹の休眠は浅いので、根の活動がはじまる前の3月が植えつけの適期です。

植え穴の準備

植え穴は直径40cm、深さ30cmが基本。深すぎると土が沈下して根を傷めたり、水がたまって湿害を起こすことがある。

1 植える場所を決める。平らでよく日が当たる場所、周囲に樹木がないところを選ぶ。

2 植え穴を掘る。40×40cm角、または直径40cm、深さ30cmくらいになるようにスコップで掘る。すり鉢状にならないように、垂直に掘ること。

3 腐葉土1：赤玉土1の割合で、よく混ぜる。赤玉は中粒から小粒がおすすめ。

4 元の土が粘土質だったり、礫が多いときは使わない。その分、新しい土を多く用意。元の土に古い根があれば紋波病の原因になるので取り除く。

5 3に元の土を混ぜる。元の土は重いので3の上に乗せ、下から切り返すとよい。計2回くらい切り返し、しっかり混ぜる。

6 5を穴の半分くらいまで入れる。

Point 元肥を入れるとき

元肥は入れなくてよいが、入れる場合は、植え穴の底に2kgほど入れる。油かすや牛ふん、堆肥などがよい。鶏ふんは早く分解するので元肥には適さない（肥料はP238参照）。

苗を植える

植えつけの際は、根が乾かないように注意。植えた後は水をたっぷり与えること。リンゴの苗木を例に手順を紹介する。

1 根を傷つけないようにやさしくポットを取る。接ぎ木テープがあるときは外しておく。

2 底を移植ゴテなどで削る。ポットの土はよい土でない場合が多いので、削ることで新しい土が入りやすくする。周囲にも縦に移植ゴテで3cm間隔で筋を入れる。

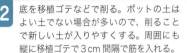

Point 根は切らなくてOK。

3 苗を仮置きし、地面とポットの上面の高さがそろうように土を入れる。幹が植え穴の中央にくるように苗を置き、土を周囲にしっかり入れる。

4 周囲を軽く踏んで、落ち着かせる。その後、土を幹のほうに寄せ、盛り上がった感じにする。

5 水鉢をつくる。ポットの大きさよりひと回り大きく1周溝を切り、水やり。溝に水がたまるくらい（10〜15リットルが目安）与える。土を中央の幹のほうに寄せ、植えつけ終了。

6 はじめの年は花を咲かせず、木を成長させたほうがよいため、先端に花芽がついていたらすべて切る。

ここで切る！

Point 盛り土で根を守ろう

植えつけてから数年すると、ベリー類、カンキツ類、ブドウ、モモなどは根が地表に上がってくることがある。根を覆う土が少なくなり、根が乾燥して生育が悪くなることも。そんなときは腐葉土＋赤玉土などで株元を覆う盛り土をして根を守るとよい。地温が上がる5月上旬頃、または8月下旬〜9月頃が適期。

コンテナ栽培の基礎知識

コンテナ栽培は広い庭がない人でも、手軽に果樹栽培を楽しむのに最適な栽培方法です。限られたスペースで栽培するため、よい実をつけるためには、剪定をはじめ、日々の管理で気をつけておきたいことがあります。

コンテナ栽培にはどんな果樹が向く？

コンテナ栽培は、鉢を移動することで栽培環境を変えられるのが大きなメリット。防風、防寒、防暑、雨よけなどの管理がラクにできます。しかし、限られた量の土に植えられているため、日射しが強い夏は水分不足になりやすく、水やりを忘れていると枯れてしまいます。その点、乾燥に比較的強い果樹は育てやすくおすすめです。

また、カンキツ類やブルーベリーなどの落葉小果樹はコンパクトに仕立てやすいので、限られたスペースでの栽培にも向いています。コンテナ栽培にはじめて挑戦する人は、右にあげた育てやすい果樹からはじめましょう。

カンキツ類はコンテナでも育てやすい。

乾燥に比較的強い果樹
アケビ、ウメ、アンズ、オリーブ、ザクロ、ムベ、ユスラウメなど

オリーブは乾燥に強く、ベランダのシンボルツリーにもぴったり。結実には2品種必要。

コンパクトに仕立てやすい果樹
カンキツ類（温州ミカン、ユズ、キンカン、レモンなど）、ベリー類（ブルーベリー、ラズベリー、ブラックベリー、カーラント、グーズベリーなど）、ユスラウメなど。

ブルーベリーは初心者におすすめの小果樹。2品種あると実つきがよくなる。

コンテナ栽培のメリットとデメリット

果樹は幹や枝、葉ばかりが大きく育つと、養分が木の成長に使われてしまい、なかなか実をつけることができません。その点、コンテナで栽培すると用土が限られているため、根が育ちすぎず、木がコンパクトに育つため、庭植えより1〜2年早く果実を収穫できます。

ただし、コンパクトに仕立てるには、果樹の性質に合った剪定が欠かせません。また用土の量や栄養分も限られているので、1〜2年に一度、定期的に植え替えや鉢上げ（ひとまわり大きな鉢への植え替え）をする必要があります。

コンテナ栽培のメリット
- 庭植えより早く花が咲き、実がつく
- 日当たりのよい場所、適温の場所に移動できる
- マンションなど集合住宅でも手軽に育てられる

コンテナ栽培のデメリット
- 土の量や栄養量が限られているので、植え替えが必要
- 水やりをおこたると枯れてしまうことも

コンテナ栽培のルール

●日当たり、風通しがよい場所に置く

　果樹が十分に成長するためには、日当たりと風通しが欠かせません。コンテナを日当たり、風通しのよい場所に置くようにしましょう。またコンテナを台の上に置くと、日当たりや風通しがよくなります。ただし強風には注意。

●1鉢1本を基本に、2本植えは避ける

　果樹の中には、2品種を植えないと結実しないものが多くあります。2品種を栽培するときは、必ずコンテナを分けて、1鉢に1品種1本を植えるようにしましょう。2本植えると、どちらかに栄養分が偏ってしまいます。

1鉢に1本！

●成長期は、1号ずつ、鉢を大きくする

　限られた土で栽培するので、土の中の栄養素の量も果樹の成長とともに不足してしまいがちです。また根が伸びて、鉢の中で根詰まりを起こすことも。毎年ひとまわり大きな鉢に植え替えましょう。

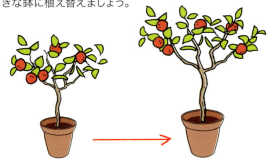

●置き場所に合った樹形づくりをする

　マンションのベランダなどで、高さや幅などに制限がある場合は、その場所に合った樹形づくりをしましょう。ブドウなどのツル性の果樹は、あんどん仕立てにするとコンパクトに仕立てられます。

集合住宅でコンテナ栽培をするときは

　ベランダで果樹を育てると、落ち葉や花がら、水やりの際に底から流れる土などのゴミが出ます。排水口に詰まらせたりせず、近隣に迷惑にならないように、ルールを守ってコンテナ栽培を楽しみましょう。

★ **ゴミの行方に気をつける**

　落ち葉や花がらなどのゴミが隣の家のベランダに風で飛んだり、排水口に詰まったりしないように十分に注意すること。掃除はこまめにしましょう。

★ **水やりは階下に配慮する**

　フェンスや手すりの近くにコンテナを置いていませんか？　水をやるときは、下の階のベランダに水がかからないように配慮が必要です。

★ **非常口や隣家との仕切り部分をふさがない**

　コンテナを置く場所は、隣家との仕切り板の近くは避けましょう。ベランダに非常用のハッチがある場合は、その部分は必ずあけておくこと。

コンテナ栽培の土の準備

コンテナ栽培では、庭植え以上に土の良し悪しが果樹の生育を左右します。果樹に適した用土を用意しましょう。使用する鉢は、果樹の成長に応じてサイズを見直し、最適な環境を整えることが大切です。

サイズや素材は？ 最適な鉢を選ぶ

コンテナ栽培で使用する鉢は、果樹の成長に応じて大きさを決めます。最初から大きな鉢に植えるのではなく、最初の植えつけは苗木より1～2号大きいサイズのものを選ぶのがおすすめです。果樹の種類によってサイズは変わってきますが、だいたい6～8号鉢（直径18～24cm）が目安です。

また、鉢にはいろいろな素材、形のものがあります。通気性がよいのは素焼きや木製、保水性があり軽くて持ち運びしやすいのはプラスチック製といったように、それぞれ特徴があります。水切れを起こしにくいプラスチック製は、ほとんどの果樹栽培におすすめです。若木や高温に弱い種類は、白っぽい鉢を選ぶと鉢の温度を抑えることができます。

プラスチック製は軽くて扱いやすい。

サイズの目安

鉢の大きさは号数で表される。号数は鉢の直径を測り、1寸（約3cm）を1号として表す。

7号鉢

直径21cm
最初に苗木を植えるのは、6～8号鉢が目安。

10号鉢

直径30cm
1～2年に1回、植え替えする。

コンテナの種類

プラスチック製

通気性はないが、保水性に優れている。価格も手頃で軽く、耐久性に優れているものが多い。

素焼き鉢

重さがあり割れることもあるが、通気性に優れている。テラコッタ鉢は見た目がよく耐久性もある。

木製鉢

木製の鉢は、通気性があり、ナチュラルなデザインで見た目がよい。耐久性は製品による。

鉢サイズの選び方

鉢の中央に苗を置き、隙間が1.5～3cmほどだと、ちょうど1～2号大きめのサイズになる。

コンテナ栽培の用土は赤玉土1：腐葉土1が基本

コンテナ栽培では、赤玉土と腐葉土を1対1の比率でブレンドした用土を使うことをおすすめしています。

赤玉土は中粒がベストで、水はけ、通気性、保水性に優れた土です。

腐葉土は落ち葉などを発酵分解させた土で、有機質をたくさん含んでいます。

この赤玉土と腐葉土をブレンドした用土は、通気性と水はけがよく、コンテナ栽培に最適です。

果樹によっては、バーミキュライトやパーライトを混ぜたり、酸性の土を好む果樹にはピートモスを混ぜると、よりその果樹が本来好む土の質に近づきます。

基本の用土

腐葉土 ： 赤玉土
1 ： 1

植えつけの前に、バケツなどで赤玉土と腐葉土をよく混ぜておく。

その他の用土

バーミキュライト

鉱物を乾燥させた用土で保水力がアップする。カキなど水分を好む果樹では赤玉土1/3をバーミキュライトにするとよい。

ピートモス

水ゴケなどを発酵させた酸性度の高い用土。ブルーベリーなど酸性の土を好む果樹に腐葉土の代わりに使うとよい。

パーライト

鉱物を乾燥させた軽い用土で通気性がアップ。モモ、ブドウなどで赤玉土1/3をパーライトにするとよい。

腐葉土は粗めのふるいにかけ、大きな落ち葉や枯れ枝を取り除く

腐葉土に含まれる大きな落ち葉や枯れ枝は病害虫を発生させる原因になるので、使う前に粗めのふるいにかけておくとよい。

鉢底石は必ずしも使わなくてよい

鉢底石は必ずしも入れなくてもかまいません。基本の用土で使う赤玉土を中粒のものにすると土の中の通気性がよくなり、湿度も適度に保たれます。ただしタテに長い容器を使用する場合は排水性と通気性が悪くなりがちなので、鉢底石を入れましょう。

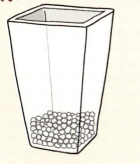

一度栽培に使った用土を再び使うとき

コンテナ栽培で植え替えをする場合、今まで使っていた土をどうしたらよいのでしょうか。一度使用した土は、根や葉などのゴミを取り除き、ふるいを使ってさらに細かいゴミを取り除きます。2～3日、日当たりがよい場所に広げておきましょう。その後、腐葉土や赤玉土、有機質肥料などを混ぜることで再利用できます。ただし、病気が出た株の土は、廃棄するのが基本です。

基本の植えつけ ②コンテナ植えの手順

苗木のサイズに合った鉢と用土を準備したら、苗を植えつけます。植えつけの基本的な注意点は庭植えの場合と同じですが、いくつかコンテナ植えならではの注意点があります。元気に育つようにポイントを守りましょう。

植えつけの時期は初春がベスト

コンテナ植えの場合は、植えつけの適期は初春の3月頃ですが、根を崩さないように植えつけるのであれば、夏以外は1年中、植えつけは可能です。

葉を落としている冬の落葉果樹を11～3月に植える場合は、ポットから出したら苗木の底や周囲の土を少し崩してから植えつけます。

常緑果樹や、葉がついた状態の落葉果樹（春から秋）は、土を崩さずにそのまま植えつけましょう。

コンテナと用土の準備

コンテナはポットのひと回り大きいサイズを用意。いきなり大きい鉢に植えると根腐れの原因になるので注意。

1 コンテナに底穴がある場合は、鉢底ネットを入れる。

2 鉢底土を1段入れる。鉢底専用土のほか、鹿沼土や赤玉土の大粒でもよい。また、底部に通気性が確保されている形状の鉢の場合は鉢底土は入れなくてもOK。

3 赤玉土と腐葉土を1対1で合わせた用土（P209）を使用。鉢の1/3くらい用土を入れておく。

苗を植える

苗木の根鉢を崩すかどうかは、植えつけの時期のほか、ポットの土の状態を見て判断しよう。

1 苗の幹の根元を片手で持ち、もう片方の手でポットの上部のフチを軽く押して、ポットをはずす。

Point やさしくはずす
根が回っているとはずしにくいが、ポットごしに根を押すと根を傷めてしまうので、やさしくはずすこと。

2 剪定バサミや移植ゴテで底に回っている根に切り込みを入れ、新しい根の再生を促す。

3 側面部分の根に切り込みを入れる。深さ約1cm、幅約3cmを目安に、上から下へすじを入れる。新しい根の再生を促す。

4 上面の土は雑草や雑草の根が残っていることが多いので、移植ゴテで表土をはぎ取る。

Point 回った根をほぐさない

古い土を取り除いて根を完全にほぐす方法もあるが、根が回っているとほぐれにくく、根を切ったり取り除くと、根が再生しにくくなる。

根を水につけたほうがよい場合

ケース1

ポットに根が回っておらずスポッと抜けるときは、根が乾かないようにすぐ水につけておき、植えつける。根を洗う必要はない。

ケース2

粘土質の土が使われている場合は成長に適さないので、水につけて土を洗い流してから植えつける。

5 接ぎ木テープがある場合は、はずしておく。つけたままだと木の成長を妨げてしまう。

6 鉢に苗を仮置きして、高さをみる。低い場合は用土を足す。中央に幹がくるように苗を置き、周囲に用土を入れる。

7 用土を入れていく。上部は最終的に1cm以上ウォータースペースをとるが、水をやると土が沈むのでぎりぎりまで土を入れるくらいでちょうどよい。

8 表面を平らに整える。

9 土と鉢が密着するように移植ゴテでコンテナと土の境を押す。割り箸などでツンツン押してもOK。この作業で、コンテナと土の隙間をなくす。

Point 鉢をトントンしない

鉢をトントンすると根の先端が切れてしまうことがあるので、やらなくてOK。

10 やや土を中央盛りにする。この形だと水が周囲に流れるため、土がしまって落ち着きやすい。

11 たっぷり水やりして植えつけ完了。底から水が出るまで2~3回に分けて与える。植えつけ時の剪定についてはP234~235を参照のこと。

庭でコンパクトに育てる「根域制限栽培」

庭先での果樹栽培は限られたスペースでの栽培になるので、なるべくコンパクトに仕立てたいもの。根の伸びを制限する「根域制限栽培」をすることで、手をあまりかけず、小ぶりな樹形を保つことができます。

根の伸びるスペースを制限すればコンパクトになる

地面から上に伸びている果樹の地上部は、地下に伸びる根の伸びを制限することで、コンパクトにすることができます。これを「根域制限栽培」といいます。

地下に根が伸びるスペースが狭いと太い根が育ちにくいため、細い根が多くなります。

太い根が育たないと樹全体が大きく成長できないため、おのずとちょうど栽培しやすいくらいのサイズの果樹に仕立てやすくなります。基本的な原理は、コンテナ栽培と同じです。

ビニールシートを使うトレンチ法、不織布の袋で育てる不織布法、ブロックなどを使うブロックベッド法が主な方法です。

レンガで底と側面を囲うブロックベッド法で夏ミカンを栽培。

●ビニールシートで囲って制限する「トレンチ法」

ビニールシートを使う方法。適当な大きさの植え穴を掘り、厚手のビニールシートに排水用の穴を開けてから敷き詰めます。

シートの上には底に厚さ5cmほどのスポンジを敷くのがポイント。スポンジによって必要な水分が維持でき、根の障害が少なくなります。

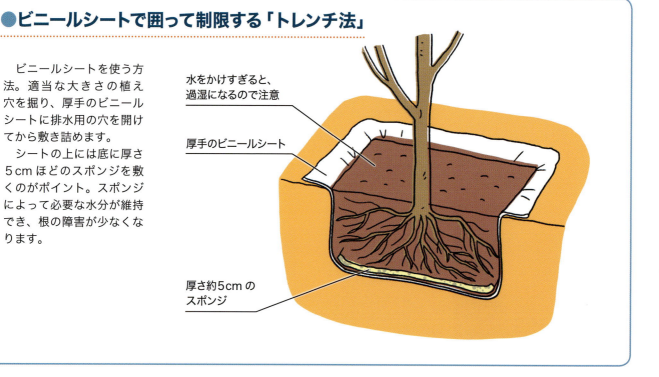

●通気性に優れた不織布の袋で育てる「不織布法」

合成繊維でできた不織布の袋や鉢（根域制限ポット）を使う方法。不織布は通気性、透水性があり、細い根は通しますが太い根は通さないので、根域を制限できます。水分管理がラクで、植え替えが必要なときも簡単。

土に埋めるほか、鉢の代わりに利用してもOK。不織布はいろいろなサイズがありますが、果樹栽培には10リットル以上の容量のあるものを選びましょう。

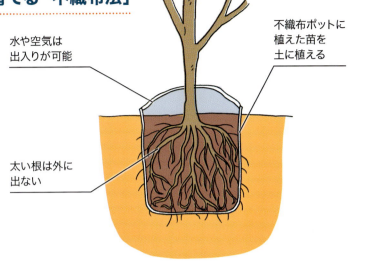

- 水や空気は出入りが可能
- 不織布ポットに植えた苗を土に植える
- 太い根は外に出ない

●レンガやブロックで制限する「ブロックベッド法」

レンガやコンクリートブロックで周囲と底を囲う方法。まず、底にレンガやコンクリートブロックを平らに敷き詰めてから防虫ネットを敷き、枠をつくり、その中に用土を入れます。土の深さが20～30cmくらいに制限されるのでコンパクトに育ち、水はブロックの隙間から流れ出るので過湿になる心配もなく、空気も下から入り、細い根が張りやすいのが特徴。

大きさは果樹1本あたり、横2m、縦80～100cm、高さ20cmくらいあれば大丈夫。庭のほか、屋上やある程度の広さのあるベランダなどで応用できます。

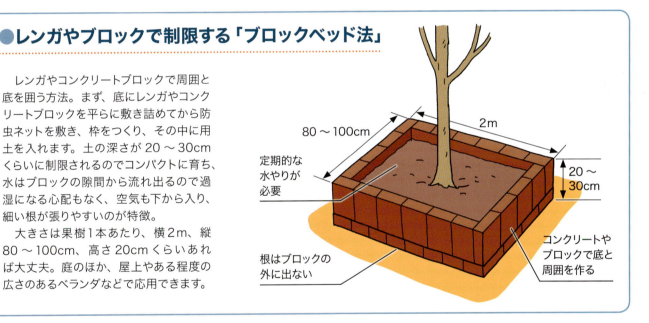

- 80～100cm
- 2m
- 20～30cm
- 定期的な水やりが必要
- 根はブロックの外に出ない
- コンクリートやブロックで底と周囲を作る

こんなときどうする？　根域制限の注意点

Q 実がつきすぎて、翌年、実つきが悪くなりました。
A 適正な実の数になるように摘果をしましょう。実をつけすぎると隔年結果しやすいので注意。

Q 夏場に元気がなくなってしまいました。
A 庭植えよりコンテナ栽培に近い感覚で、水やりをしっかりと。夏はとくに定期的に水やりしてください。

Q 肥料はどうすればよいですか？
A 施肥は少量ずつ回数を増やして。一度に施肥すると肥料やけする可能性が大。ゆっくり効くタイプの有機質肥料がおすすめです。

Q 強風で傾いてしまいました。
A 直根が張らないので、強風で傾いたり、重みで倒れやすくなることがあります。支柱やトレリスなどでしっかり支えましょう。

よく実がつく！樹形ガイド・庭植え編

果樹栽培で最も大切なことのひとつが、樹形づくりです。それぞれの果樹の性質に合った樹形に育てることで、おいしい果実をたくさん収穫できます。どの樹形にするか考えてから、ポイントを押さえて樹形づくりをしましょう！

立ち木仕立て3種

主幹形

特徴
主幹から出る枝を円錐形に仕立てる樹形。自然の樹形に近く、庭木として見栄えはよい。しかし、高木になりやすく、管理はしにくい。

適した果樹
アンズ、ウメ、オリーブ、カキ、クリ、サクランボ、ザクロ、ナシ、フェイジョア、ポポー、モモ、ネクタリン、ヤマモモ、ユスラウメ、リンゴ、カリン、ジューンベリーなど。

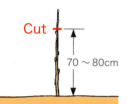
1年目 Cut 70〜80cm

2年目

3〜4年目

変則主幹形

特徴
主幹形を2〜3mの高さにして樹高を抑え、日当たりをよくした樹形。主幹形よりやや広いスペースが必要だが、多くの家庭果樹に向く。

適した果樹
オリーブ、カキ、クリ、セイヨウナシ、ナツメ、ビワ、ヤマモモ、リンゴ、カリンなど。

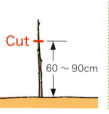
1年目 Cut 60〜90cm

3〜4年目

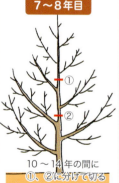
7〜8年目
10〜14年の間に①、②に分けて切る

15年目以降

開心自然形

特徴
主幹を短くして、主枝2〜4本を斜めに配置した樹形。斜めに立てるため、花芽がつきやすく果実も大きく育つ。管理しやすく、多くの果樹に向く。

適した果樹
アンズ、イチジク、ウメ、オリーブ、カキ、サクランボ、スモモ、ビワ、フェイジョア、モモ、カンキツ類など。

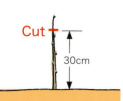
1年目 Cut 30cm

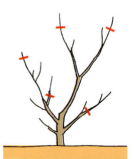
2年目

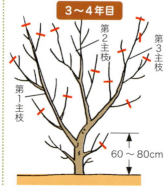
3〜4年目 第1主枝 第2主枝 第3主枝 60〜80cm

半円形仕立て

特徴
2本の主枝を左右に広げるように誘引し、主枝から結果枝を発生させる樹形。日当たりが全体によくなり、果実が早くつく。奥行がない場所でもOK。

適した果樹
アンズ、ウメ、カキ、サクランボ、スモモ、プルーン、モモ、ビワ、カンキツ類など。

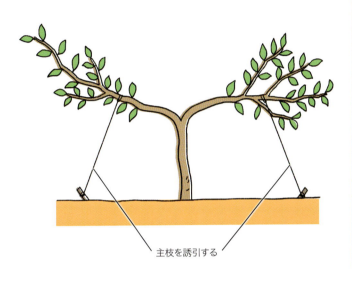
主枝を誘引する

杯状仕立て

特徴
主枝2～3本が杯状になるように広げて誘引し、各主枝や亜主枝から結果枝3～4本を発生させる樹形。樹冠内部にまでよく日が当たる。

適した果樹
アンズ、ウメ、イチジク、ビワ、モモ、リンゴなど。

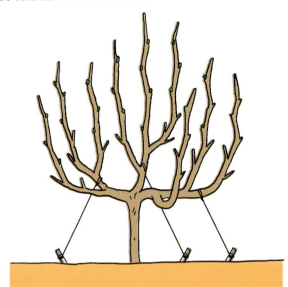

U字形仕立て

特徴
2本の主枝をU字形に誘引する樹形。主枝を4本や8本にして仕立てることもある。実つきがよく管理しやすい。奥行が狭い場所でもOK。

適した果樹
リンゴ、ナシ、マルメロなど。

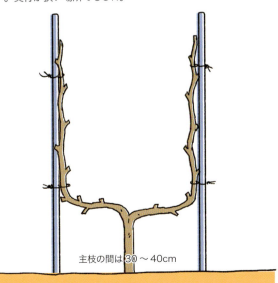
主枝の間は30～40cm

株仕立て

特徴
低木のブッシュ状の果樹の自然形。株元から主枝を5～10本ほど発生させる樹形。3～5年で株全体が更新されるように剪定する。

適した果樹
ポポー、ブルーベリー、ラズベリー、ブラックベリー、ジューンベリー、クランベリー、カーラント、グーズベリー、ユスラウメなど。

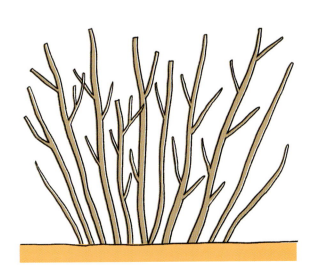

トレリス仕立て2種

垣根仕立て

特徴
主枝を左右に誘引して、フェンスや支柱を組んだものに誘引させる。奥行きのない場所や家のフェンス沿いなどでもOK。

適した果樹
アケビ、イチジク、キウイフルーツ、サクランボ、ブドウ、ムベ、ラズベリー、ブラックベリー、カーラント、クランベリーなど。

立ち木のトレリス仕立て

特徴
立ち木仕立てをトレリスに沿わせて誘引した樹形。奥行がない狭い場所でもコンパクトに仕立てられ、実がつきはじめるのも早い。

適した果樹
矮性台木苗の果樹。リンゴ、モモ、西洋ナシなど。

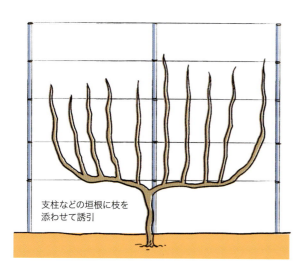

支柱などの垣根に枝を添わせて誘引

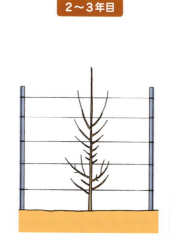

2～3年目

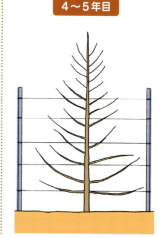

4～5年目

棚仕立て2種

特徴
棚に1～2本の主枝を誘引する樹形。面積に応じてコンパクトにでき、早く結実する。苗木を棚の端に植えるオールバック仕立てや、中央に植える一文字（Tバー）仕立てが一般的。

適した果樹
アケビ、キウイフルーツ、スモモ、ナシ、ブドウ、ムベ、リンゴなど。

オールバック仕立て

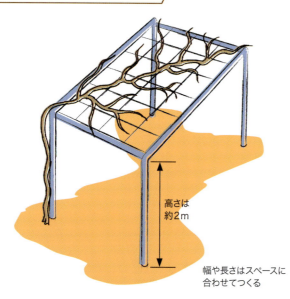

高さは約2m

幅や長さはスペースに合わせてつくる

一文字（Tバー）仕立て

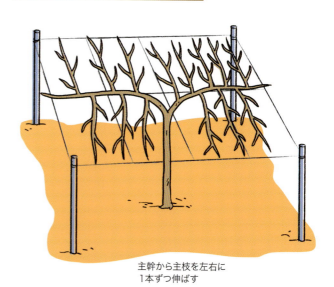

主幹から主枝を左右に1本ずつ伸ばす

よく実がつく！樹形ガイド・コンテナ編

コンテナで栽培する場合も、果樹の種類に応じた樹形づくりが必要です。コンパクトに仕立てることで、実つきもよくなります。また見栄えもよくなり、観賞用の果樹としても目を楽しませてくれることでしょう。

開心自然形4本（模様木）仕立て

特徴
主幹を短くし、主枝を4本配置した樹形。狭い場所での栽培に向いている。

適した果樹
アンズ、ウメ、カリン、マルメロ、オリーブ、カキ、クリ、サクランボ、ナシ、ビワ、フェイジョア、モモ、スモモ、ユスラウメ、カンキツ類など

主枝を左右交互に伸ばす

開心自然形3本（スタンダード）仕立て

特徴
ほうきを逆さに立てたような樹形で、主幹から出る枝を円錐形に仕立てる。自然に近い樹形。

適した果樹
アンズ、ウメ、オリーブ、カキ、クリ、サクランボ、ザクロ、ナシ、ネクタリン、フェイジョア、ポポー、モモ、ヤマモモ、ユスラウメ、リンゴ、カリン、ジューンベリーなど

主幹は約50cm

変則主幹形（ほうき）仕立て

特徴
主幹をまっすぐに伸ばし、その先に主枝をコンパクトに配置。観賞用にも向く。

適した果樹
アンズ、ウメ、イチジク、オリーブ、カキ、クリ、スモモ、ビワ、ポポー、ユスラウメ、リンゴ、ブルーベリー、キンカン、ユズなど

下のほうの枝は伸ばさずに切る

株仕立て

特徴
株元からたくさんの枝が伸びる樹形で、小果樹やひこばえが多い品種に向く。古い枝は定期的に整理し、若い枝に実をつけるとよい。

適した果樹
ザクロ、ブルーベリー、ラズベリー、ブラックベリー、カーラント、グーズベリー、クランベリーなど

垣根仕立て

特徴
コンテナに支柱を立てて、枝を左右に水平に誘引する。剪定などの手入れがしやすく、実つきがよく、コンパクトに育てられる。

適した果樹
アケビ、キウイフルーツ、サルナシ、ブドウ、リンゴ、ラズベリー、ブラックベリーなど

先端を少し上に向かうように誘引すると、実がよくつく

あんどん仕立て

特徴
あんどん形の支柱に、枝をぐるりと円を描くように誘引する。つる性の果樹も樹形が広がらず、省スペースで育てられる。

適した果樹
アケビ、キウイフルーツ、サルナシ、ブドウ、ムベ、ラズベリーなど

剪定の基本・基礎知識編

果樹栽培を成功させるために、とても大切な管理作業が「剪定」です。剪定は枝を切ることですが、果樹の性質に沿った剪定をすることで、よりおいしい実をたくさん、安定的に収穫できるようになります。

果樹には、なぜ剪定が必要なのか？

　果樹を自然に任せて伸ばしていると、枝葉の成長ばかりに養分が使われ、枝があちこちに茂り、葉に十分に日が当たらなくなり、だんだん実つきが悪くなります。また、樹高が高くなりすぎると、剪定や収穫の作業もしにくくなり、ますます放任するという悪循環に陥りがちです。

　そこで必要なのが剪定です。剪定とは実つきをよくするために枝を切ることで、不要枝を切ったり、樹形を整えることは整枝とも呼びます。本書では、樹形づくりや不要枝をたくさん間引く冬から春にかけて行なう作業を剪定、夏に枝を部分的に切ったり、切り戻しをする作業を整枝と呼んでいます。

　果樹の性質として、先端から伸びる頂芽には下部の芽を抑制して根から養水分を引き上げようとする働きをするホルモンが多く出ます。そのため、頂芽の芽は下部の芽より勢いよく伸び、これを放置しておくと樹冠が拡大し、樹の内部や下部の日当たりが悪くなります。

　剪定をする時期は、落葉果樹は樹が休眠中の11〜3月が適期で、これを「冬季剪定」といいます。また一部の果樹では6月頃に「夏季整枝」を行ないます。

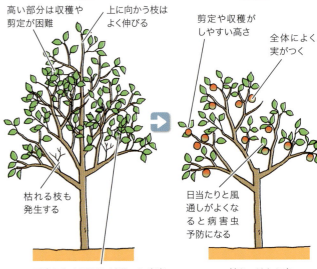

before
- 高い部分は収穫や剪定が困難
- 上に向かう枝はよく伸びる
- 枯れる枝も発生する
- 日当たりや風通しが悪いと病害虫が発生しやすく、外側しか実がつかない

after
- 剪定や収穫がしやすい高さ
- 全体によく実がつく
- 日当たりと風通しがよくなると病害虫予防になる
- 植えつけから実つきまでの年数が早い

落葉果樹の冬季剪定

落葉期の11〜3月に行なう。樹形を整え、不要枝を間引き、実つきをよくする。

before 樹高が高く、枝が混み合っている。

after 樹高が低くなり、日当たり、風通しがよくなり、枝先を切り戻して結果率もアップ。

夏季整枝は間引きと切り戻しが中心

　果樹によっては、夏に整枝を行なうとよい。伸びすぎた新梢や混み合う枝を間引き、日当たりや風通しを確保。成長が盛んな6月頃が適期だが、軽く剪定する程度がよい。

before 新梢が伸びて混み合っている。風通しも悪く、病害虫も発生しやすい。

after 混んだ部分を間引き、長い新梢は切り戻し、日当たりや風通しを確保。

骨格をつくる剪定（樹形づくり）

若木のうちにしっかり「木の成長」を！

植えつけてから1～4年目の若い木は、新梢が勢いよく伸びてくるので、果樹の骨格づくりをしっかりする必要があります。主枝や亜主枝などの骨格となる枝を選び、どんな樹形にするかをイメージしながら、枝がバランスよく配置されるように剪定。若木のうちに剪定をきちんとすることで、実がなりやすい果樹に育ちます。

若木の樹形づくりの剪定

1年目の冬

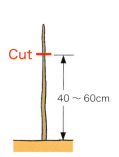

主幹を切り戻して、主枝にする枝を発生させる。地面からの高さは40～90cmが目安。

2～3年目の冬

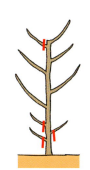

主枝候補の枝を4～5本残す。下のほうから出ているものは間引き、上の主枝もバランスを見て間引く。

4年目の冬

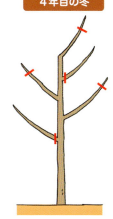

主枝3～4本を残し、それ以外の枝は間引く。主枝の先端は1/3～1/4ほど切り戻しておく。

理想的な主枝の配置は？

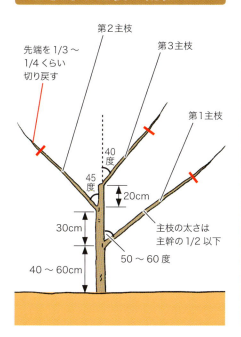

枝の種類と特徴

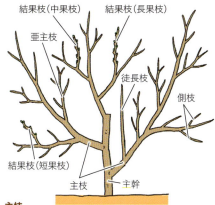

主枝
主幹から出ている骨格になる枝。

亜主枝
主枝から出ている枝で、主枝の次に骨格を担う枝。

側枝
主枝や亜主枝から出る細い枝。

結果枝
花芽や実がつく枝。

徒長枝
葉芽が多く、花をつけにくい枝のこと。発育枝とも呼ぶ。

どんな枝が主枝に向く？

主枝として残す枝は、伸びる方向、枝と枝の間隔、長さや角度、太さなどから総合的に判断して決めていく。

もっとも気にすべきポイントは、伸びる方向。上から見たとき、枝が360度の中で四方にバランスよく広がるように伸びる枝を選ぶとよい。

迷うときは、候補を多めに残して、翌年以降に剪定してもOK。この枝を切ったらどうなるか、1年、2年、3年先まで想像して枝を切っていこう。

下のイラストのような条件にぴったりあてはまる枝はない場合が多いので、限られた条件の中で枝を選べばよい。

上から見る

いろいろな方向にバランスよく伸びる

横から見る

樹形が乱れる原因を知っておこう

骨格となる枝を「負け枝」にしないために

骨格の元となる主枝、亜主枝を選ぶ際に大切なのは、枝の太さと強さが何年経っても、「主幹＞主枝＞亜主枝」の順になるように、各枝を配置することです。

主枝を出す位置や主幹と主枝の分岐角度、主枝どうしの間隔などに注意して剪定しないと、骨格になるべき枝の勢いが弱くなってしまいます。これを「負け枝」といいます。

負け枝が発生すると枝の太さと強さの順番が崩れ、樹形全体が乱れていくことにつながります。ここで紹介する枝の配置ルールに沿って剪定することで負け枝の発生を防ぎましょう。

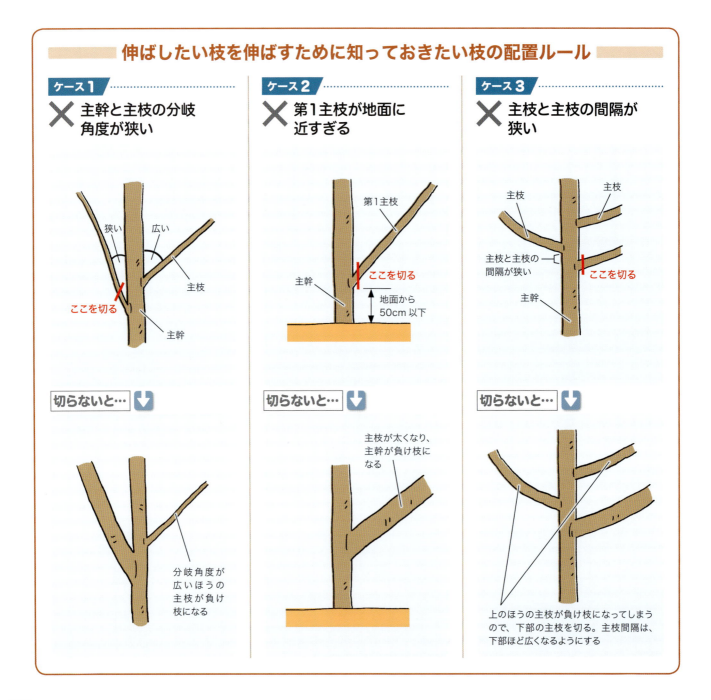

伸ばしたい枝を伸ばすために知っておきたい枝の配置ルール

ケース1　✕ 主幹と主枝の分岐角度が狭い
切らないと… 分岐角度が広いほうの主枝が負け枝になる

ケース2　✕ 第1主枝が地面に近すぎる（地面から50cm以下）
切らないと… 主枝が太くなり、主幹が負け枝になる

ケース3　✕ 主枝と主枝の間隔が狭い
切らないと… 上のほうの主枝が負け枝になってしまうので、下部の主枝を切る。主枝間隔は、下部ほど広くなるようにする

他の枝の生育を妨げる「不要枝」を取り除く

果樹の成長にともなって、伸ばしたい枝の生育をさまたげる「不要枝」を取り除くようにします。不要枝には枝の出方によって、下で紹介するようにいくつかの種類があります。

不要枝を間引いた後は、残した枝の先端を切り戻しておきましょう。こうすることで、より花芽や花芽をつける枝が発生しやすくなり、実つきがよくなります。

不要枝の種類

車枝（くるまえだ）：1か所から何本も枝が出る
平行枝（へいこうし）：他の枝と平行している枝
徒長枝（とちょうし）：上に向かってよく伸びる枝
交差枝（こうさし）：他の枝と重なる枝
内向枝（ないこうし）：樹冠の内側に向かう枝
下垂枝（かすいし）：下に向かって伸びる枝
ひこばえ：株元の地面から伸びる枝

不要枝の間引き方のコツ

ひこばえ

株元から発生する枝。株仕立てにするとき以外は地際で切る。

徒長枝

まっすぐ上に伸びる枝には実がつきにくく、他の枝の養分も奪うので、基部から間引く。

交差枝

お互いの成長を妨害するので、残す枝を決めて、1本は間引く。

内向枝

木の内側に向かう枝は混み合う原因になるので根元から切る。

車枝

同じ場所から2本以上の枝が出ている場合は、1本を残して間引く。

平行枝

平行している枝は、混み合う原因になるため、どちらかを残して間引く。

下垂枝

横より下に向かう枝は、樹勢が弱く混み合う原因になるので、間引く。

花芽を増やして実つきをよくするために

果樹は品種によって花や実のつき方が異なる

果樹は花が咲いたあとに実がなりますが、枝から出る芽には、いくつかの種類があります。

大きく分けると花芽と葉芽があり、花が咲き実をつけるのが「花芽」。そして、葉や枝だけが伸びるのが「葉芽」です。さらに花芽には、花がつき葉は出ない「純正花芽」と、花と枝葉が一緒につく「混合花芽」があります。花芽の種類や、どこに花芽がつくかは、果樹の品種によって決まっていて、これを「結果習性」と呼びます。

この果樹ごとの花芽のつき方を知っておくことが、剪定をするうえではとても重要です。

たとえば、先端だけに花芽がつく種類では、先端を切ってしまうと花が咲かなくなります。逆に、先端を切り戻すことで、翌年、たくさん花芽がつく果樹もあります。花や実のつき方を知り、その上で剪定をすることで、たくさんの実をつけることができるのです。

純正花芽 花だけが咲く

葉芽 葉や枝だけが伸びる

混合花芽 花と枝葉の両方が伸びる

カキ／サクランボ

純正花芽がつく果樹

1 枝の先端とその下に3〜4個の純正花芽がつくグループ

→ ビワ、ブルーベリーなど

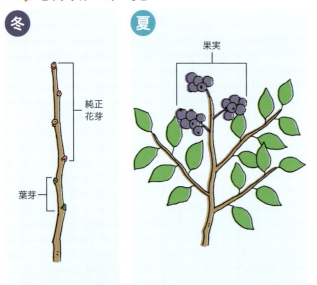

前の年に伸びた枝の頂芽（枝の先端の芽）、または頂芽を含む先端の3〜4個のわき芽に純正花芽がついて、開花、結実。剪定では先端を強く切り返さないように注意する。

2 枝の中間から先端に純正花芽がつくグループ

→ アンズ、ウメ、サクランボ、モモ、スモモ、ユスラウメなど

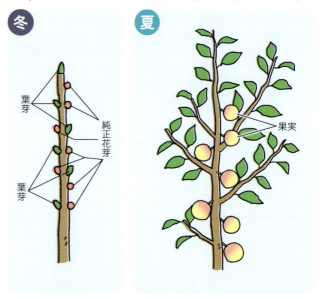

前の年に伸びた枝の葉腋（葉と葉のついている茎とのまたになった部分）に純正花芽がつき、そこに直接、開花結実。剪定では先端を多少切り返しても実がつく。

混合花芽がつく果樹

3 枝の先端とその下に2～3個の混合花芽がつくグループ

→ カキ、クリ、カンキツ類など

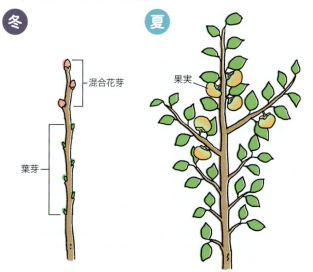

前の年に伸びた枝に混合花芽がつき、春に混合花芽から伸びた新梢に開花、結実。混合花芽は頂芽と、その下の2～3の葉腋につく。剪定では先端を強く切り返さないように注意。

4 枝の中間に混合花芽がつくタイプ

→ アケビ、イチジク、カーラント類、キウイフルーツ、ザクロ、ブドウ、ムベ、ベリー類など

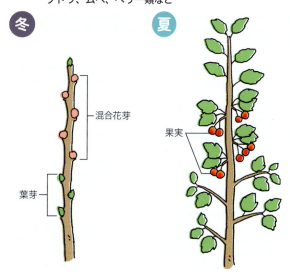

3と同様に前の年に伸びた枝に混合花芽がつき、春に混合花芽から伸びた新梢に開花、結実。3と違い、混合花芽は葉腋につくので先端を切り戻しても大丈夫。

5 2年目の枝に混合花芽がつくタイプ

→ ナシ、リンゴ、カリン、マルメロなど

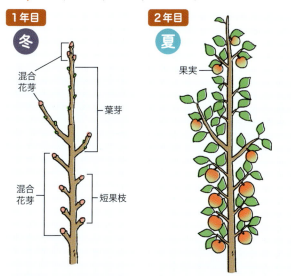

2年目の枝に混合花芽がつく。1年目の枝には葉芽だけがつく。2年目になると、先端の芽が長く伸び、枝の基部の近くの芽は短果枝になり、これらに混合花芽がついて、翌年に開花。先端や花芽がつく短果枝を切り返さないように注意。

花芽がつく枝を出す「切り戻し」

新梢が勢いよく伸びると、花芽がつきにくくなります。樹形づくりの剪定で残した新梢は、先端を1/3ほど切り戻しておきましょう。そうすることで、花芽や花芽をつける枝が発生しやすくなります（P225）。

ただし、1、3、5のグループのリンゴ、ナシ、ビワ、クリ、カンキツ類などの果樹は、やたらと先端を切り返すと花芽がなくなってしまいます。品種によって、切る数と切る位置に注意しましょう。

長い新梢は先端を切り戻す。

剪定の基本・実践編

なぜ剪定が必要なのか、そして枝の習性や不要枝、果実のつき方などがわかったら、実際の剪定作業に挑戦！　枝の切り方の基本を知っておきましょう。

剪定バサミを使う

1 左側が切り刃、右が受け刃。

2 切り刃を枝にあて、受け刃を動かして切るのが基本。

ノコギリを使う

●細い枝を切る

1 上に伸びている側枝のすぐ下で切る。（ここを切る）

2 上から切っていく。

3 切ったところ。

●太い枝を切る

1 左の枝を残す場合、指をあてた位置で切る。

2 まず片側から1/4くらい切り込みを入れる。

3 反対側から切り込みを目指して切る。

4 樹皮がむけず、きれいに切れる。

切り口のケア

枝を切った切り口が直径1cm以上の場合は、切り口に癒合剤を塗っておくこと。木工ボンドで代用してもよい。

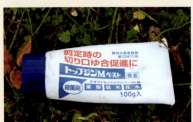

◀市販の癒合剤。

切り口にまんべんなく塗って保護。切り口の修復が早くなり、枯れ込みを予防。

間引き剪定

不要な枝を根元から間引くように切り落とす剪定。樹形をつくるときや不要枝の剪定は、間引き剪定を行なう。

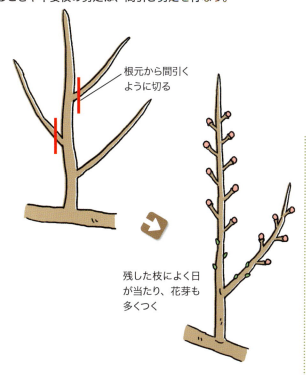

根元から間引くように切る

残した枝によく日が当たり、花芽も多くつく

切り戻し剪定

長い枝を途中で切り、新しい枝の発生を促したり、花芽のつきをよくするための剪定で、切り返し剪定とも呼ぶ。

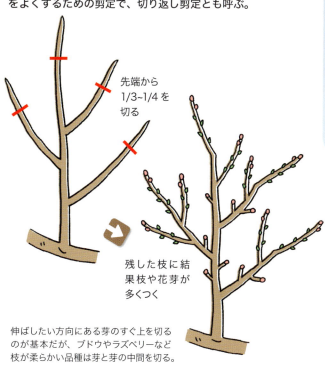

先端から1/3～1/4を切る

残した枝に結果枝や花芽が多くつく

伸ばしたい方向にある芽のすぐ上を切るのが基本だが、ブドウやラズベリーなど枝が柔らかい品種は芽と芽の中間を切る。

枝を切る位置

 基部ぎりぎりで切る	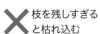 枝を残しすぎると枯れ込む	平らに切らないと枯れ込む
		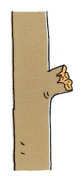

× 中央の上向きの枝は残しすぎ。根元ぎりぎりで切る。

ここを切る

芽の方向を見て切る

1. 枝の外側につく外芽のすぐ上で切るのが基本。
2. 芽にはいろいろなホルモンが集まっており、傷が癒合しやすい。

強剪定と弱剪定

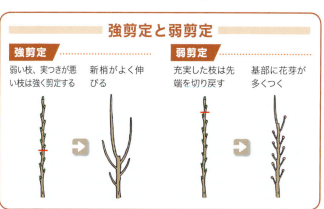

強剪定 — 弱い枝、実つきが悪い枝は強く剪定する / 新梢がよく伸びる

弱剪定 — 充実した枝は先端を切り戻す / 基部に花芽が多くつく

実例 剪定ケーススタディ
全12種

実際の例を参考に、剪定の手順を見ていきましょう。剪定するときは現在の樹形をよく見て、どんな形にしていくか、じっくり考えてから切ることが大切です。切った翌年、翌々年の姿を想像しながら切る枝を決めます。

剪定の手順

剪定を行なうときは、どんな樹形にするか、どこを切ってどこを残すか、あらかじめ決めてからはじめるのが成功のポイント。切る前にじっくり考えるところから、剪定作業はスタート！

●樹形を観察し、どこを切るか考える

- [ ] どんな樹形になっているか
- [ ] 管理しやすい高さになっているか
- [ ] 主枝は何本あるか
- [ ] 混み合っている部分はどこか
→ どんな樹形にするか決める

●樹形(骨格)づくりの剪定

- [ ] 主枝の本数と残す枝を決める
- [ ] 360度横から見る
→ 左右交互にバランスよく主枝を配置する
- [ ] 上から見る
→ いろいろな方向に広がるように主枝を配置する
→ 樹形づくりの剪定をする

●不要枝の剪定

- [ ] 徒長枝、平行枝、交差枝、車枝、下垂枝、内向枝、弱い枝、細い枝、混み合う枝はあるか？
→ 主枝単位で考える。主枝のてっぺんを決めて、そこから円錐形におさまるように切っていく

●実をつける剪定

- [ ] 長い枝や、弱い枝はあるか？
→ 切り戻し剪定をする

剪定完了！

切る前にしっかり樹形をイメージしておこう。

波型になるようにすると、全体にまんべんなく日が当たる。

それぞれの主枝単位で先端に向かって円錐形になるように剪定するとよい。

残す枝と切る枝の太さの関係は？

伸ばすために残そうとする枝と、切ろうとする枝の太さは、直径が1:3から1:4くらいが理想的。残す枝の直径が切る枝の直径より極端に細いと、切ったあと細い枝に栄養が回らずに枯れてしまう確率が高くなる。

右上に伸びる残す枝が、切る枝の1/3くらいの直径になっている。

ケーススタディ 1 落葉果樹① 若木の樹形づくりの剪定①ウメ

甲州小梅の4年生の若木の剪定例。主枝の本数が多いので、3本の主枝を残して剪定する。主枝は左右交互に、まんべんなく四方に広がる枝を残す。

PART 5 実例 剪定ケーススタディ

before

7～8本の主枝が出ている。車枝のものなどは整理の対象。主幹から枝が出ている間隔も見ながら、残す枝を決める。

after

3本の主枝に剪定。てっぺんにする位置を決め、それより短くなるように残りの枝を切った。

1 上からも観察し、各枝がどの方向に伸びているか見ながら主枝候補を決める。

2 徒長ぎみの中央の枝から切る。

3 同じ場所から2本出る車枝になっているので、太いほうを残して切る。

4 上部の残す枝と近い距離から出ている弱い枝を切る。

5 主枝を4本まで整理したところ。左の2本が平行枝になっているので、どちらかを切る。

6 広がっている方角を見て、上の枝を残すことにし、下の枝を剪定。

7 残す主枝から出ている亜主枝を、切り戻す。

8 切った枝。てっぺんより高く伸びている亜主枝なので、切る対象。

ケーススタディ2 落葉果樹②

若木の樹形づくりの剪定②リンゴ

ふじの3年生の若木の骨格づくりの剪定例。樹形は5年以内につくるのが理想的なので、ちょうど適期。全方向から見て残す主枝を決める。

before

7〜8本の主枝が出ているので、太さや角度、伸びている方向を見ながら3本の主枝を残す。

after

3本の主枝を残し、支柱を立てて、それぞれの主枝を伸ばしたい方向へと誘引して完了。

1 上からも見て、枝が伸びている方向をチェック。

2 てっぺんの主枝を残すことにし、上から順にいらない枝を切っていく。

3 左は平行枝になっており、下の細いほうを切る。

4 主幹の下のほうから出ている主枝は切る。

5 残す主枝は、先端1/3くらいを、伸ばしたい方向の外芽がついているすぐ上で切り戻す。

6 2本目の主枝も同様に切る。

7 3本目の主枝の先端も切り戻す。

8 剪定が終わったら、支柱を立てる。支柱は枝を伸ばしたい角度で立てる。

9 3本立てて組み、しっかりしばる。

10 各支柱に、それぞれの主枝を誘引する。

ケーススタディ 3	# 放任若木の樹形づくりの剪定
落葉果樹③	苗木を植えっぱなしで8年ほど放任してあったケース。本来は5年以内に主幹を切って樹形をつくるが、これから骨格をつくってもOK。

before

ここからスタート！

主幹形（P214）になっている。このままだと高木になり管理しにくくなってしまう。

after

中央で芯止めし、混み合う枝を整理した。管理しやすい高さになり、すべての枝に日が当たるように。

ここで切る

1 上部と下部の枝の密度が濃く、中央がくびれていて、いわゆる「二階建て」になっている。

ここで切る

2 中央のくびれ部分で芯止めする。

ここを頂点にする

3 主枝のてっぺんにする部分を決める。そこを頂点にしてバランスよく枝が広がるように、車枝や徒長枝を切り、長い枝も切る。

PART 5 実例 剪定ケーススタディ

ケーススタディ 4 落葉果樹④ 成木の冬の剪定・カキ

カキの成木で、変則主幹形の骨格ができている場合の剪定例。それぞれの主枝単位で形を見て、整えていく。不要枝の間引きと、長い枝の切り戻しが主な作業。

before → **after**

この主枝からスタート！ / ここからスタート！

3本の主枝があるので、それぞれの先端をまず決めて、そこから各主枝が円錐の形の中におさまるように切る。

高さが低くなり、作業しやすくなった。不要枝を間引いたので、全体に日射しが当たり、風通しよくなった。

ここが先端

1 一番上の主枝の先端を決める。

ここで切る

2 先端は上に向かう枝を残して切る。

3 円錐形に収まるように切る。各主枝ごとに同様に作業。

ここで切る

4 不要枝の剪定。内向枝を切る。

ここで切る

5 右上に向かう平行枝は1本にする。

6 上の枝を横に広がる枝の上で切った。

ここで切る

7 徒長枝を切る。

8 徒長枝2本を切ったところ。日当たりがよくなる。

ここで切る

9 車枝を1本に整理する。

10 上に向かう枝を残して切った。

11 徒長枝を間引く。

Cut!

12 残す枝の先端を伸ばしたい方向の外芽の上で切り戻しておく。

ケーススタディ 5 落葉果樹⑤ 放任成木の冬の剪定・スモモ

開心自然形だが、2～3年、剪定せずに放任していたスモモの10年生。
不要枝を剪定して乱れた樹形を整える。

before

主枝を3本にするので、どの枝を残すか考える。立体的に見て、バランスよく枝を配置する。

after

ここまで剪定してOK。管理しやすい高さになり、全体によく日が当たるようになった。

1 いらないと決めた主枝を切る。大きな木の場合は下から切るとよい。

2 左手で持っている枝を基部から切る。

3 車枝になっているので、左の内向枝を切る。

4 亜主枝の内向枝を切る。

5 主枝の先端が細かく枝が分かれているので整える。

6 広がるように伸びる数本を残して剪定。

7 左の主枝から伸びる亜主枝は、左の細い、外に広がるように伸びる枝を残して切る。

ケーススタディ 6 常緑果樹① キンカンの春の剪定

常緑樹は、新芽が動きはじめる直前の3月が剪定の適期。葉っぱに栄養を貯めているため、切りすぎに注意し、不要枝の間引き剪定を中心に行なう。

before: 立ち木仕立ての開心自然形だが、主枝が5本あるので、4本に剪定。混み合う部分を間引いていく。

after: 主枝を4本にして、内向枝や徒長枝、平行枝の間引き剪定を行なった。主枝単位で円錐形に形づくり、全体は波型にして、日がよく当たる樹形に。

1 一番右にある細い主枝を剪定する

2 これで主枝は4本に。

3 内側にある徒長ぎみの枝を切る。

4 平行枝は内にある枝を切る。

ケーススタディ 7 常緑果樹② 温州ミカンの若木の剪定

若木のうちは、実をつけずに木を育てるようにする。庭植えの若木は植えつけ後4～5年は花芽がついても摘果するとよい。

before: 温州ミカンの3年生。本当はつぼみを摘蕾するとよいが、実がついてしまったら摘果する。

after: すべての実を摘果したところ。5～6年目から実をつけてもよいが、若いうちは実らせすぎに注意。

ケーススタディ 8 落葉小果樹① ブルーベリーの冬の剪定

5〜6年生のラビットアイ系は、シュート8〜10本が目安（ハイブッシュ系は3〜4本）。古い枝は新しい枝が出ているところで更新し、若いシュートは切り戻す。

before
細いシュートは根元から切る

根元から出ているシュートは太いものを残して整理。残すシュートは切り戻す。

after

シュートの数を制限し、古い枝は更新。切り戻し剪定で翌年の実つきがアップ！

1 太くて勢いがあるシュートは残す。先端は伸ばしたい方向の芽の上で切る。
2 細いシュートは剪定の対象。根元から切る。

3 数年実をつけた古い枝は、勢いがある新梢のところで切って更新する。
4 内向枝など混み合う枝は間引く。

ケーススタディ 9 落葉小果樹② ブラックベリーの更新剪定

2年目の枝に実がつくため、すでに実がついた古い枝はすべて切って更新。1年目の枝は長く伸びすぎたものは剪定する。

before
実がなった枝は根元から切る

まずその年に実がなった枝はすべて切る。翌年に実をつける新梢は、管理しやすい長さに剪定する。

after

剪定が終わったら、支柱を組んだ垣根に誘引する。切り戻した新梢から花芽が多く出る。

1 古い枝は色が変わっている。根元から切る。
2 同じように実がなった古枝を地際から剪定。

3 新芽があるのは1年枝なので残す。

4 残す1年枝は、長すぎるものは切り戻す。

ケーススタディ 10 コンテナ栽培① 植えつけ時の剪定・ウメ

ウメ（白加賀）の2年生苗。主枝は3～4本に配置するが、植えつけ時は主枝候補を多めに残しておいてOK。上からも見て、バランスよく配置する。

before
すでに花芽がついているが、若木は木を成長させる必要があるので、ためらわずに剪定すること。

中央より下の枝はすべて切る

after
主枝候補を6本残したところ。このあと3～4年かけて、主枝を3～4本にしていく。

1 主幹の中央から下にある主枝はすべて切る。

2 下のほうの主枝を残すと主幹より強くなりやすいので間引く。

3 主枝候補を数本残して、他の主枝は切る。

ここで切る

4 上からも見て、360度、四方にバランスよく枝を配置する。

5 弱い枝や折れている枝、短い枝は整理の対象。

ここで切る

6 てっぺんに残す枝を決めて、その枝のすぐ上で主幹を切る。

ここで切る

7 上から見たところ。

8 植えつけ時に切った枝。

ケーススタディ 11 植えつけ時の剪定・スモモ

コンテナ栽培②

ソルダムの2年生。主枝候補を4本残し、他の枝は切る。限られた選択肢の中で、できるだけバランスよく広がっている枝を残す。

before

車枝がいくつかあるので、残す枝を決めて、もう1本は切る。残す枝は先端を切り戻す。

after

4本の主枝を残した。下のほうの枝や弱い枝は整理した。上から見て、できるだけ周囲にまんべんなく広がっている枝を残して剪定。

この枝を残す

1 てっぺん候補の主枝を決める。

2 残す主枝のすぐ上で主幹を切る。
ここで切る

3 同じ場所から2本出る車枝は1本残しに。
ここで切る

4 細いほうの枝を切る。

Cut!

5 残す主枝の先端を見て、伸ばしたい方向についている外芽を見つける。

6 外芽のすぐ上で剪定する。

7 もう1か所の車枝も、太い枝を残して根元から切る。
ここで切る

8 残す主枝の先端は、伸ばしたい方向についている外芽のすぐ上で切る。
ここで切る

ケーススタディ12 ブラックベリーの更新剪定

コンテナ栽培③

ブラックベリーは、その年に伸びた新梢に翌年に実がつく。一度実をつけた枝にはもう実がつかずに枯れるため、古い枝は間引いて更新する。

before

古い枝は根元から切る

実がついた古い枝を根元から切り、新梢も先端を切り戻し、側枝を整理。

after

新しい枝を残し、切り戻し剪定を行なった。トゲがある品種が多いので注意。

1 実がついたあと。この枝にはもう実はつかないので剪定の対象。

2 実がついた枝は、色が白っぽくなっている。根元から切る。

ここで切る

3 2本目の古い枝も切る。

ここで切る

4 同様に3本目の古い枝も切る。

ここで切る

5 新梢は先端を切り戻す。

ここで切る

6 側枝は先端から根元に向かって末広がりになるように切る。

Cut!

誘引のポイント

枝にヒモなどをつけて支柱と結んだり、地面に引っぱったりすることを誘引と呼びます。枝を伸ばしたい方向に向けるために行なう作業です。

枝を伸ばしたい方向に誘引する

果樹栽培では、枝を伸ばしたい方向に向けて、樹形づくりのために誘引という作業を行ないます。

枝を支柱などに結ぶときは、枝を傷つけないようにゆとりをもって結ぶようにしましょう。

枝と支柱を8の字になるようにヒモや針金などで結ぶ。

苗の植えつけ時の誘引

植えつけ時は、苗がしっかり根づくまで、支柱を立てて誘引しておくとよい。

主枝の誘引① 支柱を使う

主枝を伸ばしたい方向に向けるには、希望の角度に支柱を立てて、枝を誘引する。

リンゴの若木の主枝の誘引。

イチジクは枝先を上に向くように誘引。

主枝の誘引② ヒモを使う

主幹と主枝の角度が狭いと、主枝が太くなりすぎる。枝をヒモなどで引っぱり、枝を広げるように誘引する。

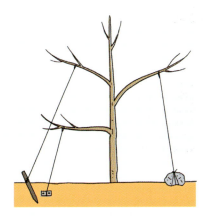

垣根仕立ての誘引

奥行がない場所で垣根に仕立てる場合は、支柱を組み、枝を広げたい方向へ誘引する。

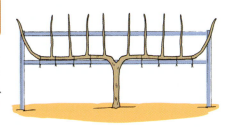

棚仕立ての誘引

ブドウやキウイフルーツなどを棚仕立てにする場合は、枝を棚に誘引する。

キウイフルーツの誘引。

肥料の種類と与え方

果樹においしい果実を実らせたり、大きく元気に育てるためには、日当たりや水やりのほか、いつ、どんな肥料を、どれだけ与えるかがカギになります。樹の状態をよく見て、与えすぎず、適量を施肥することが大切です。

肥料の3大栄養素とは

植物は根を通して土から養分を吸収しています。しかし、樹が成長するにつれて土の中の養分が吸収され、減っていくことに。この減少した養分を補うために与えるのが肥料です。

肥料の中の成分のうち、チッ素(N)、リン酸(P)、カリ(K)を3大栄養素といい、果樹の生育に欠かせないものとされています。チッ素は枝や葉の生育を促し、とくに水と共存すると活発に働きます。リン酸は枝や葉の成長を抑制し、花芽や実のつきをよくします。カリ(カリウム)は根や実の生育を促進します。

木の状態を見ながら、これら3大栄養素をバランスよく与えることが大切です。

チッ素(N)
茎や枝の成長を促す

リン酸(P)
花芽をつくり、実つきをよくする

カリ(K)
根を太くして、実を大きく育てる

樹の成長に合わせた施肥の仕方

幼木期（～5年）

肥料が多いといつまでも落ちつかず、実がなりはじめるのも遅くなる。やせた酸性の土壌であれば肥料も必要だが、まずは腐葉土や石灰などで土づくりをすること。

成木期（6～25年）

実をつけはじめてから樹の大きさに合わせ、徐々に肥料を増やしていく。

老木期（25年～）

貯蓄養分を蓄える機能が劣り、無理がきかなくなってくるので、少量ずつ何回かに分けて与えるようにする。

肥料の種類

肥料には有機質と無機質の2種類があり、前者は効果がゆっくりで、後者は速効性と遅効性のものがある。必要に応じて使い分けるとよい。

有機質肥料

動物のふんや骨、植物を燃やした後の灰など、自然の動植物から作った肥料。効果がゆっくりあらわれるので、養分が必要となる3～4か月前に与えるとよい。

鶏ふん
鶏のふんを発酵させたもの。チッ素やリン酸を多く含む。分解速度が速い。

牛ふん
牛のふんを発酵させたもの。チッ素やリン酸を多く含む。分解速度が遅い。

骨粉
豚や鶏の骨を砕いて粉末にしたもの。リン酸を多く含む。

草木灰
植物を燃やした後の灰でカリを多く含む。油かすなどと混ぜて使う。

油かす
ナタネやダイズなどから油を搾ったあとに残るかすで、チッ素を多く含む。

カキガラ石灰
カキの殻を砕いた石灰。3大栄養素のほか、マンガンなどのミネラルを豊富に含む。

無機質肥料

3大栄養素のうち、2つ以上を化学的に合成した化成肥料（複合肥料）と、ひとつの成分のみを含む硫安などの単一肥料がある。有機質肥料と併用して使う場合は速効性のものを使うとよい。

化成肥料
3大栄養素をさまざまな割合で配合したもの。粒状と液状がある。

硫安（りゅうあん）
正式名称は硫酸アンモニウム。高濃度のチッ素を含むため、少量ずつ使用。

苦土石灰（くどせっかい）
鉱石を粉状に砕いたもの。苦土＝マグネシウムと、石灰が主成分。

ヨウリン
りん鉱石というリン酸と石灰を多く含む鉱石が原料。ガラス状粉末なので必ず手袋をして散布。

有機質配合肥料

草木灰／骨粉／油かす

油かす：骨粉：草木灰を5：1：1で合わせたもの。本書で「有機質配合肥料」と書かれている場合は、この配合の肥料をさしています。ぼかし肥料（P241）や市販の有機質肥料を使用してもよいでしょう。

●有機肥料と化成肥料のおすすめの比率

果樹の種類	有機肥料と化成肥料の比率	理由
ミカン、カキなど	8：2	開花後、ゆっくり収穫するものには、ゆっくり効果があらわれる有機質肥料を多めに。
ナシ、モモなど	6：4	開花から収穫までが短いものは、化成肥料をやや多めに与えるとよい。
ウメ、アンズなど	5：5	開花から収穫までがすぐのものは、速効性の化成と有機質を同量ずつ与えるとよい。

●化成肥料はチッ素(N)：リン酸(P)：カリ(K)が10：10：10のものを本書ではおすすめしています。

肥料を与える時期と目的

肥料を与えることを施肥といいます。与える時期によって元肥、追肥、礼肥に分かれ、それぞれ目的が異なります。また、果樹の種類や栽培年数によっても肥料の量や種類は変わってきます（P241右上の表を参照）。

肥料は多く与えればよいというものではなく、多すぎても、少なすぎても、よい果実を収穫できません。

たとえば、野菜や花をつくっていた庭に果樹を植えた場合、植えつけ後5年間ぐらいは施肥の必要がないケースがほとんどです。

とくに幼木期に肥料が多いと、実がなりはじめるのが遅れる原因になります。また成木期でも、肥料を与えすぎると樹勢が強くなりすぎ、実がつかなくなることもあるので注意しましょう。適量を適期に与えることがおいしい果実を収穫するポイントです。

●元肥・追肥・礼肥の目的と基本的な与え方

	元肥（12〜1月・3月）	追肥（6〜7月）	礼肥（9〜10月）
目的と与え方	●春から初夏に一気に成長する枝や葉、花芽の生育を促す。 ●12〜1月の寒肥と3月の春肥の2回与える。 ●1年に与える肥料の70〜80％を元肥として与える。	●元肥が足りないときに与える肥料なので、すべての果樹に必要なわけではない。実を成長させるために、樹の成長を見ながら与える。 ●余分な肥料は新梢の生育に使われてしまうため、主に樹勢が弱いときに与えるとよい。	●樹へのお礼として与える。弱った樹勢を回復させ、翌年の順調な成長を促す養分になる。 ●花芽がつくられたあと、よい実のために与える場合もある。
主に使う肥料	●12〜1月の寒肥は、チッ素やリン酸を多く含む、牛ふんや骨粉、草木灰などの有機質肥料を中心に。 ●3月の春肥は、速効性のある化学肥料を。	●速効性がある化成肥料で、カリを含んだものがよい。 ●チッ素は夏に多く与えると果実の品質を落とすので少なめに。	●速効性がある化学肥料がよい。3年以内の若い木に与える場合は、3大栄養素が等しい割合で配合されているものを選ぶ。

※施肥の量などは種類によって異なるので、くわしくは各項目を参照してください。

肥料の与え方

庭植えに化成肥料を与える

1 枝葉の最も外側の下あたりにぐるりと肥料をまく。

2 肥料の上に腐葉土をおいて、落ち着かせる。

鉢植えに化成肥料を与える

必要量を根元から少し離れた土の表面に、ぐるりと1周まく。

液状タイプを与える

説明書の指示に従って、水で希釈する。4〜5月は10日に1回、6月には5日に1回程度与えるとよい。

施肥の注意点

庭植えでは肥料が直接根に触れないように注意する。肥料が根に触れると水分を吸収しなくなったり、肥料が分解されるときの熱で、根が傷む原因に。鉢植えの場合は水やりの度に肥料が流れ出るので、庭植えよりは回数を多く与える。

樹の年齢による施肥の違い

果樹の栽培年数や種類によっても、適切な肥料の内容や量が変わってきます。木が若いうちに肥料をたくさんやると、樹ばかり大きくなって、なかなか実がつかないということになりかねません。幼木の内は控えめに、実がなるようになったら肥料を増やしていきましょう。

また、開花から結実までの期間によっても施肥の量は変化するので、目安を知っておきましょう。

● 樹木の種類と年齢による1本あたりの施肥量の目安 （単位g）

樹齢	1～3年	4～9年	10年以上
肥料の種類	チッ素・リン・カリ	チッ素・リン・カリ	チッ素・リン・カリ
落葉果樹	50・20・50	100・100・100	200・200・200
常緑樹（カンキツ類など）	80・50・50	200・150・100	350・250・250
小果樹類（ベリー類など）	10・10・10	30・30・30	50・50・50

ぼかし肥料をつくる

ぼかし肥料とは油かすや牛ふんなど、有機質肥料を混ぜて水を加えて発酵させた肥料です。通常の有機質肥料に比べて果樹に与える負担が少なく、効力も安定しているため、元肥にも追肥にも使える万能肥料です。

ただし、化成肥料より速効性は低いので、追肥の場合は早めに与えるとよいでしょう。

準備する道具
- バケツ（底に水抜き用の穴を開けておく）
- 移植ゴテ

材料
- 腐葉土
- 油かす
- 骨粉
- 鶏ふん
- 牛ふん
  以上、すべて同量
- 米ぬか（または市販の発酵促進剤）油かすの1/5量

つくり方

1 バケツに腐葉土を入れ、油かす、骨粉、鶏ふん、牛ふん、米ぬかの順に移植ゴテ1杯分ほどを入れていく。同じ順番で繰り返し材料を入れる。

2 上までできたら、全体がしっとりするくらい、たっぷり水をかける。

3 ふたをして暗い場所に置き、7～10日おく。移植ゴテで全体を混ぜ、乾燥していたら水をかけ、フタをしてさらに熟成させる。

できあがりの目安

その後も、週に1回かき混ぜ、乾燥したら水を与える。発酵中は60～70度の発酵熱が出る。仕込みから1か月半～2か月（夏場は1か月）してアンモニア臭が消え、発酵熱がおさまったら完成。発酵促進剤よりも米ぬかを使うほうが完成までに時間がかかる。

完成したら有機質配合肥料として使用する。

果樹栽培の管理作業

おいしい果実を収穫するためには、日常の世話が大切です。果樹の管理作業には、日々、行なうことと、1年のなかで決まった時期に行なうことがあります。育てている果樹に適した手入れをしましょう。

正しい管理でおいしい果実を収穫

　果樹を育てるうえで一番大切なのは、いつも果樹の状態をよく観察することです。とくにコンテナ栽培では、土が乾いたらたっぷり水やりを。また、受粉が必要なものや摘果が必要なものなどは、タイミングを逃さないようにしっかり観察しましょう。いつの間にか病気が発生していたり、害虫がついてせっかく育ててきた果樹が台無しになることもあります。早め早めの対処が肝心です。

　適切な環境で育て、必要な管理作業をしっかりすることで、はじめておいしい果実を収穫できます。果樹の管理作業は、成長段階に応じて必要なことが変わってきます。育てている果樹の状態に合わせて、必要な世話をしましょう。

●果樹栽培に必要な管理

日常的に必要な管理	● 環境の管理（日当たり・風通しをよくする・雨や風対策など） ● 水やり（コンテナ栽培の場合） ● 温度管理（暑さ・寒さ対策など）
樹を育てるために必要な管理	● 剪定 ● 病害虫対策 ● 肥料を与える（必要に応じて）
果実をならせ、収穫するために必要な管理	● 摘蕾、摘花 ● 人工受粉 ● 摘果 ● 袋かけ ● 収穫・追熟

日当たりと風通しのよい環境づくり

庭植えの場合

　多くの果樹は、日当たりと風通しがよい環境が適しています。ただし、強い日射しを好まない種類や、湿った場所が好きな種類もあります。庭植えの場合は一度植えると場所を変えるのが難しいので、自分が育てる果樹の性質をよく調べてから、植える場所を決めましょう。

　日当たりを好む果樹の場合、日が出ている時間帯はずっと当たる場所が理想ですが、難しい場合は午前中から午後2時の間を目安に日がよく当たる場所を選びましょう。

　風通しも大切です。風通しが悪い場所は、病害虫が発生しやすくなります。ただし風の強い地域では枝葉を傷めないために防風ネットで保護したり、枝をヒモで固定するとよいでしょう。

ほとんどの果樹は日射しと風が好き。

コンテナ栽培の場合

　コンテナ栽培だと移動が楽にできるので、季節や時間帯によって適した環境に鉢を置くことができます。梅雨どきは雨が当たらない軒下に、寒さが厳しいときは室内に移動させるとよいでしょう。

　また、風通しを確保するために、地面に直接鉢を置かず、棚やブロックなどの上に置くのがおすすめです。

梅雨どきは雨の当たらない軒下へ。

夏は軒下で日射し対策。

寒さが苦手な果樹は室内や軒下で寒さ対策。

水やり

庭植えの場合

　庭植えでは、苗木が根づいたら、基本的に水やりはしなくても大丈夫です。ただし、夏に長期間、雨が降らないなど、土がとても乾燥したときは、たっぷり水やりを。とくに若木は乾燥に注意します。

　水をやるときは、日中の暑い時間帯だと根や葉が傷む可能性があるので、朝か夕方にしましょう。

乾燥したときはたっぷり水やりする。

水やり後に腐葉土で表土を覆っておくと乾燥防止になる。

コンテナ栽培の場合

　コンテナ栽培では、日々の水やりが欠かせません。表土が乾いてきたら、水やりのサイン。とくに真夏はすぐに乾燥するので、1日2回、朝と夕方に水やりすると安心。底から水が流れるまでたっぷり与えましょう。

　果樹の種類によって、乾き気味のほうがよいもの、水切れに弱いものがあるので、くわしい水やりの方法は各果樹の育て方のページを参照してください。土が乾く前に水やりをすると、根腐れを起こすことがあるので、与えすぎないように気をつけましょう。

　また、開花期の水やりは、花に水がかからないように注意し、落葉樹の休眠期(冬)は、水やりの回数を減らします。

鉢底から流れるまで十分に水を与える。

肥料について

　果樹栽培では、適切な量の肥料を与えることが大切です。肥料については、P238～241で紹介しています。また、それぞれの品種による肥料については、各項目の「施肥の方法」を参照してください。

コンテナ栽培では水とともに栄養分が流れやすいので、定期的に施肥を行なう。

外出時の水やりは？

　旅行などで数日間、世話ができないときは、コンテナ栽培の場合、水切れして果樹が枯れてしまうおそれがあります。庭やベランダで雨が降ったら水がかかる場所に鉢を置いても、ずっと晴天の日が続いていたら土がどんどん乾燥することに。

　そこでおすすめなのが、鉢ごと水につけておく方法。大きめのバットやたらいなどに水をたっぷり張り、この中へ鉢をつけておきます。長期間だと根腐れを起こしやすいのでおすすめできませんが、数日であれば、この方法で水切れを防止できます。

PART 5　果樹栽培の管理作業

剪定

剪定は果樹の健康な成長を促し、実がよくつくように育てるために欠かせない管理作業です。苗木を植えてから数年かけて行なうのが、果樹の骨格づくりといえる樹形づくりの剪定。その後は、樹形が乱れないように、年1回の剪定（冬から初春）を行ないます。

さらに、果樹によっては、夏に混み合う枝を切る夏の整枝が必要です。剪定については、P218～236 でくわしく紹介しているので参照してください。

落葉果樹の冬の剪定

主枝の本数を整理し、混み合う枝を間引いて樹形を整えて、実がよりたくさんつくように切り戻す。

夏の整枝

混み合う枝を間引いたり、伸びすぎた新梢を切り戻す。

人工受粉

果樹が実をつけるためには、しっかり受粉する必要があります。受粉とは雌しべの柱頭に雄しべの葯の中の花粉がつくこと。柱頭についた花粉が管を伸ばし、卵核と接合するのが受精です。受精すると種子が発育し、樹の養分は果実を成長させるために優先的に流れていきます。

果樹には1本では受精しない品種も多く、1本で結実するものは自家結実性があり、1本で結実しないものは自家結実性がない性質です。自家結実性がない品種は、受粉樹が必要。

受粉樹があったり、1本で実がつく品種であっても、受粉を助ける昆虫が少なかったり、開花期に雨が降ると、受精率は低くなります。

確実に実をつけるためには、人工受粉をするのがおすすめ。人工受粉は主に右の3つの方法があります。

花ごとつむ

花粉のよくついた花をほかの花に直接こすりつける。

筆先などを使う

花粉を含ませた筆や綿棒で雌しべの柱頭を軽くこする。

爪に花粉をのせる

花粉を爪に出し、雌しべにつける。

訪花昆虫の働き

果樹が受粉するには、ミツバチなどの「訪花昆虫」の存在が欠かせません。訪花昆虫には、ミツバチのほかにもハナバチやアブなど、いろいろな昆虫がいます。昆虫がたくさんやってくる庭やベランダにするために、蜜源になる花などを植えるのもおすすめです。

ブルーベリーにやってきたミツバチ。

生理落果とは？

開花後に受粉しても、すべての実が大きく育つわけではありません。受精が不十分で種が少なかったり、実の数に比べて葉の数が少ない、ひとつの樹にたくさんの果実がつきすぎたときなどは、若い果実は自然に落果。これを生理落果と呼びます。

摘果の作業をするときは、生理落果が終わったあとに行なうとよいでしょう。

すべての実が大きくなるわけではない。

果実の管理

摘蕾・摘花・摘果

おいしい実をたくさんつけるためには、果実の数を制限して育てることが欠かせません。そのため、蕾や花、果実を摘み取り、適正な数にする摘蕾・摘花・摘果などの果実管理を行ないます。

これらの作業は早めに行なうと、残った果実の生育もよくなります。摘果は、開花結実後、生理落下が終わった6〜8月頃、2〜3回に分けて行なうとよいでしょう。残す実の数は葉っぱの枚数に比例します。果樹によって1果あたりの葉っぱの枚数の目安はいろいろです。くわしくは、各果樹の摘果のところを参照してください。

袋かけ

モモ、ナシ、ビワ、リンゴ、ブドウなどの果実は、袋をかけるときれいに果実が育ちます。

袋かけすることで農薬の使用頻度も減らせるため、安全な果実が収穫できるのもうれしい点。農薬を使いたくない家庭果樹にこそ、おすすめの管理作業です。

袋かけをすると着色は悪くなるので、収穫前に袋を取り除くか破いておくとよいでしょう。専用の袋を使うと便利ですが、新聞紙を使って袋をつくってもかまいません。

温州ミカンの摘果例。葉っぱの数を見ながら摘果する。

実に袋をかぶせて根元でとめる。

●主な果樹の摘果量の目安と時期

種類		摘果程度の目安	時期の目安
カンキツ類	温州ミカン	20〜25葉に1果	7月中・下旬
	ネーブルオレンジ	60葉に1果	8月上・中旬
ビワ	田中	1花房に1果	摘蕾：10〜12月
	茂木	1花房に2果	摘果：4月。その後すぐに袋かけする
リンゴ（ふじなど）		4〜5花房に1果	落花後2〜3週間。30日以内に仕上げ摘果する
ナシ（幸水など）		3〜4花房に1果（枝20cmに1果）	落花後2〜3週間。40日以内に仕上げ摘果する
モモ		長果枝　2〜3果　中果枝、短果枝　1〜2果	発芽前に上芽を摘蕾。満開後30〜35日に仕上げ摘果
ブドウ	デラウエア	1結果枝　2果房	1回目開花前、2回目開花2週間後に仕上げ摘果し摘粒
	巨峰	1結果枝　1果房	
カキ		摘蕾：1結果枝に2〜3個　摘果：1結果枝に1〜2果	摘蕾：開花前の5月にすると生理落下が少なくなる　摘果：7月上旬

市販の果樹用の袋。

収穫・追熟

家庭で果樹を栽培する最大の楽しみは、完全に熟したとれたての果実を食べられること。ただし果実の収穫時期はいろいろで、完熟してから収穫したほうがおいしいものと、収穫後に追熟したほうがおいしいものに分かれます。

着色しないので熟しているかどうかの判断が難しいキウイフルーツやセイヨウナシ、フェイジョア、寒さを避けて早どりしたカンキツ類は、収穫後に追熟を。果実を熟成させるエチレンガスを多く発するリンゴ数個をビニール袋に一緒に入れ、1〜2週間追熟させるとおいしくなります。

キウイフルーツは収穫後、追熟させる。

樹上で完熟させられるのが家庭果樹の最大の楽しみ。

コンテナ栽培の植え替え

植えつけから2年以上たつと、根が成長して鉢の中で詰まる「根詰まり（＝ポットバウンド）」が起こり、放置すると徐々に生育が悪くなっていきます。これを防ぐため、理想は年1回、少なくとも2年に1回は植え替えをしましょう。

鉢植えは定期的な植え替えで株を再生する

コンテナ栽培の果樹は、苗木を植えつけてから2～3年が経過すると、鉢の中に根が伸びるスペースが少なくなっていきます。やがて鉢いっぱいに根がからんで酸欠状態になると、生育が悪化。このようなひどい根詰まりを起こすと、そのまま庭に植えたり、大きな鉢に植え替えただけでは、なかなか回復しません。そうなる前に、基本は年1回、最低でも2年に1回は植え替えをして、株をリフレッシュさせましょう。

植え替えでは、根鉢の底と周囲にある土を根と一緒に少し取り除き、新根が出やすいようにします。植え替え後は、樹形を整えて花つきをよくするために、剪定や整枝を行なうとよいでしょう。

植え替えの際は、それまでの鉢よりひと回り大きな鉢を選びますが、その作業を「鉢上げ」といいます。

植え替えは、落葉樹なら12～3月、常緑樹なら3月が適期です。

植え替えの手順

1 グーズベリーの3年生苗。（before）

2 ポットから苗を抜く。移植ゴテを底に差し、円を描くように根と土をえぐる。

Point 鉢から抜きにくい場合は、水につけて土を落とし、底の中央にハサミを入れ、からんでいる根を切り、えぐり出す。

3 側面に3cmの間隔で切り込みを入れ、土と根をえぐり、空気を入りやすくする。

4 上部の肩のあたりの土を、移植ゴテでぐるりと削るように落としていく。

5 コンテナ用の培養土を準備。腐葉土：赤玉土＝1：1で用意する。

Point 赤玉土は中粒を選ぶことで、通気性がよくなるため鉢底土は不要。

6 バケツなどで、下に軽いもの（腐葉土）、上に赤玉土を入れて移植ゴテで混ぜる。

7 コンテナの半分ぐらいまで、新しい培養土を入れる。

8 苗木を入れ、フチいっぱいに培養土を入れる。

9 鉢を回しながら、移植ゴテを土と鉢の間に入れ、土を奥までしっかり入れる。

10 水面がフチぎりぎりにたまるまで、たっぷり水やりする。

Point 水面を作ることで、土の中の古い空気と新しい空気が一気に大量に入れ替わる。

11 ウォータースペースは指2本分が目安。

12 植え替え完了。（after）

果樹を増やすテクニック

果樹の栽培に慣れてきたら、株を増やすのも楽しみのひとつです。増やし方には株分け、とり木、接ぎ木、挿し木などがあり、庭のスペースが限られる場合は、1本の木に受粉樹や別の品種を接ぎ木するということもできます。

株分けや接ぎ木、挿し木などをマスターしよう

果樹を増やすためには新しい苗木を買わなくても、親木があれば増やすことができます。挿し木は穂木を使って株を増やします。株分けととり木は、株立ちする植物に適しているためブルーベリーやラズベリーなどに向きます。落葉期が適期のため、11～2月頃に行ないます。

接ぎ木は増やしていくだけの目的ではなく、ほしい場所に枝をつくったり、自家受粉できない品種の果樹に、別の品種の枝を接いで、受粉の効率を上げることもできます。

株分け

親株の土をやさしく洗い落とし、ひこばえや株ごとに根を切り離して複数の株に分ける。11～2月頃に行なう。

1 ブラックベリーの株分け例。株は枝を整理してコンテナから出し、水をかけながら土をていねいに取り除いて根だけにする。右が親株。左が子株。

2 親株と子株をつないでいる根(地下茎)をハサミで切る。

3 それぞれを大きなコンテナと、小さいコンテナに植えて完了。

とり木

キウイフルーツ、ブドウ、ブラックベリーなどに向く。伸びている枝をとり木し、枝を切らずに発根させる。12～3月に行なう。

1 クランベリーのとり木例。鉢に鹿沼土を1/3ほど入れる。

2 親の鉢の隣に1の鉢を置き、とり木する枝(長く、曲がりやすいもの)を入れ、針金などでおさえる。

3 さらに鹿沼土を入れて完成。

その後の管理

暗く湿った場所で管理し、6月くらいに根が出ていることを確認したら、親の鉢から切り離す。

挿し木

親木の枝、葉、根の一部を切り取り、穂木として用土に挿して根を出させる方法。休眠枝挿しと緑枝挿しがある。

成功のコツは穂木の切断面にある！

挿し木には休眠枝を使う方法と新梢を使う方法があります。前者は落葉後の休眠枝を穂木として4月に行ない、キウイフルーツ、ブドウ、イチジクなどに適しています。後者は緑枝挿しといい、葉のついた新梢を利用して6～7月に行ないます。前者と同様の果樹やブルーベリー、ビワなどに向きます。

挿し木は、成功率が8割になれば上々といわれていますが、成功への最大のポイントは穂木の切断面がすぱっとなめらかであること。そのため園芸の挿し木用の切り出しナイフを使い、刃をしっかり研いでおきましょう。発根率を高めるために促進剤を使うのも手です。

ここではブルーベリーを例に解説します。

用土の準備

挿し木の用土は、鹿沼土の中粒と小粒を1:1でブレンドする。

中粒だけでもよいが、中粒だけだと土が乾燥しやすい。小粒だけだと、細かい土が切り口についてしまい、吸水が悪くなり、失敗しやすくなる。また、トレーの底穴にも細かい土が詰まりやすく、排水性が悪くなる。

1 挿し木用のトレーに鹿沼土を入れる。水やりすると沈むので、トレーの上ぎりぎりまで入れる。

2 ジョウロでまんべんなく水をたっぷりかける。はじめはトレーの底穴から濁った水が出てくる。

3 濁った水は細かい土が含まれているので、この水が透明になるまで水をやり続ける。挿し床の完成。

穂木の準備（緑枝挿し）

バケツに水を入れたものを用意してから、穂木を取りに行く。今年30cm以上伸びた新梢を切り、穂木が乾燥しないように、水を入れたバケツにすぐに入れる。

×コレはNG！

葉を取るときは、上に向かって引くようにする。下に引くと皮がむけてしまう。こうなってしまった穂木は挿し木には使えない。

1 穂木は10年以上育てたブルーベリーでも10本とれればよいほう。

ここで切る

2 挿し木用の穂木は10cmくらいの長さに切って使う。長さ30cmくらいの枝なら、3本の穂木がとれる。

Point 指で指した部分を切る。健全な葉2枚が上にあることが重要。それより下の葉は取ってしまうので汚い葉でも関係ない。

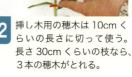

3 水を入れた洗面器を用意。乾燥させないことが重要なので、切ったそばから水に落とす。残す葉のすぐ上をハサミで切る。

4 穂木の上2枚の葉を残して、下の葉を取り除いて、穂木の準備が完了！

Point 上下を間違えないこと。葉の上に芽が出ているほうが上。

挿し木の手順

1 穂木の挿し木面を切り出す。穂木を小指と薬指でささえ、親指と人差し指で切る芽のすぐ上を押さえる。

2 芽のすぐ下に小刀をあてる。芽の近くには発根するためのホルモンがあるため、芽のすぐ下を切る。

Point
穂木の枝は固いので、小刀の先端部分ではなく、中央寄りの刃を使うと、ブレにくい。穂木と直角に小刀の刃をあて、斜め45度に切る。

3 刃を一気にすばやく動かすのがコツ。刃は穂木の方向に真下に動かすと皮が残りやすい。刃の方向、斜め下に動かすときれいに切れる。

皮が残った場合

皮がペラっと少し残ってしまった場合は、穂木を裏返して刃先の部分で皮を取る。

4 穂木の切り口に発根促進剤をつけてから植えると発根率が上がる。

発根率を上げる方法

穂木を植える際、木の先端に発根促進剤(ルートン)をつける。または、採集した穂木を挿し木用の専用液にひと晩(約12時間)つけて水上げする。

5 挿し床に割り箸を刺して穴を開け、割り箸を引き抜くと同時に穂木を入れる。

Point
挿し床の深さの真ん中くらいに先端がとどまるように挿すとよい。

6 穂木の周囲の土を手で集めて押さえて鎮圧し、土と穂木を密着させる。

Point
葉があちこちに向いたり、重ならないように、穂木を挿す方向は、葉の向きをそろえるとよい。

7 挿し床に縦5cm、横6〜7cm間隔くらいになるように、穂木を挿し木していく。

8 挿し床に穂木を挿し終えたら、穂木の上面に市販の癒合剤(P224)などを塗ると、成功率がさらにアップする。終わったら、まんべんなく水やりする。

9 挿し木完了。

穂木の上の葉が大きい場合

葉の大きさが、その品種の標準的な葉の大きさより大きい場合は葉の先端を1/2〜1/3カットしてから挿し床に挿す。これで葉の蒸散を抑制し、穂木が枯れるのを予防する。穂木は根がないため、葉が大きいと、下の切り口からの吸水が間に合わず、乾燥し、枯れてしまう確率が高くなるため。

その後の管理

挿し床を日陰に置き、1日1回水やりをして乾燥させないようにする。暑い時期が終わり、9月下旬くらいになったら、日向にトレーを出し、引き続き乾かないように水やりを。
発根は挿し木後、半月〜1か月で出るが、少し根が出たくらいで鉢上げするのはNG。落葉後なら根がしっかり出ているので、その頃に鉢上げする。

接ぎ木

すでに育っている成木に新しい枝を接ぎ、品種を更新したり、1本の中に多種類の花や実をならせることができる。

健康な台木に、新しい穂木の性質をプラス

接ぎ木は、枝や芽を切り取ってほかの木に接ぐ方法で、接がれる方を「台木」、接ぐ方を「穂木」や「挿し芽」と呼びます。接ぎ木には、「切り接ぎ」「切り芽接ぎ」「そぎ芽接ぎ」などがあります。どの場合も手順は①穂木(挿し芽)の調整、②台木に切り込みを入れる、③台木に刺し入れてテープを巻く、という3ステップで行ないます。

成功を左右するのは台木や穂木を整えるために使う、接ぎ木用の小刃。切断面が平らであることが重要なので、すぱっと切れるようにしっかり研いでおきましょう。10本やって、8本成功すれば名人と呼ばれる世界なので、1本だけでなく、複数本同時進行するとよいでしょう。

接ぎ木で増やした枝は、穂木と同じ性質を受け継いだ木になります。

接ぎ木の目的

1 別品種を育てる
古い品種に飽きて、新しい品種にしたい場合、苗から育てると時間がかかる。成木に接ぎ木すると早くたくさん収穫できる。

2 受粉用
自家受粉できない品種に違う品種を接ぐ。庭木など栽培スペースが限られていて2品種を育てられない場合は、接ぎ木が便利。

3 枝がないところに枝を作る
限られたスペースで有効に育てたい場合、空いたスペースに別品種を接ぐ。

4 趣味的
違う品種を接ぎ木し、1本の木に多種の花を開花させたり、実をつけて楽しむ。

切り接ぎの手順

新梢を切って冷蔵保存して、穂木とする。接ぎ木の作業は、3～4月頃が適期。ブルーベリーを例に紹介するが、ブドウなどにもおすすめの接ぎ木法。

穂木の準備と調整

1 3月上旬までに、前年の4月以降に伸びた新梢を20～30cm長さで切り、ジッパーつきポリ袋かラップで三重に包んで冷蔵保管。切った日付と品種名を書いておく。

2 芽から2cm下に刃を当て、切断面が45度になるように、切る。

3 接ぎ木用の小刀で一気に切る。

4 45度に切った真裏の皮を10度の角度で薄く削ぐ。

5 芽の上、1～2mmの部分をハサミで切り落とし、穂木はすぐに水につけておく。

PART 5 果樹を増やすテクニック

台木に接ぐ

1 地面から10cmくらいのところで、接ぎ木する台木を剪定バサミで切る。

2 西側には接がない。西以外の角を軽く削り、穂木の切断の形成層と台木の形成層の位置が合うかを確認する。

3 穂木を挿し込む深さを確認し、台木の切り込みの目安をつける。

4 穂木が入る長さに台木にまっすぐ下に切り込みを入れる。幅は穂木より少し幅広か、だいたい同じがよい。

5 台木の切り込みに一気に穂木を挿し込む。1回でぐっと入れること。台木と穂木の形成層が密着するのが重要。

Point 入りづらい場合は小刀の先で台木を広げてもよい。チャンスは1回なのでぐらつかせないこと。

6 しっかりと挿し込んだ状態。

テープを巻く

1 市販の切り接ぎ用テープか、色つきビニールテープで巻く。下部の活着面と関係ないところで1か所、2回くらい巻く。

2 2回巻いたら、上を巻いていく。穂木が上に逃げないようにぐっと押さえながら巻くのがコツ。

3 芽にかからないように注意して上まで巻く。

4 上の切り口にもテープをあてて、押さえながらぴったりと巻く。

5 上まで巻いたら、表でテープを下におろし、同じように巻いて、上まで巻いていく。

6 全部で同じことを3回ほど繰り返し、すき間なくぐっと巻きつける。

7 しっかり巻き終わったらテープを切る。

8 最後に、穂木の切断面に市販の癒合剤を塗る。絶対に芽につけないように注意しながら、すっと塗る。

9 接ぎ木のできあがり。

その後の管理

うまく接げていれば穂木の芽から新梢が伸びてくる。テープは接ぎ木が成功して傷口がしっかり癒合したのち、はずしておくとよい。

切り芽接ぎの手順

枝の胴部に接ぐので枝接ぎや腹接ぎとも呼ぶ。簡単に複数の場所に接ぎ木でき、バラ科やカンキツ、ビワなど多くの果樹に向く。3〜4月が適期。ウメを例に紹介する。

穂木の準備と調整

1 穂木の準備は切り接ぎ（P250の**1**）と同様に行なう。ラップなどで包み、日付と品種名を書いて冷蔵保存。

2 どの芽を使うかを決める。

3 使う芽から約1.5cm下を小刀で切り落とす。

4 切断面が45度になるように一気にすぱっと切る。

5 穂木を裏返し、小刀の先端の部分で10度くらいの角度になるように削ぐ。

6 1〜1.5cmほど削げばOK。

7 芽の上1〜2mmを残してハサミで切る。

8 穂木は乾くといけないので、すぐに水につけておく。

台木の準備

1 穂木の3倍ほどの太さの枝で、台木を決める。接ぎ木は枝の上面にする。

2 接ぎ木するスペースを作るため、枝を4〜5本を切り落とす。

台木に接ぐ

1 穂木の幅より少し広い幅で、穂木を挿す長さより5mmほど長く、台木に小刀で切り込みを入れる。

2 切り込みを入れた台木と、これから接ぐ穂木。

3 穂木と台木の形成層（皮、グリーン、白とあるグリーンの部分）同士がつくことが重要。1回ですっと決めるように穂木を台木に入れる。

4 入れたところ。形成層の両側を合わせるのは難しいので、上の形成層が合うように挿すとよい。

テープを巻く

1 接ぎ木用テープを使って巻くが、ラップ材を帯状に切ったもので代用してもよい。

2 根元を交差させて動かないように固定。

3 1cm重なる程度で巻き上げていく。接ぎ木した部分は2～3回巻く。

4 芽の部分は1回だけ巻く。

5 芽の部分を巻いたら、次は芽のすぐ上にくるようにして2～3回巻く。

6 芽にかからないように注意しながら、今度は下に巻き戻す。

7 下まで巻いたら、まきはじめのテープとかた結びにしてテープを切って完成。

その後の管理

4月に接ぎ木をすると、翌年の春から新梢が伸びる。伸びた新梢は冬に切り戻しをして短果枝がつくようにし、3年目に花が咲き実がなる。新芽はテープを破って自然に出てくる。テープは、接いだ部分がしっかり癒合した後、はずすとよい。

PART 5 果樹を増やすテクニック

そぎ芽接ぎの手順

そいだ芽を台木に接ぐ方法。難易度は高いが上手にできれば切り芽接ぎより成功率は高い。適期は8〜9月頃で、すべての果樹に向く。夏ミカンに温州ミカンを接ぐ例で紹介。

挿し芽の準備

1 穂木は、太く成長したその年の春に伸びた新梢を用意。

2 春枝は切断面が丸い。夏枝は切断面が三角なので区別がつく。

3 葉の軸の部分（葉柄）を5mmくらい残し、葉は全部切り落とす。

4 葉を落としたところ。

5 小刀で芽（葉の根元から芽が出る）の1cm下の基部から、削ぐ。

6 芽の上1.5cmほどまで削ぐ。

7 削いだら刀を横に入れ、芽を切りはずす。

8 挿し芽の完成。すぐ水につけておく。

台木に接ぐ

1 台木は接ぐ場所を決めて、周囲の枝を整理しておく。接ぐ部分に直角に切れ目を入れる。

2 さらに直角になるようにたてに切れ目を入れる。

Point 台木は柔らかい新梢を選ぶ。古いとむきづらくて失敗しやすい。

PART 5 果樹を増やすテクニック

3 十字に切れ目を入れたところを広げるように皮をむく。

4 準備した挿し芽を台木に入れる。

Point 芽の上下を間違えないように注意する。

5 挿し芽を台木にさしこんだところ。

テープを巻く

1 接ぎ木用テープ（またはラップ材）を用意し、根元を交差させ、動かないように固定する。

2 5mmほどずらして巻き上げていく。

3 接ぎ木した部分は2～3回まく。

4 挿し芽の真上の部分は、1回だけ巻く。

5 上まで巻いたら、芽の裏側を通して、巻きはじめのところに戻り、さらに数回巻く。

6 最初のテープとかた結びにしてとめる。

その後の管理

うまく接げていれば穂木の芽から2週間ほどで新梢が伸びる。1週間たって、接いだ部分が黒くなっていたら失敗。

新しい芽はテープを破って伸びてくる。接ぎ木した部分がしっかり癒合したあと、テープをはずしておくとよい。

果樹の病気と対策

病気の主な原因は、カビ、細菌、ウイルスの3種類です。高温多湿の日本では、カビによる病気がとても多く、とくに梅雨どきや雨が多い季節に多発するのが特徴。症状や対策を知っておき、早めに対処しましょう。

●主な病気の種類と対処法

発生場所	病名	症状	主な果樹
葉や若い枝を侵す	赤星病	葉に赤褐色の斑点があらわれる	ナシ、リンゴ、マルメロ
	うどんこ病	葉に白い粉をまぶしたようになる	ブドウ、アケビ、ムベ、グーズベリー
	疫病	葉に灰緑色の斑点が現れ、暗褐色に変わる。湿度が高いと斑点が広がり、白いカビが生じて枯れる	イチジク、リンゴなど
	褐斑病	葉に黒褐色の斑点が現れ、枯れる	ブドウ、リンゴ、ナシなど
	黒星病	葉、葉柄、果実に黒い斑点がつく	ナシ（赤ナシ）、モモ、ウメ
	縮葉病	新葉が縮れる	モモ、スモモ
	すす病	カンキツ類の葉が黒いすすを塗ったようになる	カンキツ類、常緑果樹
	天狗巣病	天狗の巣（ホウキ）のような小枝が異常発生する	クリ、サクランボ
	落葉病	葉の表面に褐色の斑点があらわれ、落葉する	カキ、リンゴ
	黒とう病（おそ腐れ病）	つる、葉、果実に黒点がつく	ブドウ
	黒点病	葉、枝、果実に小さな黒点がつく	カンキツ類
	そうか病	若い芽などにかさぶたのような斑ができる	カンキツ類
	炭そ病	新梢、果実に黒い病斑があらわれる	クリ、カキ、イチジク
	胴枯病	幹や枝の樹皮が赤褐色になる	ナシ、クリ、スモモ
	灰色カビ病	高温多湿時に発生。若葉や茎などに斑点ができる	カキ、カンキツ類、フェイジョア、ブドウ、ブラックベリー
	斑点病	葉表に緑黒色の斑点が発生、落葉する	ほとんどすべての果樹
	べと病	葉裏に白いカビ状のものが発生し、実に広がると落果する。	ブドウ
	モザイク病	花びらや葉などにまだらの病斑ができ、葉が縮れて黄色く変色する	カンキツ類、ナシ、ブドウ、モモ、リンゴなど
茎や根を侵す	根頭がんしゅ病	地際部の茎や根にコブができる	アンズ、ウメ、カキ、カリン、サクランボ、クリなど
果実を侵す	かいよう病	幹、枝、果実にガサガサした斑点ができる	カンキツ類
	灰星病	成熟直前の果実が腐る	モモ、サクランボ、アンズ、スモモ
その他	萎縮病	特別な病斑はつくらず、樹が小型化する	カンキツ類、ナシ

病気におかされたウメ。黒い斑点がある。

リンゴの黒とう病。黒っぽい斑点が特徴。

デラウェアの黒とう病。実が黒変する。

斑点病のカキの葉。

環境を整えて予防しよう！

果樹を家庭で栽培する場合は、できるだけ農薬などは使わずに、収穫量や品質を維持したいものです。

P260の農薬を減らす病害虫対策を参考に、病気が発生しないように環境を整えておきましょう。

また、ウイルスを媒介するアブラムシなどを見つけたら、すぐに取り除くことも大切です。

病気の種類は多種多様ですが、発生の時期はだいたい決まっています。

病気が発生する前に適切な薬物を散布すると、効果的に病気を予防でき、また、薬剤の散布回数も少なくてすみ、結果的に強い薬剤を使う必要がなくなります。カビが原因の病気に使用する殺菌剤は、主に予防に重点をおいているので、発病前または発病初期に使用しましょう。

細菌性の病気はかかってしまうと対応策がないので、土壌消毒などで予防を。また、ウイルス性の病気は防除薬がないので、ほかの果樹にうつる前に処分します。

効果的な薬剤例	対処法など	発生時期
トップジンM水溶剤、ベンレート水和剤	周辺にビャクシン類を植えない。発生箇所は取り除く	5月以降
トップジンM水溶剤、ベンレート水和剤	チッ素過剰とカリ不足に注意。日当たりや風通しをよくする	梅雨期
トップジンM水溶剤、ベンレート水和剤	水やりを最小限に。雨よけをしてもよい。発生部分は取り除く	5〜6月
ベンレート水和剤、サンボルドー	発生部分を取り除く	6月上旬
トップジンM水溶剤、ベンレート水和剤	風通し、日当りをよくする	5月から梅雨の低温で発生
ダイファー水和剤、石灰硫黄合剤	発生した部分は取り除く	4月に低温が続くと発生
石灰硫黄合剤（収穫後に散布）	すす病を媒介するカイガラムシを防除	8〜11月
トップジンMペースト	病枝を切除し、切り口にトップジンなどを塗布	通年
トップジンM水溶剤	落葉を処分する。風通し、水はけを改善	6〜8月に発生
トップジンM水溶剤	梅雨期前に袋かけ、雨よけをする	5月から梅雨期
ダイファー水和剤	剪定した枯れ枝を処分	梅雨期
ベンレート水和剤	発生部分を取り除く	6〜7月
ダイファー水和剤、ベンレート水和剤	病斑が出た枝を切り取って処分	5〜10月
トップジンM水溶剤	病斑が出た枝を切り取って処分	5〜10月
トップジンM水溶剤、ベンレート水和剤	発生した部分を取り除く	通年
トップジンM水溶剤、マンネブダイセンなど	落葉を処分する。風通し、水はけを改善	4〜11月
サンボルドー、マンネブダイセン	剪定で日当りや風通しを改善。株元に稲わらなどを敷いて土から細菌がはね上がるのを防ぐ。発生部分はすぐに取り除く	梅雨期、秋雨期
とくになし	ウイルス性なので発生した樹は焼却処分する。感染源となるアブラムシ類を駆除	3〜10月
タゾメットなどで土壌を消毒	発生株を切除	5〜10月
ストレプトマイシン水和剤	強風を避け、多肥にならないように管理	5月下旬にでやすい
トップジンM水溶剤（6月中旬に散布）	開花前に消石灰をまいて予防	果実の成熟期
石灰硫黄合剤	ウイルス性なので発生した樹は焼却処分する。感染源となるアブラムシ類を駆除	4〜11月

実がゴツゴツしているのは、かいよう病。花ユズ。

夏みかんのそうか病。

フクロミ病にかかったスモモの若い実。

葉が縮れる縮葉病。写真はモモだが、バラ科などに多い。

果樹の害虫と対策

庭先で果樹を育てる場合、できるだけ殺虫剤は使いたくないものです。安全に栽培するためには、害虫は早めに発見し、被害が少ないうちに対処することが肝心。見つけしだい取り除くことと、袋かけによる予防が重要です。

●主な害虫の種類と対処法

発生場所	害虫名	症状と発生時期	主な果樹
葉や若い枝を侵す	イラガ類	葉を食害する	カキ、ブルーベリー
	アメリカシロヒトリ	戦後日本に入ってきた害虫。葉を食い尽くす	クルミ、ウメ、モモ、サクランボなど多くの種類
	アブラムシ類	若い枝や葉が巻くなどして、生育しない	リンゴ、ナシ、モモなど多くの種類
	オビカレハ	葉を食害する	ウメ、モモ、ナシ、サクランボ、クリなど
	ゾウムシ	幼虫、成虫が新芽、若芽、枝などを食害	オリーブ、クリ、ビワ
	ハダニ類	葉色が悪くなる	多くの果樹
	ハモグリガ類	葉に蛇行状の条斑が現れる	リンゴ、ミカン、モモ
	ハマキムシ類	葉が内側に巻く	ナシ、リンゴ、アンズ、ブルーベリー
	モンクロシャチホコ	葉を食害し、枝単位で葉がなくなる	ナシ、リンゴ、サクランボ、ウメなど
果実を侵す	カメムシ	果実を食害する。果実が変形する	カキ、ナシ、モモ、リンゴなど多くの果樹
	キクイムシ	幼虫が樹皮下で生まれ、食害する	カキ、ウメなど多くの果樹
	シンクイムシ類	果実に穴を開けて内側を食い荒らす	モモ、リンゴ、ナシなど多くの果樹
幹や枝を侵す	カイガラムシ類	カイガラ状の殻をかぶって枝につく。樹勢が衰える	ミカン、モモなど多くの果樹
	カミキリムシ	幼虫が幹や枝に食入する。樹勢が衰える	ブドウ、クリ、イチジク
	コスカシバ、ブドウスカシバ	幼虫が幹や枝に食入し、樹液が流れ出る	モモ、アンズ、ブドウ
	コウモリガ	幼虫が幹や枝に食入し、枯れ死させる	ブドウ、ラズベリー、ブラックベリー
	テッポウムシ	ガの仲間の幼虫が、幹などに侵入	モモなど

ヘタムシの被害にあったカキ。ヘタを残して実が落ちてしまう。

カキの葉を食害するイラガの幼虫。触らないこと。

マメコガネに食害されたブドウの葉。

アブラムシが群がるポンカンの枝。

害虫は見つけしだい、取り除く

害虫には葉や芽などの固形物をかじる食害型のものと、注射器の針のように果樹の汁を吸う吸汁型のものがあります。吸汁型のダニやアブラムシは予防が重要ですが、食害型の害虫は、発生を見つけてから駆除しても遅くはありません。基本は、見つけしだい取り除くこと。

殺虫剤には、主に次の3種類があります。害虫の種類や栽培場所に応じて適したものを選びましょう。

- ●**接触毒性殺虫剤** 薬を虫の体表に付着させる。イモ虫、アブラムシの駆除。
- ●**呼吸毒(ガス)性殺虫剤** ガスを吸わせる。ビニールハウスなどの密閉された場所で使用。
- ●**食毒性殺虫剤** 薬のついた葉を食べさせたり、汁を吸わせる。イモ虫、アブラムシの駆除に使用するが、吸汁型の虫には効果が出にくい。

やむをえず農薬を使う場合は、使用方法を守って安全に使いましょう(P262参照)。

効果的な薬剤例	対処法など	発生時期
スミチオン乳剤	冬にマユを処分する。見つけたら取り除くが、毒があるので素手で触らないこと	7月上旬～9月
カルホス、ティプテレックスなど	群生中は巣ごと取り除く	6～9月
スミチオン乳剤	見つけたら取り除く	4～6月に発生
スミチオン乳剤	越冬卵を駆除。見つけたら取り除く	3月上旬以降
スミチオン乳剤	被害枝を切り取って焼却	通年
ケルセン乳剤（殺ダニ剤）	水圧をかけて吹き飛ばす	7～9月
スミチオン乳剤	葉肉内にもぐってしまうと薬剤がなかなか効かないので、早めに対処する	5～9月
スミチオン乳剤	巻いた葉の中に入るので、葉の上からつぶして駆除	4月
スミチオン乳剤	かたまって群生していることが多いので、幼虫のいる枝ごと取り除いて駆除	9～10月
スミチオン乳剤、マラソン乳剤	捕殺。袋かけをして防ぐ	7月下旬～9月、暖地では年2回発生
樹幹塗布剤を塗る	衰弱樹につきやすいので、樹勢を保つこと	5～9月
スミチオン乳剤	袋かけをして防ぐ	6～9月に発生
マシン油乳剤（12月に散布）	天敵のテントウムシ類を利用	通年
スミチオン乳剤	食害部を見つけて捕殺	7～8月
スプラサイド水和剤	降雨後、被害部を削り、捕殺	5～6月
スミチオン乳剤	食害部を見つけて捕殺	6～7月
DDVP、ダイアジノン	幼虫がフンを出す穴に薬剤を注入	通年

ハモグリガの食害痕。ポンカンの葉。

ユスラウメについたモンクロシャチホコの幼虫。

クリの葉に残されたクスサンの食害痕。

カリンの若い実の汁を吸うモモチョッキリゾウムシ。

農薬を減らすための病害虫対策

大切に育てた果実だからこそ、皮まで安心して食べたいもの。できるだけ農薬を使わずに育てるには、環境を整えるほか、ふだんからの手入れが肝心です。農薬を減らすためのポイントを紹介します。

環境づくりや袋かけで病害虫を予防

果樹を栽培する上で問題になるのが病害虫ですが、果実の外観を多少損なう程度であれば、家庭果樹ではそれほど気にする必要はないでしょう。ただ、ふだんから病害虫を寄せつけない環境づくりを心がけていると、農薬ゼロまたは最小限の使用にすることができます。品種を選ぶときは、病害虫に耐性のある品種かどうかも調べておくとよいでしょう。

また実がなったら摘果のあとに袋かけをしておくと、害虫をシャットアウトするだけでなく、病原菌の空気感染も予防します。ナシやモモ、リンゴ、ブドウ、ビワ、カリンなどに有効です。

混み合う枝を切って風通しよくすることは病害虫予防につながる。

Point 1 風通しと日当たりをよくする

じめじめした場所にはカビが生えやすく、害虫も好む場所であるため、剪定して改善する。混み合った枝や枯れた枝の剪定は、越冬病害虫の駆除の意味でも大切な作業。
植物に欠かせない日光は、午前中に当たることが大切。

Point 2 できるだけ長雨に当てない

梅雨などで長期間雨が続くと病気に感染しやすくなる。雨よけをするほか、鉢は軒下に移動させる。
鉢植えは土の上に直接置かず、棚やブロックの上に置くと、暑さ寒さを防ぐだけでなく、地面から来る病害虫を寄せつけない。

Point 3 落ち葉や枯れ枝の処理

落ち葉や枯れ枝は土壌への有機物の補給源だが、病原菌がついていたり、病害虫の越冬場所にもなるためそのまま放置しないこと。
剪定枝も同様。生ゴミとして処分するか、スペースがあれば焼却処分するか穴を掘って埋める。

Point 4 道具や鉢は清潔に

古い鉢を使うときは中を洗浄し、日光消毒する。
また移植ゴテや剪定バサミなどは1回使うごとによく洗い、完全に乾かすこと。汚れたまま使うと病害虫が広まる恐れがある。

Point 5 害虫は早めに捕殺

イモムシ類、カイガラムシ、アブラムシなどは見つけ次第、捕殺。
できるだけ初期段階で行なうのが効果的なので、卵の段階か、卵から孵ったばかりで分散しないうちに行なうこと。

Point 6 雑草を取り除く

雑草は病害虫の発生源になるので、樹の周囲1mには生やさないようにする。
市販の防草シートを利用したり、クローバーなどを草生栽培して防ぐのもおすすめ。

Point 7 冬の間に害虫の駆除と予防

冬の間、樹木の外皮の裏や落葉の下には害虫の卵や幼虫が潜んでいる。活動をはじめる前に見つけ出して駆除する。
幹にわらを巻いて、春先にそのわらをはずして燃やす方法も効果大。

Point 8 粗皮(そひ)削りを行なう

カキやナシ、ブドウなどは樹が大きくなると表面に粗皮(表皮が死んでコルク化したもの)ができる。カイガラムシなどの越冬害虫にとっては絶好の隠れ家であり、産卵場所にもなり、病気が発生する原因にもなるため、1〜2月に粗皮を削って処分する。

カキやナシ、ブドウは粗皮を削っておくとよい。

Point 9 チッ素性肥料を少なめにする

チッ素性肥料が多すぎると樹勢が弱まり、病気にかかりやすくなる。
肥料を与えるときは、チッ素分を与えすぎないように気をつけること。リン酸、カリとのバランスが大切。

農薬を使うときのポイント

家庭の果樹栽培では、できるだけ農薬を使わずに育てたいものです。しかし、有効に使用すると効果的に病害虫を予防できるケースもあります。農薬や殺菌剤を使用する際は使用方法を守り、細心の注意をはらって取り扱いましょう。

使用法を守って安全に作業する

植物を栽培する上で、ときには農薬の助けを借りなくてはならないこともあります。農薬を使う際は、そのデメリットも理解しておくことが大切です。

果樹の場合、果実を食べることによって人体に取り込まれたり、散布する際に吸い込んでしまう危険性があります。それから同じ農薬をたびたび使っていると、その薬が効かない病気や害虫、雑草が大量発生することがあります。そのため、それを退治するためにさらに強い薬剤にする、という悪循環に陥ってしまうことも。このような状態にならないためにも、減農薬、無農薬の必要性が高まっています。

農薬を使用する場合は、散布時期、散布方法を守り、最小限の散布で、安全に使用しましょう。

■散布時期

農薬には害虫用、病気用があり、散布に適した時期はそれぞれ異なります。害虫や病気は発生する時期が決まっているため、出はじめや出る前に散布することで、トータルの散布量を減らすことが可能。開花時期や果実の収穫時期には散布を避けましょう。

■害虫用殺虫剤の種類

殺虫剤は主に3種類。目的や栽培している場所に応じて使い分けましょう。種類はP259で紹介しています。

●種類別・散布時期の目安

		散布時期
害虫用	殺虫剤	5月上旬…越冬した虫が産卵するため 8月上旬…5月に孵化した虫が産卵するため
	ダニ剤	5月上旬…梅雨の湿気でダニが発生する前に散布
病気用	殺菌剤	3月上旬〜4月上旬…土壌、芽、樹の表面などで越冬した菌が動き出すため 5月上旬（予備）…夏に熟す果樹や、春の散布で病原菌が退治できなかった場合

※各時期ともに2回散布するとよい（1度散布したら1週間後にもう一度散布）。

薬をつくる

農薬をつくる際は、ビニール手袋などを使い、素手で作業しないこと。

1 計量カップ、スプーン、薬剤、水、スプレー容器、割り箸を用意する。

2 計量カップに薬剤を入れる。

3 規定量の水を入れて稀釈する（今回は薬0.5gに水500mlで1000倍液を作成）。

4 割り箸などでよく混ぜる。

5 スプレー容器に入れる。

6 散布して使用。使い残した場合は穴を掘って流し込む。下水道などに捨てるのは厳禁。

農薬を使うときの服装

農薬は鼻や口からだけでなく、粘膜や皮膚からも吸収される。できるだけ肌を出さない服装を心がけよう。

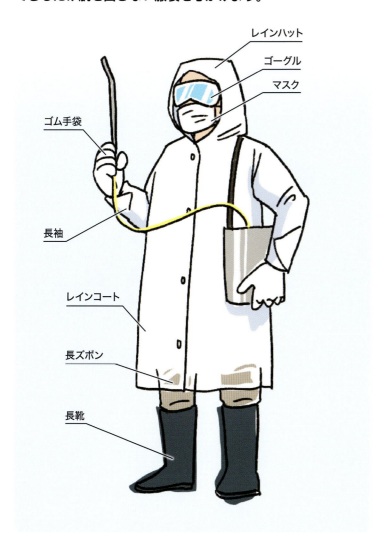

レインハット
ゴーグル
マスク
ゴム手袋
長袖
レインコート
長ズボン
長靴

散布する

鉢植えで散布

1 鉢の上から葉の表面に向かって散布。枝や幹にもまんべんなくかける。

2 葉の裏側も忘れずに散布。鉢を台などにのせるとよい。

庭植えで散布

薬剤を噴霧器に入れる。散布時の服装を着用し、風のない晴れた日の涼しい時間帯に散布する。

散布時の注意点

1 天気や風向きに注意

農薬の飛散を避けるため、風の強い日は中止する。また気温の高い時間帯は薬害が出ることがあるため、午前中または夕方に散布し、できるだけ短時間で済ませるように心がける。

2 かならず風上から散布

散布するときはまず風向きを調べ、自分は風上にいるようにする。背中から風を受け、最初は樹の近くからスタートし、徐々に離れながら散布すると、農薬との接触を最小限にすることができる。

3 葉の裏や幹も忘れずに

病害虫の多くは日光の当たらない葉の裏側や、葉の茂っている枝や幹に潜んでいることが多い。このような場所は薬剤が届きづらい場所でもあるため、忘れずにまんべんなく散布すること。

4 体調を見て実行

体調不良や睡眠不足、飲酒時、妊娠中、肌に傷があるときは散布作業を行なわないこと。また、散布中に体調に異変を感じたら、直ちに中止しよう。散布後は手洗い、うがいをしっかり行なうこと。

PART 5　農薬を使うときのポイント

果樹栽培のグッズガイド

移植ゴテや植木鉢などは手軽に入手できますが、長く使うものなので、しっかりしたものを選ぶことが大切です。剪定バサミは園芸用のきちんとしたものを準備すると、手入れを怠らなければ、長期間使うことができます。

剪定バサミ

選び方
ハサミは枝切り用の刃幅の広いものと、新梢を刈り込んだり、果樹の収穫に使う刃先の細いものの2つ用意しましょう。2cm程度の太さの枝までは剪定バサミで、それ以上はノコギリで切り落とします。

使い方
剪定バサミの曲がりを利用して、幅の細い受け刃を枝に当てて支え、幅の広い切り刃で切り落としていきます。

手入れ方法
使用後は水で洗い流し（病害虫を防ぐため）、よく拭いて乾かします。剪定バサミを研ぐときはハサミを閉じたまま、片刃の曲線に沿って研いでいきます。自分でできない場合は、専門の刃物屋で定期的に研いでもらうとよいでしょう。切れ味の悪いまま使用すると作業効率が落ちるだけでなく、思わぬけがの原因にもなります。刃にこびりついた樹液を落とすだけでも切れ味がアップします。

剪定ノコギリ

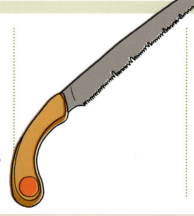

選び方
剪定ノコギリは歯の幅が広く、切りくずがつまりやすくできています。切れ味も重要ですが、何より大切なのは軽いこと。両刃のものは、ほかの枝を傷つけることがあるので、片刃のものを選びます。

使い方
初心者は剪定バサミでオールマイティに済ませがちですが、直径2cm以上の枝はノコギリを使いましょう。道具を適切に使い分けることで、労力も時間も節約できます。

手入れ方法
太い枝を落とすと、ノコ歯の表面に樹脂などの汚れが付着します。これを放置すると次に使うときに切れ味が悪くなるので、汚れはぬるま湯で洗ってこすり落とします。仕上げに熱湯をかけて水分を振り切ると、それだけで水分が蒸発し、さびる心配はありません。布で拭くと逆に水分が残りやすいので注意しましょう。

脚立

選び方
果樹の手入れ、収穫などにあると便利。移動することが多いため、軽量なアルミ合金製のものがおすすめです。高さは1.8mもあれば十分。この高さで管理できる範囲で樹高を制限しておきましょう。

使い方
作業中に脚立の脚が滑ったりしないように、必ずチェーンやヒモをかけておきます。天板にはのらずに、左右のハシゴに足をかけ、安定させて使用します。傾斜地で普通の脚立を使う場合は、不安定になるので足場を確認しておきましょう。

PART 5 果樹栽培のグッズガイド

支柱
垣根を仕立てたり、苗木をささえて誘引するときなどに使う。

鉢
植えるものによって適切なサイズを選ぶ。プラスチック製、陶器製、木製などがある。

ヒモ
枝を誘引するときに使う。麻ヒモやロープなど、目的に合わせて選ぶ。

スコップ
植えつけの際に必要。用土を混ぜるときなどにも便利。

移植ゴテ
コンテナ栽培の必需品。使いやすいものを選ぼう。

土入れ
コンテナ栽培で鉢に土を入れるときに使う。

一輪車
剪定枝や落ち葉、用土を運ぶときなどに使用。

ふるい
細かい土をふるったり、土を再生する際に根を取り除くときなどに使う。

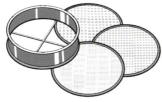

熊手
落ち葉や剪定枝を集めるときに、あると便利。

ジョウロ
たっぷり容量があり、ハス口をはずせるものが使いやすい。

用語ガイド

あ

赤玉土【あかだまつち】
赤土を乾燥させ、大粒・中粒・小粒・細粒に分けた用土。通気性、保水性、排水性に優れていて、万能の用土として鉢植えで使われる。

亜主枝【あしゅし】
主枝から伸びて、細かい骨組みになる枝。

腋芽【えきが】
枝の側面につく芽。側芽ともいう。

液肥【えきひ】
液体性の肥料。原液をそのまま使うものと、薄めてから使うものがある。水肥ともいう。

置き肥【おきごえ】
肥料のやり方のひとつ。固形肥料を株の根元や鉢の縁などに置く。水やりなどによって成分が溶け出して、効果がゆっくりと発揮される。

か

開張性【かいちょうせい】
枝が左右に広がって伸びる性質。

花芽【かが】
成長して花になる芽。「はなめ」ともいう。

化学肥料【かがくひりょう】
化学的な方法で作られた肥料で、3大栄養素のうち1成分のみを含むもの。

果梗【かこう】
枝から伸びて果実をつけている部分。果柄(かへい)ともいう。

隔年結果【かくねんけっか】
果実が多くなる年とあまりならない年が交互にあらわれること。カンキツ類やカキなどに起こりやすい。

化成肥料【かせいひりょう】
化学的な方法で作られた肥料で、3大栄養素のうち2成分以上を含むもの。

活着【かっちゃく】
接ぎ木や植え替えを行った植物がしっかりと根づいて成長をはじめること。

花房【かぼう】
花がまとまってついている房。

果房【かぼう】
果実がまとまってついている房。

冠芽【かんが】
パイナップルなどの果実の先端につく芽。

寒肥【かんごえ】
冬の休眠期間中に施す元肥(もとごえ)のこと。生育が旺盛になる春に備えるための肥料。油かすや骨粉など、土の中で分解して吸収される肥料を使う。

環状剥皮【かんじょうはくひ】
枝の表皮を環状にはぐこと。葉でつくられた養分が枝の先端にたまるので、花や果実が充実する。挿し木をするときに行なう場合もある。

吸芽【きゅうが】
地下茎につく不定芽。サッカー(ひこばえ)を発生させる。

休眠期【きゅうみんき】
植物が一時的に生育を止める期間。冬の厳しい寒さや、夏の猛暑など、生育に適さない環境下で行なわれる。

菌根菌【きんこんきん】
特定の植物の根と共生する菌。

結果【けっか】
→ 結実【けつじつ】

結果枝【けっかし】
果実をつける枝。長さによって「長果枝」「中果枝」「短果枝」と呼ぶ。

結実【けつじつ】
植物が実をつけること。結果【けっか】ともいう。

交配不親和性【こうはいふしんわせい】
特定の品種間では結実しない相性。ナシやサクランボなどに見られる。

ごろ土【ごろつち】
直径7〜10cm以上の、粒の大きな土。鉢の底などに敷く。鉢底土。

根域制限【こんいきせいげん】
厚手のビニールや、根を通さず腐らない不織布の袋、コンクリートブロックなどで、根が広がるのを制限すること。根域制限を行なうことで、高木化を防ぐことができる。

混合花芽【こんごうかが】
花芽のうち成長して枝葉と花を生じる芽。

さ

挿し木【さしき】
切り取った枝を土に挿して新しい株をつくる繁殖法の一種。イチジクやブルーベリーで行なわれる。

サッカー
地下茎から伸びる新梢=ひこばえ。ブルーベリー、スグリ類、キイチゴ類などによく発生する。

酸性度【さんせいど】
土壌の酸性の強さ。酸度測定計などで計測する。酸性度が強すぎる場合は、石灰資材で土壌を改良する。

3大栄養素【さんだいえいようそ】
植物の生育や結実などに特に重要な3つの栄養素。チッ素、リン酸、カリウムのこと。

自家結実性【じかけつじつせい】
自分の花粉で結実する性質。

自家受粉【じかじゅふん】
自分の花粉で受粉すること。↔他家受粉。

自家不結実性【じかふけつじつせい】
自分の花粉では結実しない性質。他家結実性があるという。自家不親和性や自家不和合性ともいう。

四季なり性【しきなりせい】
レモンやキンカンなど1年を通して数回開花し実をつける性質のこと。

ジベレリン処理【じべれりんしょり】
植物ホルモンの一種ジベレリンを使って、果実の肥大を促進するなど、作物の増収や品質の改良を行なう処理。ブドウなどで行なう。

子房【しぼう】
被子植物の雌しべの下部にあるふくらんだ部分。多くの植物は子房が肥大化して果実になる。

雌雄異花【しゆういか】
雄しべを持つ花(雄花)と、雌しべを持つ花(雌花)が異なる植物。

雌雄異株【しゆういしゅ】
雄しべを持つ株(雄株)と、雌しべを持つ株(雌株)が異なる植物。結実させるには雌雄両方の株が必要になる。

シュート
新梢。枝の芽から出る場合だけではなく、地ぎわの株元から出る場合もある。

主幹【しゅかん】
樹木の幹。特に垂直な部分をさす。

主枝【しゅし】
主幹から伸びて樹形を決定する枝。

純正花芽【じゅんせいかが】
花芽のうち成長して花だけを生じる芽。

常緑樹【じょうりょくじゅ】
1年を通して落葉期のない樹木。果樹ではカンキツ類やフェイジョアなど。

人工受粉【じんこうじゅふん】
人の手で受粉を行なうこと。自家受粉するものでも、人工受粉することで実つきがよくなる。

新梢【しんしょう】
その年の春から伸びはじめた枝。

芯抜き【しんぬき】
中心となる枝を切り、側枝を伸ばすこと。

整枝【せいし】
剪定や誘引を行なって、樹形を整えること。

生理落果【せいりらっか】
果実が発育途中で自然に落ちること。日照や気温などの環境条件、樹木の栄養状態などに左右されると考えられる。

施肥【せひ】
肥料を施すこと。

剪定【せんてい】
枝を切り取ること。枝の途中から切って小枝を出させたり、弱った枝を回復させたりする「切り戻し剪定」と、重なった枝や伸びすぎた枝を元から切って日照や風通しをよくする「間引き剪定」がある。

側果【そくか】
1つの果そうについた果実のうち、側面につく小さな果実。

側芽【そくが】
➡腋芽【えきが】

側枝【そくし】
主枝や亜主枝から伸びて、結果枝などをつける枝。数年ごとに更新することが多い。

側蕾【そくらい】
1つの花そう(花束状の花群)についたつぼみのうち、側面につく小さなつぼみ。

台木【だいぎ】
接ぎ木の土台になる木。台木の性質を利用して、リンゴやサクランボ(オウトウ)の矮性化などが行なわれている。

堆肥【たいひ】
落ち葉、稲ワラ、鶏ふんなどを発酵させた有機質肥料のこと。元肥などで使う。

他家受粉【たかじゅふん】
他の品種の花粉と受粉すること。⇔自家受粉

玉肥【たまごえ】
油かすや、油かすに骨粉などを混ぜて親指大に丸めた肥料。

単為結果性【たんいけっかせい】
受粉・受精せずに結実する性質。イチジクや温州ミカンなどに見られる。受粉しないため、果実は種なしになる。

短果枝【たんかし】
➡結果枝【けっかし】

虫媒【ちゅうばい】
花粉を昆虫が運んで受粉すること。多くの果樹は虫媒で受粉するが、昆虫の少ない都市部や室内栽培では人工受粉が必要となる。

頂芽【ちょうが】
枝の先端につく芽。

頂花芽【ちょうかが】
枝の先端につく花芽。

長果枝【ちょうかし】
➡結果枝【けっかし】

追熟【ついじゅく】
収穫したあとに、さらに果実を熟させること。

追肥【ついひ】
植物の生長に応じて施す肥料。「おいごえ」ともいう。

接ぎ木【つぎき】
ある株の枝や芽を切り取って、根を持ったほかの株に接ぐ繁殖法の一種。多くの果樹で行なわれ、受粉やスペースの節約のために複数の品種を接ぎあわせることもある。

土ぎめ【つちぎめ】
根の間に空洞ができないように、土を棒などで突きながら植えつける方法。

摘果【てきか】
充実した果実を得るために、幼果を摘み取って着果を制限すること。

摘芯【てきしん】
腋芽を出したり、枝が伸びすぎるのを抑えたりするために枝の先を切ること。

摘蕾【てきらい】
樹木の消耗を防いで充実した果実を得るために、つぼみを摘み取って花の数を制限する。

徒長枝【とちょうし】
非常な勢いで長く伸びすぎた枝。ほとんど結実しないので、基部から切り取る。

トレリス
格子状になった支柱や壁などの構造物。つる性の植物をはわせたり、ハンギングバスケットを飾ったりする。

根腐れ【ねぐされ】
水のやりすぎなどによって根が腐ること。

◆用語ガイド◆

根詰まり【ねづまり】
鉢植えなどで根が発生しすぎ、鉢土の中いっぱいになってしまうこと＝ポットバウンド。

根鉢【ねばち】
根の部分に、鉢状に土がついた状態。

根張り【ねばり】
根の張り具合。

配合肥料【はいごうひりょう】
３大栄養素のうち１成分のみを含む肥料を、単純に混合しあうもの。

剥皮逆さ接ぎ法【はくひさかさつぎほう】
主枝か主枝の基部で、樹皮の一部をはがして上下逆にしてから癒合させる方法。これによって、葉でつくられた養分が根に十分届かず、樹勢が弱くなって花芽が早くつくようになる。

鉢底石【はちそこいし】
排水性を高めるため、土に混ぜたり鉢の底に敷く粒の大きな石。ごろ石ともいう。

発育枝【はついくし】
１年枝のうち枝葉の生育が強く、果実をつけにくい枝。

葉やけ【はやけ】
夏の暑い時期に、水分の蒸散によるしおれと直射日光によって、葉が部分的に枯れること。

晩生種【ばんせいしゅ】
収穫の時期が、その果実の平均的な時期よりも遅い品種。「おくて」ともいう。

晩霜【ばんそう】
春先に降りる霜。

半日陰【はんひかげ】
１日のうち数時間だけ日が当たる状態。または薄日のさす状態。

ピートモス
水ゴケやシダが発酵した酸性度の強い土。ブルーベリーなどで使われる。

ひこばえ
樹木の基部とその周辺から生える若い芽。＝サッカー

病虫害【びょうちゅうがい】
植物の生育に悪い影響を与える、病気や昆虫の害。

風媒【ふうばい】
花粉が風にのって飛ばされ、受粉すること。

袋かけ【ふくろかけ】
果実の外観をよくしたり、病虫害などから守るために、生育途中の果実に袋をかけること。

腐葉土【ふようど】
広葉樹の落ち葉、枯れ枝を腐らせたもの。有機質に富み、土中の微生物の働きを活発にする。

訪花昆虫【ほうかこんちゅう】
ミツバチなどの花を訪れる昆虫のこと。受粉するためには、訪花昆虫が欠かせない。

穂木【ほぎ】
接ぎ木で、接ぐ方の枝。

ほふく性【ほふくせい】
つるが地面をはうように伸びる性質。

間引き剪定【まびきせんてい】
➡剪定【せんてい】

マルチング
土の表面をシートやワラなどで覆うこと。土の乾燥や雑草の繁殖を防ぐ働きをする。

実生【みしょう】
種子(タネ)から植物を育てること。とくに果樹において、実生では品種と同じものはほどんどできない。

実生苗【みしょうなえ】
種をまいて育てた苗。果実がなるまで時間がかかる。

水鉢【みずばち】
苗の周囲に土手状に土を盛ったもので、植えつけ後につくり、中に水を回し入れる。

無機質肥料【むきしつひりょう】
無機物でできている肥料。多くは速効性。

芽かき【めかき】
余分な芽を摘み取ること。「摘芽」ともいう。

元肥【もとごえ】
植えつけ前に土に施しておく肥料。春の生育にそなえて、年間施肥量の70〜80％を与える、大切な肥料。

葯【やく】
雄しべの一部で、花粉をつくる器官。

誘引【ゆういん】
支柱などを使って、枝やつるを一定の方向へ導くこと。

有機質肥料【ゆうきしつひりょう】
有機物でできている肥料。多くは遅効性で、土壌の改良などにも使われる。

葉腋【ようえき】
葉が茎につく部分で、芽のできるところ。

葉芽【ようが】
成長して枝や葉になる芽。

落葉樹【らくようじゅ】
年に一度、秋から冬期に葉を落とす樹木。

礼肥【れいひ】
翌年のための花芽ができたあとに施す肥料。花や果実をつけるために栄養分を使い切った樹体に養分をたくわえさせる。速効性のある化成肥料などを使うことが多い。お礼肥(おれいごえ)ともいう。

露地植え【ろじうえ】
鉢やプランターなどを使わず、直接地面に植えること。

わ

矮性【わいせい】
樹高の低い性質。矮性の台木を使って、高木がコンパクトに育つようにすることも行なわれている。

早生種【わせしゅ】
収穫の時期が、その果実の平均的な時期よりも早い品種。

◆苗の主な入手先ガイド◆

一正園(いっせいえん)
〒100-1632
東京都八丈島八丈町中之郷 2407-3
TEL:04996-7-0446
熱帯果樹専門。

植原葡萄研究所
〒400-0806　甲府市善光寺 1-12-2
TEL:055-233-6009
ブドウ専門。自社で育種を行なっている。

エクゾティックプランツ
〒294-0226　千葉県館山市犬石 1496-130
TEL:0470-28-2841
熱帯果樹専門。パパイヤ、マンゴーなど。

エザワフルーツランド
〒292-0201　千葉県木更津市真里谷 3832
TEL:0438-53-5160
ブルーベリー専門。各系統の品種多数あり。

江間種苗園
〒434-0003　静岡県浜松市浜北区新原 6591
TEL:053-586-2148
果樹全般。

尾張植物園
〒492-8462　愛知県稲沢市井堀高見町 45
TEL:0587-36-2155
カンキツ類専門。

改良園 通信販売部
〒333-8601　埼玉県川口市神戸 123
TEL:048-296-1174
果樹全般。

大関ナーセリー
〒300-0001　茨城県土浦市今泉 307-2
TEL:029-831-0394
ベリー類専門。

国華園
〒594-1192　大阪府和泉市善正町 10
TEL:0725-92-2737
果樹全般。

サカタのタネ
〒224-0041　横浜市都筑区仲町台 2-7-1
TEL:045-945-8800
果樹全般。ブルーベリーや熱帯果樹をはじめ品種多数。

山陽農園
〒709-0831　岡山県赤磐市五日市 215
TEL:086-955-3681
果樹全般。

春光園
〒173-0037　東京都板橋区小茂根 4-6-1
TEL:03-3972-8787
果樹全般(熱帯果樹を除く)。落葉果樹、常緑果樹が充実。

タキイ種苗 直売部
〒600-8686　京都市下京区梅小路通猪熊東入 180
TEL:075-365-0123
果樹全般。最新品種多数あり。

天香園
〒999-3742　山形県東根市中島通り 1-34
TEL:0237-48-1231
落葉果樹全般。リンゴ、サクランボが充実。

中山ぶどう園
〒999-3246　山形県上山市中山 5330
TEL:023-676-2325
ブドウ専門。130 品種以上扱う老舗。有望最新品種多数あり。

日本花卉
〒333-0823　埼玉県川口市大字石神190-1
TEL:048-296-2321
果樹全般。落葉果樹が充実。

ニッポン緑産
〒390-1131　長野県松本市今井 2534
TEL:0263-59-2246
落葉果樹全般。ブルーベリーが充実。

原田種苗
〒038-1343　青森県青森市浪岡大字郷山前字村元 42-1
TEL:0172-62-3349
落葉果樹全般。リンゴ、ブルーベリーが充実。

日の出花壇
〒100-1623　東京都八丈島八丈町中之郷 2735
TEL:04996-7-0608
熱帯果樹専門。バナナが充実。

福島天香園
〒960-2156　福島県福島市荒井字上町裏 2
TEL:024-593-2231
落葉果樹全般。モモ、リンゴ、ナシが充実。

大和農園 通信販売部
〒632-0077　奈良県天理市平等坊町 110
TEL:0743-62-1182
果樹全般。取り扱い品目多数。カタログ無料。

雪印種苗 北海道園芸営業課
北海道札幌市厚別区上野幌一条 5-1-8
TEL:011-891-2803

タネのノザキ
北海道札幌市北区東茨戸一条 2-314-27
TEL:011-771-3580

吉田精果園
山形県上山市北町字三千刈 1511
TEL:023-672-3777

埼玉植物園
埼玉県川口市鳩ケ谷本町 3-23-4
TEL:048-281-0124

帝愛種苗
愛知県稲沢市船橋町前田 805
TEL:0587-32-1010

井口農園
愛媛県喜多郡内子町五十崎中 1828
TEL:0893-44-2477
カンキツ類など。

常磐園
福岡県浮羽郡田主丸町大字常磐 670-2
TEL:0943-72-2225
ミカン、カキなど。

※連絡先等は変更される場合があります。

果樹のための栽培適地MAP

果樹は種類や品種によって栽培に適した温度が決まっています。果樹を庭や畑に植えて育てるときは、その環境に合う果樹を選ぶのが成功のポイントです。下の地図を参考にして、栽培する果樹を選びましょう。

標高や地形によっても環境温度は変化するため、この地図はあくまで目安です。また、コンテナ栽培の場合は、鉢を移動できるため、栽培に適した環境に鉢を移動させることで、下の地図以外の土地でも栽培が可能です。

50音別・果樹さくいん

あ

アーモンド	16
アケビ	18
アセロラ	180
アボカド	181
アンズ	22
イチジク	30
イヨカン	142
ウメ	26
温州ミカン	140
オリーブ	36
オレンジ	142

か

カーラント	168
カキ	40
カニステル	193
カボス	144
カリン	46
カンキツ類	132
キイチゴ	160
キウイフルーツ	50
キヨミ	142
キンカン類	144
グァバ	182
グーズベリー	168
グミ	56
クランベリー	176
クリ	58
クルミ	64
コーヒー	183

さ

サクランボ	66
ザクロ	72
雑柑類	142
サルナシ	76
三宝柑	142
シークヮサー	193
ジャボチカバ	184
ジューンベリー	172
スグリ	168
スイートオレンジ	142
スターフルーツ	185
スダチ	144
ストロベリーグァバ	182
スモモ	80
スリナム・チェリー	193
西洋ナシ	84

た

ダイダイ	142
チェリモヤ	193
デコポン	142
ドラゴンフルーツ	193

な

ナシ	84
夏ミカン	142
ナツメ	88
ネーブル	142
ネクタリン	112

は

パイナップル	186
ハイブッシュ系(ブルーベリー)	152
ハッサク	142
パッションフルーツ	187
バナナ	188
ハナユ(花ユズ)	144
パパイヤ	189
ヒュウガナツ	142
ビワ	92
姫リンゴ	124
フェイジョア	98
フサスグリ	168
ブドウ	102
ブラックベリー	164
プラム	80
ブルーベリー	152
プルーン	80
ペピーノ	190
ポポー	108
ホワイトサポテ	193
ポンカン	140

ま

マカデミア	193
マルメロ	46
マンゴー	191
ミカン	140
ミラクルフルーツ	193
ムベ	18
モモ	112

や

ヤマモモ	116
ユズ	144
ユスラウメ	120

ら

ライチ	192
ライム	148
ラズベリー	160
ラビットアイ系(ブルーベリー)	152
リュウガン	193
リンゴ	124
レモン	148
レンブ	193

監修者

小林幹夫
（こばやし みきお）

恵泉女学園大学人間社会学部社会園芸学科教授。専門は果樹園芸学。とくにブルーベリー、ラズベリー、ブラックベリーなどベリー類（小果樹類）に造詣が深い。1955年生まれ。
主な監修書に『育てて味わうはじめてのベリー』（家の光協会）、『おいしい果樹の育て方』（西東社）、共著に『家庭で楽しむ果樹栽培』（NHK出版）などがある。

STAFF

- 編集制作　　小沢映子（Garden）
- 写真撮影　　信長江美／小沢映子／坂本晶子
- 本文デザイン　馬場紅子／清水良子（R-coco）
　　　　　　　岩嶋喜人（Into the Blue）
- 原稿　　　　小沢映子／山崎陽子／竹川有子
- イラスト　　千原櫻子
- 企画・編集　成美堂出版編集部（宮原正美）

写真協力

- 鈴木由紀夫（bellfarm）
- 果物情報サイト　果物ナビ

撮影協力

- 恵泉女学園大学
- 多摩市立鶴牧西公園
　　ライトグリーン
　　鶴牧西公園を育てる会
　　緑地管理研究会
　　緑を愛する会
- 佐由梨園
　　千葉県船橋市二和東 1-12-6
　　tel. 047-448-2856

果樹の上手な育て方大事典

監　修　小林幹夫（こばやしみきお）
発行者　深見公子
発行所　成美堂出版
　　　　〒162-8445　東京都新宿区新小川町1-7
　　　　電話(03)5206-8151　FAX(03)5206-8159
印　刷　凸版印刷株式会社

©SEIBIDO SHUPPAN 2016　PRINTED IN JAPAN
ISBN978-4-415-31960-5
落丁・乱丁などの不良本はお取り替えします
定価はカバーに表示してあります

- 本書および本書の付属物を無断で複写、複製（コピー）、引用することは著作権法上での例外を除き禁じられています。また代行業者等の第三者に依頼してスキャンやデジタル化することは、たとえ個人や家庭内の利用であっても一切認められておりません。